胖鲸 iNSPIRE

未来品牌

解密中国市场品牌
建设与增长之道

BRAND OF THE FUTURE

王婧 编著

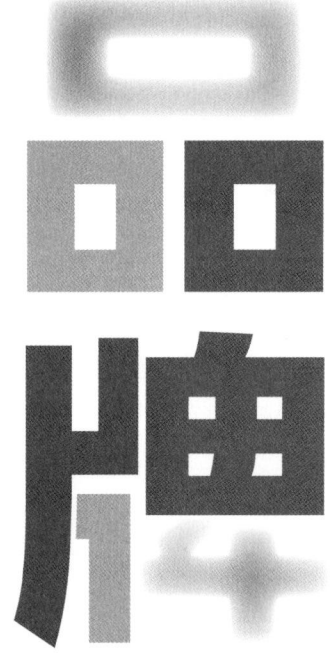

上海社会科学院出版社

图书在版编目（CIP）数据

未来品牌：解密中国市场品牌建设与增长之道/王婧编著 . —上海：上海社会科学院出版社，2020
　　ISBN 978-7-5520-3286-4

　　Ⅰ.①未… Ⅱ.①王… Ⅲ.①品牌战略－研究－中国 Ⅳ.① F279.23

　　中国版本图书馆 CIP 数据核字 (2020) 第 147224 号

未来品牌——解密中国市场品牌建设与增长之道

编　　　著：王　婧
责任编辑：霍　覃
装帧设计：林家驹
出版发行：上海社会科学院出版社
　　　　　地　　　址：上海顺昌路 622 号　　邮　　编：200025
　　　　　电话总机：021-63315947　　销售热线：021-53063735
　　　　　http://www.sassp.cn　　E-mail：sassp@sassp.cn
印　　刷：上海盛通时代印刷有限公司
开　　本：787 毫米 ×1092 毫米　1/16
印　　张：13.25
字　　数：490 千字
版　　次：2020 年 10 月第 1 版　2020 年 10 月第 1 次印刷

ISBN 978-7-5520-3286-4/F·627　　　　　　　定　价：128.00 元

版权所有　翻印必究

序

随着互联网技术的快速发展,中国商业版图的创新日新月异。毋庸置疑,这些创新为中国经济的快速发展做出了巨大贡献,但同时,也使中国的商业环境充满了一些浮躁的现象,目前中国商业浮躁的突出表现之一,就是盲目追求以价格驱动的短期销售结果,而忽略了可以为企业长期发展带来保障的品牌建设。在这样的环境下,胖鲸团队能够潜心编纂这样一本《未来品牌》的书,是难能可贵的。胖鲸团队经过开放提名和内部筛选,获得了161个品牌进入投票池,根据胖鲸团队提出的七个品牌维度,最后进行大众评审投票选举,在17万多有效投票的基础上选出了排名前十的品牌。针对这十个品牌,胖鲸团队从多个角度描述了非常丰富的"品牌故事"。我相信,这些"品牌故事"对于企业打造品牌会有很多的启发价值。所以,我很荣幸为《未来品牌》作序。

品牌在中国未来的商业竞争中将扮演越来越重要的角色。从供给侧看,在中国经济快速发展的这二三十年,中国企业产品的差异化程度相对不高,对市场的拉动力相对较弱,价格变成了主要的竞争手段。也正是因为这样的特点,造成了上游企业对于渠道的过度依赖,出现了"协顾客以令供应商"的现象。所以,企业对于自己命运的掌控能力相对不强。从需求侧看,因为基础设施、电商和物流配送的快速发展,企业对于市场的覆盖能力得到空前提高,因为消费者规模带来的增长空间越来越小。同时,中国消费者也已经完成了从无到有,甚至是从有到好的阶段。相对发达地区的消费者开始更加关注个性和品质。同质化严重的供给侧肯定不能很好地满足更加个性化的未来需求趋势。为了获得未来的竞争优势,企业必须创造差异化的产品,必须打造个性化的品牌。

打造品牌,我们必须关注"三度":知名度、美誉度、忠诚度。

知名度是一个优秀品牌的最基本条件。《未来品牌》中的十个品牌无疑都是各个品类的高知名度品牌。知名度不仅仅指消费者对品牌的认知度,还包括消费者能够清晰地知道品牌可以满足他们什么需要,或者说帮助他们解决什么问题。只有当一个品牌的名字和消费者的需求建立紧密联系以后,这个品牌的知名度才有了实质性的意义。在这方面,表现最突出的自然就是那些变成品类代名词的品牌,如可口可乐、柯达、九阳等。在品牌的评选中,《未来品牌》考核"重新定义品类的驱动力"就反映了这方面的内容。

美誉度是一个品牌的核心内涵,从品牌内涵的内容看,既包括理性方面,也包括感性方面。品牌可以强调产品为消费者带来的可感知的价值,也可以强调为消费者带来的精神层面的价值,或者两者都有。《未来品牌》的评选给予品牌内涵的权重是最高的,比如差异化、愿景和价值观、提升生活等。从品牌内涵的打造看,既涉及企业的努力,也包括消费者的感知。企业可以在宣传中强调其品牌价值,但是品牌美誉度是否已经建立,取决于品牌的价值主张是否已经植入消费者的心智。消费者如果接受到了企业的品牌价值,并且认可,品牌内涵才算打造出来了。所以,品牌内涵打造是基于消费者的感知和体验,由品牌和消费者共同创造的。《未来品牌》的评选也给予了消费者体验很高的权重,就是出于这方面的考虑。

忠诚度是一个品牌为企业带来的最大益处。品牌可以带来溢价，可以提高企业营销的效率，但是品牌最大的价值在于其拥有忠诚的消费者。忠诚的消费者不仅会重复购买，还会自愿为品牌宣传，因为他们与品牌已经建立了很强的感情纽带。最高境界的品牌是那些消费者离不开的品牌。《未来品牌》通过情感联接的维度来反映品牌与其客户的关系。

《未来品牌》所介绍的十个品牌都是各个品类的佼佼者，他们包括传统强势品牌，如耐克、宜家、优衣库、迪士尼、科颜氏、斯凯奇。也包括在互联网生态中诞生的新兴品类的新锐品牌，如bilibili、爱彼迎，还包括新兴细分市场的创新品牌，如NEIWAI内外、超级猩猩。这些品牌既覆盖了产品，也覆盖了服；既覆盖了传统业务，也反映了新兴业态。相信读者可以从这本书中读到丰富而不同的品牌故事，可以学到打造品牌的思路和方法。无论你的工作与品牌相关与否，相信这本书都会给你带来收获。

王高
中欧国际工商学院市场营销学教授

前言：
为什么要发起
"未来品牌"这个项目？

从人类试图解读岩壁上火光影子的意义开始，故事艺术就是人类灵感的首要来源，它反映了我们在混沌人生中探寻意义的深层需求。人们通过消费购买产品和体验的过程是一种故事，而优质的品牌本身就是好故事。

在向流量看齐和追求即时转化的时代，为何重提品牌与故事？

随着消费者越来越被赋权，选择日渐丰富、体验愈发碎片化，品牌的"差异化""护城河""整合"价值越来被凸显。"品牌"应回归于其本该被重视的位置，这不只是初心和品牌理想，更是生意和模式能不能走到未来的关键。

在这个想法下，"未来品牌"专栏于2018年诞生了。未来品牌是指那些更有可能将生意的成功延续到未来的品牌。背后的原因在于这些品牌非常清楚自己存在的目的/价值，并拥有很强的经验和执行力去达成。胖鲸用最优质的资源来向世人展示那些珍视品牌，并因提供优质品牌体验而迎来生意成功的企业。到今天，未来品牌已成为胖鲸最具影响力的 IP 之一。

去年"年度未来品牌 2020"评选活动在业内产生了深远的影响。最终未来品牌前十名分别来自新锐品牌、成熟品牌、经典品牌的阵营。

宜家、科颜氏、耐克、迪士尼、优衣库，榜单中半数皆为历史悠久的经典品牌，经历过社会文化浪潮的几度变迁，它们仍然是当下消费者的心之所选，其产品与品牌依然和消费者生活高度相关；榜单中也不乏已经在市场上鏖战数十年的成熟品牌，如斯凯奇、爱彼迎、哔哩哔哩，它们凭借差异化的体验，已在所处行业站稳脚跟，收获了一批忠诚且具有规模性的用户，它们的下一个课题是，如何走向未来，成为"经典"；脱颖而出的还有两个成立 8 年以下的新锐品牌，NEIWAI 内外与超级猩猩。它们已经完成从 0 到 1 的破茧过程，虽然还很年轻，却已经拥有了一批会为之"尖叫"的忠实用户。全世界追求更好体验和新鲜感的目光都正投向它们，而它们，也值得这样的目光。

未来品牌的礼物

未来品牌都有自己的忠实拥护者，其存在的意义不言而喻。对企业经营者而言，它们也在不同领域带来了充满创造力的解决方案与灵感。

很少有品牌不想与年轻人走在一起，而哔哩哔哩（B 站）作为中国最具影响力的青年文化社区之一，身体力行地告诉大家，以用户为中心，把用户"当个平等的人"需要付出什么代价，又能收获什么。

NEIWAI 内外成立不到十年，在消费者间，已经有了"内外 Style"（内外风格）这种说法，这背后映射出的整合品牌体验上的功力不容小觑。而通过对创始人刘小璐和几位设计师的采访，我也找到了这强大的品牌体验背后的关键。

人们常把新奇的概念套在超级猩猩身上，但如果仔细来看，让超级猩猩获得这份品牌力的其实是一些更"质朴"的事，比如以人为本的价值观和体验设计。把这一切串起来的"把自己当零售品牌"的模式，以及"本质上塑造时尚生活方式"的品牌力。前者令超级猩猩能不断实现自我优化，后者则是它的护城河，为品牌的未来带来无尽联想。

爱彼迎已存在 12 年了，仍然在以令许多企业艳羡的速度增长。去年，它们的营收达到 48 亿美元，估值约 310 亿美元。2020 年初爆发的疫情给全球旅行行业带来巨大打击，但这并不能抹煞爱彼迎为整个行业带来的启发。爱彼迎实现品牌愿景的过程，就是增长的过程；在中国市场以"另一套操作系统"运作的魄力也值得不少海外来华企业借鉴；更不用说，它的品牌设计也是教科书级别的水平。

另一个本土化做得尤其好的品牌是斯凯奇。斯凯奇引以为傲的丰富产品线简直是为广阔和需求多元的中国市场"度身定制"的。优越的组织架构和决策效率也令品牌在不同市场占尽先机。后两者的重要性，在中国市场上"厮杀"过的企业经营者应该深有体会。

作为关注品牌营销的独立媒体，胖鲸团队则深深地为宜家品牌冲突带来的魅力着迷。一方面，宜家通过"家具模块化""扁平化包装"等方式保证低价；另一方面，借助"瑞典品牌联想""民主设计""可持续理念"营造品质感与设计感。这一切，又完美承接着"为更多的人创造更好的日常生活"的企业愿景。而就在 2018 年，这家百年企业迎来了一次重要的变革，在这个关键节点，宜家中国高层的声音也十分珍贵。

可持续发展议题在最近几年日渐被重视，而科颜氏第二代创始人 Aaron Morse 先生很早就提出企业回馈社会的理念，环境保护也是科颜氏自 1851 年创立以来便志在投入的三大慈善领域之一。其中非常值得企业借鉴的是：如何将品牌的可持续发展形象有效地传达给消费者。

不论是作为一门生意还是一个品牌，优衣库都是许多企业的榜样。优衣库用性价比和基础款建立了强大的护城河；而在品牌层面，让消费者无论收入高低都愿意购买优衣库，令人不得不佩服。

迪士尼是 IP 创造与运营的典范。这个以内容为核心的公司产出的影片和动画 IP 具有极其打动人心的力量，并因此产生了巨大的商业价值。更可贵的是，从 20 世纪二三十年代到今天的一百年间，迪士尼的故事、音乐、画面一直处于不断优化之中，而衍生品和乐园的业务则为消费者分别提供了更触手可及和全方位的体验。一代又一代人为迪士尼创造的世界所感动。

耐克作为一家微笑曲线型的公司，产品营销（Merchandising）和品牌建设（Branding）上有许多值得学习的地方。但在它身上，还有更有意思的事。耐克带来的启示是：伟大的公司是"着眼未来"（Future thinking）和"大势"的产物。

内容框架背后的思考

品牌是谁来定义的？这个问题我与评审们的意见高度统一——消费者。至少，定义的话语权已经严重地倾向了消费者。因此在品牌展示中，我们尽可能多地采纳了消费者和用户的声音。"用户眼中的某某品牌"几乎是每个品牌都有的固定章节。在"进来告诉你，我们为什么喜欢 B 站"中，我们采访了使用 B 站年限从 2 至 10 年的用户，试图展示不同阶段进入 B 站的用户对"小破站"的使用偏好有怎样的变化；"旅行的 100 种可能"，我们邀请到了两位旅行届的意见领袖，谈谈她们的旅行体验、故事，以及与爱彼迎的种种缘分；在"超级猩猩的用户"中，三位对健身持不同态度的消费者则展示了她们对于健康生活方式的不同理解。

让消费者发声不等于品牌的意志不重要。恰恰相反，在价值观动荡、注意力碎片化的环境中，品牌的愿景、背后团队初心和素质更能决定企业能走到哪。因此在书里，我们也收录了宜家零售中国商业副总裁张丽娜、科颜氏（中国）品牌总经理李琳、爱彼迎中国区总裁彭韬、斯凯奇中国市场部及店铺发展部副总裁张

睿妍、内外 NEIWAI 创始人刘小璐、哔哩哔哩市场中心总经理杨亮等来自品牌高层的声音。

自我是在关系的碰撞中形成和明确的，与品牌发生关系的不同利益相关方带来的视角同样宝贵，他们来自品牌的产业链上下游、合作伙伴、行业意见领袖，甚至是友商，在耐克篇，我们邀请到了球鞋收藏玩家曹越，他本身扎根于体育与球鞋领域，这样的双重视角带来了对耐克不一样的理解；来爱彼迎篇"做客"的则是前穷游网联合创始人，联合国 UNDP 特邀摄影师张轶。他本身是一位旅行者，自身旅游行业从业者，而穷游网与爱彼迎也有着深厚的合作关系。

在研究未来品牌的过程中，我也越来越确信一点：伟大的企业都是"大势"的产物。在品牌的讲述中，我们也选取了一些未来品牌所处生活方式和文化潮流的切片，试图展示品牌与时代的紧密联系。当然，文化与消费者需求一直以来都是品牌的灵感基石，商业与品牌行为也在推动着社会发展。"品牌主张与行为如何反映和塑造时代？"这是每一位营销人都会面临的课题。在讨论耐克时，我们不能不提篮球从"球场"走向"街头"的变迁、NBA 通过电视走向全球对塑造耐克的关键作用；在讨论 NEIWAI 内外时，我们也逃不开女性意识与女权的思潮。

志同道合的朋友总能走到一条路上

"未来品牌"项目本身，包括最终书籍的出版，都遭遇了一个项目该有的那些挑战。但在"聚人"这件事上，却异常顺利。当我们带着项目找到企业和传播界的专家大拿、品牌的创始人和高层沟通时，大家几乎都是一拍大腿，满腔热忱地投入其中，对好好做品牌重要性的认可迅速把我们联结在一起。

我们最先找到的是前百事兼康师傅 CMO 李自强（Richard Lee）。Richard 在百事 20 年，把百事在中国的市场份额追到了第一。我与 Richard 前前后后聊了近 6 个小时，他系统彻底地分享自己 20 年多年关于营销和品牌的想法，当然还有他的选择和坚持。他的分享触及了我们面对的终极困惑 —— 品牌营销人是谁？什么是品牌？Richard 给出的答案：这是一门从"心"出发"讲故事"的艺术。在我梳理设计未来品牌的框架中，这一理念带给我许多灵感。

没有人会否认"颜值体验"对产品和品牌的重要性。实际

上，在我们接受到的未来品牌提名中，就不乏有消费者因为品牌设计之美好而爱上一个品牌。胖鲸 2020 未来品牌年度榜单评审中就有来自"品牌设计"领域的专家 ——朗涛国际 (Landor Associates) 北京办公室总经理余雳（Vera）。

去年项目执行之时，Vera 身体欠佳，她正与病魔坚强的抗争。尽管如此，她还是接受了我们未来品牌的邀请，以极大的热情参与了项目。由于她长时间在北京，我们常常在周末视讯，一聊就是几个小时，视讯的背景从医院病房到她家里。从最初评估纬度设定到后期的评审，Vera 都给到我许多宝贵的建议，我心怀感激。

品牌建设之路，好的合作伙伴是品牌的左膀右臂，优秀营销代理公司的声音同样值得重视。Inspire 蕴世传播集团首席策略官宋晓峰提出了品牌走到未来需要具备的几种能力，不仅如此，宋晓峰也和三位在这些领域表现优异的品牌高层一起现身说法，其观点的前瞻性和执行细节的实操性为本书增色不少。

专家评审中有一位非营销人的存在 —— 蜂巧资本创始合伙人常欣。她不光是一位懂生活的女性，更拥有生活方式投资眼光，也是"NEIWAI 内外""pidan""饭来""snow51""moody tiger""grado""YIN"等消费生活方式品牌的早期投资人。

"新锐品牌"（通常创立于 2010 年后）是未来品牌中一股不可忽视的新势力。它们就像《海贼王》中新世界的超新星们，给消费者的日常生活提出了不同寻常的解决方案与视角，并给市场带来了新的活力。除了优秀的创始团队，充当伯乐的投资人的重要性也毋庸置疑。正因为如此，常欣的投资人视角对项目来说十分宝贵。

给未来品牌设计和内容规划带来灵感的还有：Lovemarks theory、Brand Asset Valuator (BAV)、Future Brand、《故事》《Magazine B》等模型和优质读物。

最后，我要感谢为这个项目和书籍出版付出努力的同事和伙伴们。感谢来自胖鲸分析师团队的薛夏敏和许婕对本书在调研和撰写上的支持；感谢胖鲸分析师团队的奇宇坤在前期品牌提报素材的沟通和质量把控上的投入；感谢我的合伙人范恽和已移居法国的前胖鲸活动部负责人陈启明在项目管理上努力；感谢十个品牌及它们的公关公司伙伴的积极配合和协调；当然还有其他积极投入未来品牌的评审们，他们是菲亚特克莱斯勒亚太 Jeep 品牌高级总监孙亦文、明思力大中华区 CEO，前联合利华北亚区可持续发展与企业传播事务副总裁徐俊、伽兰集团 JALA 公关传播总经理陈涓玲博士、复旦大学新闻学院教授张殿元。

目录

序	i
前言：为什么要发起"未来品牌"这个项目？	I
B 站（网站哔哩哔哩）	**1**
用户眼中的 B 站	2
媒体报道中的 B 站	3
进来告诉你，我们为什么会喜欢 B 站	4
UP 主	7
弹幕	11
鬼畜视频	12
青年狂欢	12
品牌故事	14
B 站的投资收购	16
NEIWAI 内外	**17**
用户眼中的 NEIWAI 内外	18
对话品牌创始人刘小璐	20
以"设计"为驱动的产品公司	24
对话 NEIWAI 内外设计师	27
品牌故事	30
NEIWAI 内外与女性	32
品牌叙事中的女性	38
超级猩猩	**39**
用户眼中的超级猩猩	40
健身概念的诞生	41
每个时代都有属于自己的健身风潮	43
健身行业的创新者	44
对话韩伟	45
品牌故事	46
猩教	48
超级猩猩的用户	48

猩店 STORES	50
课程 CLASS	52
爱彼迎	**53**
用户眼中的爱彼迎	54
家	55
充满魅力的房东与可爱的房子们	56
与爱彼迎一同体验本地生活	57
对话民宿业主	58
旅行的 100 种可能	60
品牌故事	65
爱彼迎与品牌设计	66
对话爱彼迎中国区总裁	67
中国的房东社区	68
爱彼迎的产品与服务："中国系统"	70
斯凯奇	**71**
顾客眼中的斯凯奇	72
媒体报道中的斯凯奇	73
品牌故事	74
强大的产品开发能力	76
联名，打通和年轻人沟通的渠道	77
对话汪珺昃	78
重新认识中国老龄化群体	79
数字化孩童 ——品牌认知在早期已开始形成	80
对话李芷萱与李国强	81
对话张睿妍	82
斯凯奇的门店	84
宜家	**89**
顾客眼中的宜家	90
"有意义的低价格"	91
为大众提供更美好的家	92

民主设计	96
宜家卖场	99
品牌故事	101
对话张丽娜	104
宜家联名	106

科颜氏   109

用户眼中的科颜氏	110
"天然成分"宣称成为美容产品的重要趋势	111
科颜氏与天然成分	114
品牌故事	117
医药世家	121
门店与体验	122
对话李琳	124
Made Better 再造·更美	126
对话张大川	128
科颜氏与当代艺术	130

优衣库   131

顾客眼中的优衣库	132
优衣库的核心产品	133
品牌故事	134
《LifeWear 服适人生》	136
UT——一件 T 恤如何成为自我表达的载体，全球流行文化的盛宴	138
联名——有质感的生活方式品牌	146
科技——创新面料	147
东丽	148

迪士尼   149

用户眼中的迪士尼	150
媒体眼中的迪士尼	151
品牌故事	152

迪士尼商业体系——内容型企业如何完成商业闭环	155
迪士尼动画	157
迪士尼主题公园	161
衍生品	162
耐克	**163**
语言的力量（Word Of Power）	164
从运动场到街头（Beyond Sports，Above Sports）	165
产品	168
保持引领	170
潮流联名	174
品牌精神	176
品牌故事	180
离用户更近	182
未来品牌十问	**185**
做品牌要从未来出发（Future-back Thinking）	186
新赛道：中国消费品市场的未来品牌在哪？	188
整合管理用户体验是品牌走向未来的关键	191
王老吉：国货经典品牌如何抓住未来消费主力，成为文化符号	194
娇韵诗：从私域流量运营到全链路掌控	196
清风：升级品牌和产品体验对抗行业同质化竞争	199

1

B 站
（网站哔哩哔哩）

  有人说 B 站弹幕是人类学的样本，B 站的其他内容又何尝不是。除了它，中国没有第二家影响力如此巨大的青年文化社区。文化的丰富性和多元性，从 UP 主制作的内容和 2019 年年末那场被誉为"最懂年轻人"的晚会可见一斑。

  满屏的"Bilibili 干杯"和"给小破站排面"是 B 站用户"爱"的直观体现，就连 UP 主恰饭[1]对用户来说，都有一种"朕养大的孩子终于会挣钱了"的欣慰感。B 站令"后浪"们产生的归属之情，以及由此带来的忠诚度，令诸多品牌及平台艳羡。

  归属感背后是什么？是 B 站初期，徐逸用自己的钱补贴每月维护网站所需的高额费用；是徐逸不满潜在收购方对二次元文化的不屑而继续自己苦苦支撑；是陈睿因为用户反对而撤回前贴片广告，并作出"永不变质"的承诺；是陈睿"不顾"用户反对把 B 站从二次元的世界带到具备包容性的多元青年文化社区，并探索各类商业化变现途径，当然也是社区氛围管理运营与鼓励内容创作上 B 站团队做出的一个个艰难又坚定的选择。陈睿曾说过，在中国，太少企业把用户当一个平等的人。这几乎是 B 站对用户高度重视最有力的注脚。

---

[1] 恰饭，网络流行语，指为了生计而采取的一系列行为。

用户眼中的 B 站

用户眼中的 B 站是多元化的
- 不再局限于传统的 ACG[1] 文化，而是成长为一个多元化的原创生态社区。
- 生活、科技、美妆、美食、萌宠遍地开花；不管是游戏科普、花边新闻、新番引导、同人视频，还是当下时事、人文历史，B 站的内容是如此包罗万象以至于用户"把 B 站当成搜索引擎用"。

具有包容性的
- 比起其他"把做好的菜端上台面喂给用户"的视频网站，B 站像是土壤，给用户生长和创作的空间。
- 无论你是谁，在这里，总能听到回声。

因多元包容、氛围放松有趣而成为年轻人们的精神自留地
- 这里有年少时的迷茫，有对知识的渴望，有相视便开怀大笑的轻松，有少年凌厉的正义之气，也有对美好未来的单纯向往，就像是互联网上一个遗世独立的桃花源。
- 仿佛无论多么苍老的灵魂，来到这里都会变得年轻。
- 陪伴用户们从读书到就业，在人们长大成人的过程中，B 站依旧保持着年轻放松的氛围。
- B 站的氛围在不知不觉影响着用户 —— 用久了 B 站，会长成"有内味儿"[2] 的人。

具有极高用户黏性
- 用户们对 B 站的称呼是"我们的小破站"。
- 对于其他视频网站，人们的态度是"哪家有要看的剧，就去哪家"，然而对于 B 站，用户态度却截然不同："就不是奔着看剧去的，要是没有这个番，就看 B 站上另外的。"

[1] ACG，一般解释为 Anime（日本动画）、Comics（漫画）、Games（游戏）的合称的缩写。
[2] 有内味儿：用来表示观看视频时感受到的奇妙感觉。

媒体报道中的 B 站

从 2015—2020 年，新闻媒体对 B 站的报道视角从产品体验、视频内容、推广活动，拓展到商业版图、盈利模式、圈层文化和生态的探讨。当下，主流媒体认为 B 站是"懂年轻人的"、内容多元、营收结构多样的 Z 世代文化社区，对 B 站的担忧集中在盈利／变现、二次元出圈，以及跟"头条系"的竞争等。

B 站弹幕，一种人类学样本

最初的基因令 B 站可能维系着一种特殊的社群文化。如今同样一部番，B 站不一定要购买独家版权，而是只要花很少的钱买播放权就可以了，因为即便爱奇艺、乐视有相同的内容，观众还是会在 B 站上看。这让 B 站更具有了人类学样本的气质。

——张菁《B 站弹幕，一种人类学样本》2016 年 7 月 20 日

B 站，不只是弹幕

很多人把 B 站看成一家视频网站，殊不知它的核心竞争力是文化和圈子。

B 站用户群体的极端年轻化和整个社会的发展阶段密切相关。对于"70 后""80 后"一代来说，他们成长阶段接触的信息和新事物极度有限，一来资源本身就少，二来当时的媒体环境是典型的中心式传播。而互联网环境下长大的"90 后""00 后"，能选择的东西太多了，媒体的中心式传播也被各种新兴技术手段迅速肢解，信息从匮乏变为海量。再加上互联网能把一批拥有相同兴趣爱好的人聚集在一起，不管你的爱好有多"奇葩"，总能在网上找到和你志趣相投或者"臭味相投"的人，极端细分需求在这个时代可以被很好地满足。所以，B 站就成了众多互联网去中心结构图谱中的一支，"弹幕"和"二次元"只是表现形式上的差异，本质是兴趣和人群的聚合。

——潘鑫磊《中欧商业评论》2015 年 9 月 12 日

前方高能，鬼畜吸金

提起那首尽人皆知的《Are you OK》，李罡分析，这都是与知名制作团队合作的结果。小米通过这首鬼畜视频作品将二次元营销发挥到了极致，通过一段洗脑视频，在二次元群体中迅速扩大了品牌影响力。他表示，近两年来也有不少相对传统的企业和品牌，开始青睐将鬼畜视频洗脑的方式，用于品牌或产品的广告宣传。近期，他就接到了好几家商业机构的鬼畜视频订单。

——《懂懂笔记》2018 年 12 月 19 日

B 站的核心和边界

很难找到一家互联网企业会像 B 站一样，有如此广泛的业务变现方式：游戏、直播、大会员、电商、广告、线下活动。B 站的任何一项业务，单拿出来，在行业中都尚不具有竞争能力。但是它却将这些业务组合起来，向资本市场展现它的商业价值。其中的考量在于每一项业务都是 B 站围绕 Z 世代群体所能提供的服务维度。

——《略大参考》2020 年 3 月 19 日

B 站为十周年干杯，以及它的下一个十年在哪里？

干杯代表着人与人之间、人与群体之间的连接以及共鸣，它是正向情感能量的碰撞。作为一个行为符号，干杯会出现在庆祝、互相认同、表达善意的场景中，伴随干杯这个行为产生的是正向的能量。十周年之际，我们希望所有的 B 站用户，无论属于哪个兴趣圈层、无论何时加入 B 站，都能够回忆起弹幕、同好或内容带来的共鸣感。如果用平实的语言去表达这种共鸣感的话，其实就是陪伴。来自 B 站的陪伴，解决了年轻人消解孤独感的需求以及对文化消费和优质内容体验的个性化需求。

——《胖鲸智库》2019 年 8 月 2 日

对话 BILIBILI 陈睿：在中国太少企业把用户当一个平等的人

所有提供内容的产品，本质上都是填补人性的空缺。B 站满足的是兴趣，你能结识与你有相同兴趣的人。头条满足的是 Kill Time，这也是人的本质需求。

快手有社区，而抖音是更纯粹的工具。你刷的时候，平均 15 秒，它是一种条件反射、肌肉记忆，跟嗑瓜子很像，它是人的一种本能……字节跳动可以是一个好的内容平台，但不一定通过社区来实现。而 B 站永远会是一个社区，因为它已经是一个事实了。

——陈睿《晚点》采访 2019 年 9 月 5 日

进来告诉你，
我们为什么会
喜欢 B 站

用户 #1

B 站 10 年用户
1995 年
男
设计师

1. **请用几个形容词形容自己：** 新时代废人。
2. **喜欢内容的类型和风格：** 我的收藏从《耶鲁大学概率论》到《对王之王》，比较杂。
3. **上 B 站的频率和时长：** 手机告诉我上周平均每日 1 小时 12 分钟。
4. **最近收藏的一个作品是什么：** 收藏现在的意义发生了一些改变，如果从"我觉得内容好我想反复回看"的动机上来说应该是一系列 c4d（3D 绘图软件）的课程。
5. **最近分享给朋友的一个作品是什么：**《悬停：7 个同志妈妈的故事》第三集"儿子，这么多年来，你辛苦了"。
6. **会发什么类型的弹幕：** 这个问题我想拆开回答，我觉得这个问题从某种角度上可以阐述 B 站发生了什么变化。首先我们先拆解成"你现在在 B 站看视频会打开弹幕吗？"，我只在有特定人群指向的视频内开弹幕，比如同人剪辑（《透明人间》麻烦多更新一些），但番剧我可能会选择不打开弹幕。其次我再回答原始的问题"你发送什么弹幕"，我会在《被嫌弃的松子的一生》里松子在咖啡店一个人吃蛋糕庆祝生日的时候和大家一起发"生日快乐"，在松子说"我回来了"的时候发"欢迎回家"。
7. **手机最常用的 App：** 微信。
8. **你最信任的媒体渠道是：** 如果是事实新闻我相信某个集体的发声。如果是用户体验方面，我的渠道只有 B 站。
9. **除了 B 站，你还会看什么其他的视频平台：** 腾讯视频（其实也就看《奇遇人生》和电影，其余随便），人人影视。
10. **B 站新用户大增，你如何看待所谓"浓度下降"这件事，对你的使用有什么影响：** 没有影响，我使用 B 站的时候就是因为它很"泛"，覆盖到了我很多方面的兴趣，动画、日剧、美剧、科普等。就算在我使用的范围内遇到一些我自己不能理解的观点或者人，我可以选择点击关闭弹幕不看……就还好，求同存异嘛。
11. **B 站的存在对你的生活带来了什么改变：** 这个问题我可能不能很好的回答，因为我遇见 B 站太早了，而且我坚信如果在那个时间节点 B 站没有出现也会有类似的网站替代它的位置，我只能说现在 B 站对我很重要。
12. **你会关注 B 站的商业化吗，什么心情：** 这个问题我和 A 站的深度用户在前年（2018 年）底那个特殊时刻讨论过，我认为 B 站必须做商业化才能让这个社区走下去，所谓小众文化要靠自己用爱发电，至少在二次元这个点上不行。
13. **你如何看待 UP 主恰饭：** 让！他！恰！这个东西如果我用得着我就去买。
14. **希望 B 站增加什么功能，或做出什么改变你会更喜欢它：** 我倒没有什么需求，但是我觉得把橙光（阅读社区）收了可能会有很奇妙的变化，虽然 TA 可能变化不大。

> "我认为 B 站必须做商业化才能让这个社区走下去，所谓小众文化要靠自己用爱发电，至少在二次元这个点上不行。"

"因为我在 B 站看的内容不是大众向的，小圈子里没有浓度下降这个事情。"

用户 #2

B 站 9 年用户
1989 年
女
分析师

用户 #3

B 站 8 年用户
1990 年
女
打杂的"背锅侠"

1. **请用几个形容词形容自己：** 有好奇心的。
2. **喜欢内容的类型和风格：** 最先关注的是日本文化相关／饭剪／科普类内容，后期跟着 B 站自己内容增多。
3. **上 B 站的频率和时长：** 每天，日均两小时以上。
4. **最近收藏的一个作品是什么：** 日剧《无须知道的事》饭剪。
5. **最近分享给朋友的一个作品是什么：** 我是郭杰瑞《试吃保质期 30 年的美国紧急食品，为什么疫情下最先被抢光？》。
6. **会发什么类型的弹幕：** 现在已经不太发了。
7. **手机最常用的 App：** 疯狂动物城；筑梦日记；手机淘宝；微博；微信；网易云音乐。
8. **你最信任的媒体渠道是：** 没有。
9. **除了 B 站，你还会看什么其他的视频平台：** 微博、爱奇艺、优酷。
10. **B 站新用户大增，你如何看待所谓"浓度下降"这件事，对你的使用有什么影响：** 影响不大，因为我在 B 站看的内容不是大众向的，小圈子里没有浓度下降这个事情。
11. **B 站的存在对你的生活带来了什么改变：** 有利于日语学习；第一次尝试剪了视频，效果还不错但太费劲了。
12. **你会关注 B 站的商业化吗，什么心情：** 会。一个是工作需要；另外一个是希望它好好活下去。
13. **你如何看待 UP 主恰饭：** 挺好的。但希望大方恰饭，标注清楚是广告。
14. **希望 B 站增加什么功能，或做出什么改变你会更喜欢它：** 多买日剧，哈哈哈哈，最好可以同步播出，但我也知道难度比较高。

1. **请用几个形容词形容自己：** 游戏宅、日系、硬核。
2. **喜欢内容的类型和风格：** 番剧、电影、游戏、科普、美妆、美食、猫。
3. **上 B 站的频率和时长：** 每日 2 小时以上，周末 4 小时以上。
4. **最近收藏的一个作品是什么：** FF14 编年史 3.0 | 平 A 剑圣 AV55886470。
5. **最近分享给朋友的一个作品是什么：** 【崩坏 3】DLC 剧情 AV94874729。
6. **会发什么类型的弹幕：** 水贴。
7. **手机最常用的 App：** QQ。
8. **你最信任的媒体渠道是：** 微博蓝 V。
9. **除了 B 站，你还会看什么其他的视频平台：** Youtube 。
10. **B 站新用户大增，你如何看待所谓"浓度下降"这件事，对你的使用有什么影响：** 没啥影响。
11. **B 站的存在对你的生活带来了什么改变：** 是创意来源以及是很好的放松休闲。
12. **你会关注 B 站的商业化吗，什么心情：** 朕养大的孩子终于会挣钱啦！
13. **你如何看待 UP 主恰饭：** 对于爱惜翅膀的 UP 主，在认真考察之后恰饭非常支持，有需要会购入；至于瞎来的，取关再见。
14. **希望 B 站增加什么功能，或做出什么改变你会更喜欢它：** 勾搭或者私信一些喜欢的用户能更方便，需要更强大的 SNS 功能；希望有更多影视剧版权吧，让我把自己的每一分小钱钱和其他的一些时间都能泡在 B 站里。

"朕养大的孩子终于会挣钱啦！"

用户 #4

B 站 6 年用户
1993 年
男
高校行政

"让我终于在中文互联网发现了乐趣。"

1. **请用几个形容词形容自己：** 时而温和时而热情时而冷漠时而愤怒，热爱生活。
2. **喜欢内容的类型和风格：** 电影、美食、知识、鬼畜视频、硬核、高级幽默、有 20 世纪 90 年代或知识分子梗。
3. **上 B 站的频率和时长：** 每天，1 小时左右。
4. **最近收藏的一个作品是什么：**《罗宝》，一款真正的刑法机器人。
5. **最近分享给朋友的一个作品是什么：** 建议改名：日语八级。
6. **会发什么类型的弹幕：** 几乎不发弹幕，只给认识的新进 UP 主发鼓励弹幕。
7. **手机最常用的 App：** 微信、豆瓣、微博、B 站、财新、Podcast、学习强国、Twitter。
8. **你最信任的媒体渠道是：** 财新。
9. **除了 B 站，你还会看什么其他的视频平台：** YouTube、优酷、腾讯、中国大学慕课、学习强国。
10. **B 站新用户大增，你如何看待所谓"浓度下降"这件事，对你的使用有什么影响：** 没啥影响。
11. **B 站的存在对你的生活带来了什么改变：** 让我终于在中文互联网发现了乐趣。
12. **你会关注 B 站的商业化吗，什么心情：** 会，希望越办越好。
13. **你如何看待 UP 主恰饭：** 下次一定。
14. **希望 B 站增加什么功能，或做出什么改变你会更喜欢它：** 定制榜单功能，推荐更精准。

用户 #5

B 站 2 年用户
1987 年
女
活动策划

1. **请用几个形容词形容自己：** 脆弱、铁石心肠（不吃安利）的路人。
2. **喜欢内容的类型和风格：** 纪实 / 教程（AI、PS、音响系统）。
3. **上 B 站的频率和时长：** 每天 1—2 小时。
4. **最近收藏的一个作品是什么：**《画廊外的天赋 Exit Through the Gift Shop》。
5. **最近分享给朋友的一个作品是什么：**《那天，大海》。
6. **会发什么类型的弹幕：** 从来不发。教学类的不会看弹幕，搞笑的视频会看弹幕。
7. **手机最常用的 App：** 知乎。
8. **你最信任的媒体渠道是：** 朋友圈。
9. **除了 B 站，你还会看什么其他的视频平台：** YouTube。
10. **B 站新用户大增，你如何看待所谓"浓度下降"这件事，对你的使用有什么影响：** 我就是稀释本释。
11. **B 站的存在对你的生活带来了什么改变：** 增长技能点。
12. **你会关注 B 站的商业化吗，什么心情：** 我自己作为用户没感知到。
13. **你如何看待 UP 主恰饭：** 恰呗。
14. **希望 B 站增加什么功能，或做出什么改变你会更喜欢它：** 我觉得搜索可以优化，可能算法有点问题？还有就是内容的量我觉得是不够的，但我自己也会去其他网站看我要看的内容。

"没有关注的 UP 主，要看的内容直接搜索。"

2019年百大UP主[1]

UP主

和KOL或者网红不同，UP主更强调视频内容的创作能力。无论是游戏区、舞蹈区、音乐区还是生活区，所有的UP主都会对自己所发布的视频内容进行创作加工。

游戏区的UP主要么是能够讲解攻略的游戏高手，要么就是能够把游戏的内容或者玩游戏的过程阐释得更有趣。音乐区的UP主同样也以演唱能力和乐器演奏能力为导向，许多UP主甚至不会露脸。在舞蹈区，除了舞跳得好的UP主，用户也会对很努力或在布景上很用心的UP主加以肯定。我们希望大众能够了解到"UP主"这个词所代表的真正的含义。

——B站市场中心总经理杨亮接受胖鲸采访

原文标题：《B站为十周年干杯，以及它的下一个十年在哪里？》

---

[1] 哔哩哔哩.2019年百大UP主 [EB/OL].[2020-4-15].https://www.bilibili.com/blackboard/activity-BPU2019.html#/stage2.
[2] VOCALOID是日本雅马哈公司自主开发的一款电子歌声合成软件，输入音调和歌词，就可以合成贴近人类声音的歌声。

01 动画区
阿幕降临

作画风格别具一格，极简勾勒的背景线条，永远的熊猫人主角，万年不变的背景音乐《杜鹃圆舞曲》，再配以五毛的特效和对白声音，却总能输出贴近现实的犀利观点，冷幽默又不乏内涵，让粉丝们不由得发出"妙啊"的赞叹。

《鬼才销售 卖火柴的小女孩》
——讽刺资本主义。
649.5万播放，3.0万弹幕

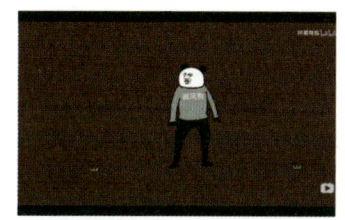

本图为视频截图 https://www.bilibili.com/video/av57365707

《破案了 阿伟的死因找到了》
——讽刺B站用户不愿为好内容付费的普遍现象。
654.4万播放，5.7万弹幕

本图为视频截图 https://www.bilibili.com/video/av78454390/

《罪恶的轮回》
——讽刺豫章书院中家长的袖手旁观和"棍棒教育"的传统教育理念。
684.1万播放，2.3万弹幕

本图为视频截图 https://www.bilibili.com/video/av74906749

02 音乐区
ilem

B站VOCALOID[2]原创音乐作者，创作了众多殿堂曲和传说曲，被粉丝尊称为"教主"，歌词意味深刻，带有鲜明的个人标签。2019年创作的《勾指起誓》掀起B站二次创作热潮，更与著名音乐制作人张亚东以及B站众多UP主们合作了个人音乐专辑《2:3》。

原创《勾指起誓》
——由网络创作者共创，洛天依演唱作品。用户合作共创是B站的又一大特点。
520.5万播放，3.1万弹幕

本图为视频截图 https://www.bilibili.com/video/av43426592

洛天依，言和原创《普通DISCO》
——PPT式视频并不影响这支曲子成为VOCALOID中的神话曲，播放量破千万，被李宇春和汪峰等知名歌手翻唱。
曲子描绘了作者普通的日常生活："体验普通的音乐带给自己的普通的快乐，没事普通地写写歌，将这种普通的快乐传递下去。"本来普通的年轻人们，却因为普通地喜欢着同一样普通的东西，而变得不同。
1101.1万播放，23.6万弹幕

本图为视频截图 https://www.bilibili.com/video/av2129461/

洛天依，言和原创《达拉崩吧》
——讲述了一个传统的勇者斗恶龙故事，被那英和周深翻唱。
871.7万播放，8.1万弹幕

本图为视频截图 https://www.bilibili.com/video/av9372087/

03 科技区
老师好，我叫何同学

B 站有很多像何同学一样一边在校、一边发布视频的 UP 主。从爱好某一领域，发展到学习和创作，生成内容的创作者是 B 站生态的重要组成部分。

《听~妙不可言 不被看好的 Air Pods 为什么成功了？》
——一条关于"5G 到底有多快"的投稿让他收获了全网的关注。他擅长用简单干净的文字传递信息，镜头运动丰富，转场行云流水，配乐舒适自然，内容"贼有意思"[1]。很多人表示，因为这款视频入手了 Air Pods。
255.3 万播放，7216 弹幕

本图为视频截图 https://www.bilibili.com/video/av49432234/

《一只鸽子的自白》
——因屡屡"失约"，未按照承诺更新，何同学自嘲"鸽子"，并以视频展示创作过程的艰辛，向粉丝做出解释。
438.8 万播放，8.7 万弹幕

本图为视频截图 https://www.bilibili.com/video/BV1YK4y1C7CU/?p=1

《有多快？5G 在日常使用中的真实体验》
1974.0 万播放，18.6 万弹幕

本图为视频截图 https://www.bilibili.com/video/av54737593/

04 生活区
爱做饭的芋头 SAMA

治愈的画面、温柔的声音、俏皮的解说，看她做饭，粉丝不仅学了厨艺，还观摩一部美食鬼畜视频。在她的视频里，食材仿佛是有个性的小伙伴，纷纷变成"仰望星空的月饼""二次元质感的煎蛋""不耍流氓的糖醋里脊"，道道美好，治愈人心。

《如何做出具有"二次元质感"的完美煎蛋？（超详细！）》
350.0 万播放，2808 弹幕

本图为视频截图 https://www.bilibili.com/video/BV16b411H7v9

《再见！让人疯狂的流心蛋包饭！｜芋头 SAMA》
——美食博主翻车实录。
211.5 万播放，5507 弹幕

本图为视频截图 https://www.bilibili.com/video/av13184680/?spm_id_from=333.788.videocard.2

《哎呀妈呀！不用烤箱也能做出这么棒的"流心芝士挞"吗？》
——俏皮的解说不禁让人嘴角上扬。
265.5 万播放，3164 弹幕

本图为视频截图 https://www.bilibili.com/video/av48092641/

05 时尚区
十音 Shiyin

时尚区汉服类代表 UP 主之一，她用创作诠释汉服之美，向世界传播中华文化：除却表面上的华丽，蕴含的气韵和文化也同样展现得淋漓尽致。除了时尚内容，十音也尝试多种风格，为粉丝带来丰富内容的同时，也以她自己的方式给予粉丝温暖的力量。

《我到底买了多少汉服 汉服收藏 & 穿搭分享——2018 终极版》
——UP 主在视频中展示了自己的汉服收藏，让人领略了中华传统服饰之美。
201.5 万播放，1.2 万弹幕

本图为视频截图 https://www.bilibili.com/video/av34623027

《我从高大上的拳头游戏辞职了之后我会……》
——UP 主分享其任职于腾讯旗下拳头游戏的经历。职场提升类视频在 B 站具有高关注。
188.3 万播放，1.5 万弹幕

本图为视频截图 https://www.bilibili.com/video/BV1Yb411H7XU/

《我们为何不敢走进奢侈品店？LV 购物体验实测"何为奢侈 1"》
——此系列介绍奢侈品牌的发展历程与特点，揭露资本本质。
131.8 万播放，2.8 万弹幕

本图为视频截图 https://www.bilibili.com/video/BV1fJ411W77C

06 鬼畜视频区
潮汕好男人

鬼畜视频类知名 UP 主，被粉丝称为"潮男"，与 UP 主"永远的 MG"组成"MC 传奇"。他将传统的鬼畜视频 RAP 与调音结合，并用"双语字幕"注入灵魂，不断输出优质且独特的全明星系列作品。2019 年制作了 14 个百万稿件，达成百万粉丝成就。

07 游戏区
黑桐谷歌

他对游戏的研究深入，知识储备丰富，这使得他的游戏解说游刃有余。他对待游戏严谨的态度，和亲民的解说风格深受粉丝的喜爱。在 2019 年代表作《只狼》系列中，一个大怪至少杀三次的讲解方式，让粉丝都尊称他一声"良心谷"。

08 影视区
努力的 Lorre：

动画类知名 DC & 漫威科普型杂谈 UP 主，对美漫的名作和典故如数家珍，擅长用简单易懂的讲解和条理清晰的概括，为萌新们快速打开美漫世界的大门，也让老粉们可以查缺补漏，重温经典。

09 舞蹈区
= 咬人猫 =

B 站知名舞见[1]，从 2011 年投稿至今，是宅舞文化的重要推广者，《lamb.》《小埋体操》《极乐净土》等多部作品获千万级播放量。自成一派的舞蹈风格，以及精致的视频制作水准，让她在舞蹈区常年深受粉丝喜爱。

从"用爱发电"到内容创作激励

根据 B 站 2019 年三季度财报，PUGV（Professional User Generated Video，即 UP 主创作的高质量视频）内容占 B 站整体播放量的 90%。三季度 B 站月均活跃 UP 主达 110 万，月均投稿量达 310 万，分别同比增长 93% 和 83%。B 站上的 UP 主最开始在 B 站上创作并不会产生经济收益，被戏称为"用爱发电"。后来，随着 B 站的扩张，B 站为 UP 主制定了一系列激励措施：

1. **悬赏计划**：1 万粉开放广告权限；
2. **创作激励计划**：在粉丝达到 1K 或播放量、阅读量大于 10w 后，可参加创作激励计划，按播放量 CPM 结算；
3. **充电计划**：开放用户打赏；
4. **实物和仪式激励**：10 万粉获得银牌小电视实物奖励、百大 UP 主可以参加线下颁奖仪式。

---

[1] 舞见，泛指在视频网站上投稿自己原创或翻跳的宅舞作品的舞者。

对话 UP 主

UP 主：Cbvivi

1. **请用几个形容词形容自己** /vlogger、平凡料理、任天堂。
2. **职业** /vlogger。
3. **写在 B 站账号上的介绍文字是什么** /微博、twitter、知乎：cbvivi；微信公众账号：1UP（太过时了，我准备改了）。
4. **第一次上传作品的时间** /2014 年 6 月 2 日。
5. **发布内容的类型和风格** /游戏实况、平凡料理、开箱视频、vlog。
6. **为什么会选择该类题材作为起点** /从游戏解说到开箱和做平凡料理，其实是一个慢慢熟悉视频制作和发布流程的过程。当时拍的时候没有想太多，但事后回想的话，游戏解说可以说是借助一个已有的内容，加上你的反应就可以变成新的内容。拍做菜视频也是不用考虑下一步做什么，因为所有流程都是固定的。所以，一开始拍那些都是很容易上手的类型。
7. **发布作品的频率** /多的时候每周 3 期，但也会有两三周不更新。
8. **你的作品中最高频出现的"招牌语言"是什么** /没有特别固定的语言。
9. **你收获弹幕和观看量最大作品分别是** /2018 年 7 月 23 日发布的《平凡料理：世界上很好吃的煎鸡蛋》，23.8 万播放，2257 弹幕，因为有点恶搞（一个镜头对着煎蛋拍了五分钟），又上了全站热门，很多不了解风格的观众发弹幕骂我，哈哈哈。
10. **粉丝快速增长的契机** /持续更新平凡料理应该给我带来了不少喜欢美食的观众。
11. **你常去看的 UP 主有哪些** /现在很少看。
12. **在 B 站你最常看的内容是** /主要是看新番动画。
13. **最初想要做 UP 的契机是什么？为什么会坚持做 UP/** 在公司做了一阵子公众号，不喜欢图文内容会被人随便抄。我一开始做的是游戏解说视频，也在那个过程中完成了做视频的初步训练。现在回想一下，如果自己一开始决定拍视频就是拍 vlog，说不定都无法说服自己面对镜头。
14. **在 B 站成为 UP 主对生活带来了什么改变** /会以 UP 主的眼光看生活里的很多事，虽然未必真的会拍成视频。
15. **有没有想过放弃？为什么会这么想** /没有，因为视频作为表达方式越来越主流。要学要练习的东西还有很多。
16. **（如果你是职业 UP 主）为什么会成为职业 UP？对未来的规划是什么** /去年拍了很多视频，很忙但是生活也很丰富，所以现在算是职业 UP。对未来的规划是不断尝试各种各样的事情。
17. **希望 B 站增加什么功能** /作为 UP 主希望有个性化的推送，比如回复和私信，但是不要老推 B 站自己的活动和广告（不知道现在有没有推这些，因为我没开推送）。
18. **手机最常用的 App/** 微博和微信。
19. **其他常使用的视频网站** /YouTube。
20. **你最信任的媒体渠道是** /没有固定的，主要通过我在社交网络订阅的人来筛选。信任的人转发的内容就可以信任。
21. **除了 B 站，你还会将作品上传到什么平台，出于什么样的目的使用这些平台** /传到微博和 YouTube。目的是可以让只用这些平台的观众看到。

> " 视频作为表达方式越来越主流。"

弹幕

弹幕是 B 站符号的代表。这种实时评论功能，通过展示观众观看同一视频时的想法和感受，改变了视频观看体验。弹幕起到内容补充（比如野生字幕君）、实时互动（对视频内容的实时讨论、提醒前方高能、弹幕护体等）等作用。

弹幕使观众超越时空限制，构建出一种奇妙的共时性的关系，形成一种虚拟的部落式观影氛围，让 B 站成为极具互动分享和二次创造的文化社区。更强调特立独行，却也更容易陷入孤独感的 Z 世代，正是通过这种相互的交流找到了认同感。

B 站 2019 年度弹幕 [1]

在反复出现的弹幕中，"梗"被创造出来。在这个多元圈层时代，词语的功用已经超越了交流，逐渐成为一种身份标签、一种社交货币。就像在 B 站这样的青年文化社区，弹幕作为用户互动的重要方式，背后承载着一代人的社交习惯、审美趣味甚至时代记忆。

流行词往往依托现象或作品获得原始热度。在核心用户反复使用和传播下，这些词语包裹的信息被不断放大和丰富。当越来越多受众卷入其中，围绕流行词聚合的"语义场"形成，最终成为集体认知。

1. **AWSL** [2]：源自"啊，我死了"的拼音首字母缩写，也是同含义日文"あ、私は死んでいる"A Watashiwa Shintei Lu 的缩写。最初，AWSL 是直男为虚拟主播白上吹雪的可爱所倾倒时，不由自主地所发出的感叹，而后发展成为年轻群体的追番暗语。当人们感受到"幸福、快乐、兴奋"等各种喜爱之情时，总会狂刷"AWSL"表达"被狠狠击中"的激动。而在 B 站用户惊人的创作力下，AWSL 延伸出"啊我死了""阿伟瘦了""啊我睡了"等各种变体，在含义延伸和高频使用中辐射到更多受众。时至今日，使用者通过遣词造句、制作表情、自创注解，助力该词从 B 站弹幕突围，一路攻进微博、豆瓣、朋友圈，最终构建成大众记忆。

2. **泪目**：眼中含泪，表达感动的情绪。

3. **名场面**：在影像世界中为人熟知的经典片段。

4. **逮虾户**：和动画《头文字 D》中一段歌曲发音相似，表示画面的速度感。

5. **我可以**：看到喜欢的人后情不自禁喊出的言语。

6. **欢迎回家**：用来安慰孤独的人，源自日本电影《被人嫌弃的松子的一生》。

7. **注入灵魂**：在视频精彩部分，某些行为使整部作品更有趣，就像注入灵魂。当 B 站用户打出常用弹幕时，脑海里会自然浮现某些固定场景和氛围。比如"注入灵魂"常见于因 UP 主操作带来的强烈反差。每逢吃播 UP 主了掏出芥末，美妆 UP 主带上假发，游戏 UP 主惨死敌手，无数网友就会默默发出"注入灵魂"。

8. **正片开始**：提示将进入主要剧情，也表示观众渴望看到的内容即将出现。

9. **标准结局**：符合剧情走向的情节结束，都是意料之中的标准结局。

---

[1] 哔哩哔哩 . 2019 年度弹幕 [EB/OL].[2020-4-19].https://www.bilibili.com/blackboard/activity-danmaku2019.html.
[2] 黄毅 . 在 B 站弹幕里，读懂年轻人 [DB/OL].[2020-4-19].https://mp.weixin.qq.com/s/wHxiOdT9lP0hmW_NBmbXnA.

鬼畜视频

鬼畜视频是 B 站 UP 主基于自身对于已有内容的理解，通过解构、重构等方式进行二次创作的产物，展现了当代年轻人们的态度与思维方式。比起永远"一本正经"，当代年轻人们更愿意以一种戏谑和游戏的态度、更为轻松恶搞的形式表达。从吐槽不明其意和夸大其词的广告，到电视剧、国产动画、明星、"不食人间烟火"的企业家（1 亿元不算多的王健林、对钱没兴趣的马云、让你充 Q 币的马化腾）、个性鲜明的素人，鬼畜视频的对象包罗万象。

纵观鬼畜视频的发展历史，被"鬼畜"的内容或浮夸虚假，充满槽点，或充满趣味，说出心声。鬼畜视频或者吐槽文化固然与青少年们的猎奇心理分不开，但也是其去伪求真、消解权威的思维方式的一种反映。

2008 年，"蓝蓝路"爆火，将第一批核心种子用户引导入坑

蓝蓝路（麦当劳叔叔），起源于日本的麦当劳系列广告。广告视频中，麦当劳叔叔带着一群小朋友大喊"蓝蓝路"，并摆出经典的三步式动作，视频以一个小朋友问"蓝蓝路是什么？"为结束。因其意义不明、令人匪夷所思，并且包含着奇怪的笑点，迅速作为素材以鬼畜视频的形式快速传播，麦当劳叔叔也被戏称为蓝蓝路教的教主。

雷军

2015 年 4 月 23 日，小米手机在印度新德里召开小米 4 发布会，期间雷军用英语向印度米粉打招呼，却口误说出了"Are you OK"（你们没问题吧？）。此次发布会视频被 Bilibili UP 主 Mr.Lemon 制作成鬼畜视频《Are you OK》。之后《Are you OK》大火，连小米公司的 B 站官方帐号都开始发布雷军的鬼畜视频，雷军也因此成了鬼畜视频全明星。

很多人都是从 Duang 开始知道 B 站

2004 年，成龙代言霸王洗发水，但该洗发水次年即被中央电视台打假。2015 年 2 月 24 日前后，一位 UP 主上传了鬼畜视频《我的洗发液》，将成龙和庞麦郎的《我的滑板鞋》进行了神一般的同步。此视频在上传后的数天内就在各大社交平台开始了病毒式的传播，掀起一股狂欢般的玩梗狂潮，并且很多官方微博也开始跟风 Duang 了起来。

2014 年 7 月 29 日，某 UP 主在土豆上传了一段名叫《诸葛亮骂死王朗的真相》的视频。原作制作精良、表演到位，画面经典，台词引发共鸣，经 UP 主重新剪辑后，独具趣味。随后以丞相与王司徒以题材创作的相关视频迅速走红，为经典影视作品带来二次生命。

青年狂欢

B 站 2019 跨年晚会，最懂年轻人的晚会

2019 年 12 月底，B 站举办跨年晚会，主持人分别是活跃在鬼畜视频区的央视主播朱广权，和业务能力过硬的湖北卫视《非正式会谈》主持人陈超，以集体回忆《魔兽》开场、以象征青春的五月天《干杯》结尾，其间融合了动漫（洛天依）、嘻哈（周延）、乐队（新裤子）、流行（冯提莫）、中国军魂、古风、西洋等多种元素，展现了 B 站的多元与包容性，该晚会被人民网评为"最懂年轻人的晚会"，被新华社用"出圈"形容，网媒争相报道，网友纷纷"补课"。

在 B 站的广大年轻用户们眼中，编排用心、制作精良的晚会给了那些曾经不被认可的爱好以真正的大舞台，B 站用经费、时间、排面和创意守护了他们的梦想，成就了对于其而言，真正意义上"2019 年最美的夜"。

晚会分为三个篇章：日落、月升、星繁，内容包含各种元素的同时，与年轻人的娱乐生活紧密贴合，被称为"青春记忆大联播"。除了兼顾小众爱好与大众潮流的考虑，多元内容也侧面体现了年轻人们丰富多彩的精神生活。

而晚会将古今中外各种元素巧妙融合，创意再造的做法正呼应了 B 站内容创作生态的特点——不论是角色扮演、同人创作、时事评论，还是基于原作进行解构重组的鬼畜视频，都闪烁着年轻人们喷薄的表达欲与创作才华。

bilibili晚会二零一九最美的夜 (2019)
导演：宫鹏
主演：朱广权 / 陈超 / 周延 / 彭磊 / 赵梦 / 更多...
类型：歌舞 / 真人秀
制片国家/地区：中国大陆
语言：汉语普通话
上映日期：2019-12-31(中国大陆)
片长：212分钟
又名：二零一九 最美的夜 / 2019-2020bilibili新年晚会 / 哔哩哔哩10周年2020年跨年晚会

豆瓣评分 9.1
29814人评价
5星 65.0%
4星 27.9%
3星 6.2%
2星 0.7%
1星 0.3%

豆瓣网站上"B站2019跨年晚会"的截图

游戏
《魔兽世界》舞蹈秀
《欢迎回到艾泽拉斯》
O-DOG 舞团

《哪吒》《华夏》
GAI

流行

国漫

动画
2019 英雄联盟全球总决赛
主题曲《涅槃》（Phoenix）
Chrissy Costanza

游戏
种花组曲《中国军魂》
张北北、军星爱乐合唱团

家国情怀
动漫组曲 Jump Up High!
陈乐一、大琴、绛舞乱丸维涅泰罗、
SaxoPEdCh

《生活因你而火热》《我们的时代》
新裤子乐队
《空心》《佛系少女》
冯提莫

动漫

影视
《哈利波特》系列电影主题曲《海德薇变奏曲》
理查德·克莱德曼

《有梦好甜蜜》(《我为歌狂》插曲)
《我的舞台》(《我为歌狂》主题曲)
胡彦斌

国风
国风组曲 见·东方
《新 九九八十一》
《爱殇》《蒹葭 / 白露》《天地有道》
方讼评、肥皂菌、陆二胡、孟晓洁
Jae、墨韵 Moyun、团团子、小时姑娘、易言、紫颜 - 小仙紫

国产影视
《流浪地球》电影推广曲
《去流浪》《女流》
周笔畅

欧美影视
《权力的游戏》主题曲
Game of Thrones
Main Titles
《四季一夏》(The Four Seasons: Summer)
2Cellos

流行复古
Let's Disco
张蔷

纪录片
《人生一串》片尾曲《如去年一样伤悲》
旧北乐队
国风音乐《大汛歌》
《青山白云》
戴荃

动画
《镇魂街》主题曲《不愿回头》
《那年那兔那些事儿 第二季》片尾曲《骄傲的少年》
南征北战

民乐与交响乐、中西合璧
《茉莉花》
洛天依、方锦龙、赵兆
《韵 界》
百人管弦电声乐团

动画影视
《永远同在》《千与千寻》
动画电影主题曲

国产动画
《能解答一切的答案》（电影《秒先生》片尾曲）
周深

流行
《光年之外》《句号》
G.E.M. 邓紫棋

流行
《派对动物 + 离开地球表面》《倔强》《干杯》
五月天

鬼畜视频流行
《大碗宽面》《壹叁》
吴亦凡

从明星到草根，从光环到作品，从流量到内容，从娱乐到审美，从流行到经典，从形式到文化，B站的跨年晚会是年轻一代的精神取向从浮躁走向踏实、从娱乐至死走向文化归属的缩影。

品牌故事

一切始于热爱

2007年5月，一个网名叫xilin的在校大学生在平台酷6网站上传了一段20分钟的动漫歌曲串烧视频，虽然当时酷6的流量很大，但知道二次元音乐的人却不多，因此这段视频点击量少得可怜。这让xilin萌生了创建一个专门上传二次元相关视频网站的想法。同年6月6日，A站诞生，并迅速聚集了一群热爱二次元世界却苦于主流价值观压力只能"圈地自萌"的"80后""90后"们。

然而，对于当时还在学校读书的xilin，虚拟世界只是他的娱乐消遣，经营和管理网站对他来说更是索然无趣。他并没有投入过多精力在网站上，而是将A站交由站长打理。2009年6月，A站爆发员工内讧。7月，A站因为机器故障连续一个月无法访问。这两起事件使得A站的老会员，刚从北京邮电大学毕业、在一家金融软件公司做策划和程序的徐逸（9bishi）无站可上，于是他和朋友花了三天时间，建立了一个叫作Mikufans的临时站点。作为A站的备胎，B站成了每次A站宕机时期用户们的去处。在接下来的一年中，一大批主要的UP主转投服务器更加稳定、界面更加好看、功能更为实用的B站（2010年，Mikufans改名为Bilibili，简称B站），成了B站早期内容创作的中流砥柱。

同年，xilin以400万的价格将A站卖给盛大游戏边锋网络的陈少杰。而徐逸靠着对二次元文化的热爱，一边专心运营B站，另一边，在拿不到融资的情况下，硬是用自己的钱补贴每月维护网站所需的高额费用。

烦恼于资金短缺，徐逸曾与陈少杰交流过A站以200万元收购B站的方案。就在双方确定意向、签署合同的最后阶段，因不满陈少杰对新网站未来的发展定位——"视频版的猫扑"，及其对二次元文化的不屑言论——"做视频版的二次元网站没有前途"，徐逸拂袖而去，继续强行支撑B站，直到陈睿的到来。

二次元少年的接棒，从"小破站"到纳斯达克

出生于1978年的陈睿从小就是二次元忠实粉丝，早早集齐了一整套100本《七龙珠》，《城市猎人》《圣斗士》等漫画书伴随着他长大。毕业后，陈睿任职于金山软件，从雷军的技术助理，成为金山毒霸杀毒软件的总经理，7年后他辞职创立贝壳安全（云安全企业服务公司），又两年后成为金山网络（后更名为猎豹网络）的联合创始人。

2011年，热爱二次元文化的陈睿被B站吸引，他找到徐逸表达了投资意愿。当时的徐逸带着其他三人挤在杭州一间租来的房子里，连公司都还没有注册，每个月的收入只有来源于网站广告的几万元。即便是在这样窘迫的状况下，刚开始，徐逸都出于接受投资可能受到约束的考虑拒绝了陈睿，只是因之后B站新番大受欢迎、新增用户数激增、服务器需要更新，徐逸才接纳了陈睿个人的天使投资。

这之后，陈睿一直担任B站的业务顾问，指导徐逸为B站引入新内容、增加HTML5播放器、当前弹幕数等功能，促进B站的稳步发展。深知自己缺乏管理公司的经验，徐逸多次邀请已在互联网行业浸淫数十年的陈睿来到B站"主持大局"。受到内心感召，陈睿2014年正式退出猎豹网络，加盟B站担任董事长，徐逸作为创始人持股退居二线，完成二次元同伴之间的交棒。在陈睿的带领下，B站结束了过去的野蛮生长，通过申请相关的资质和证照完成合法合规经营；采买日剧等正版剧集版权实现正版化，并不断探索商业化路径。同时，作为互联网老将，他在2015年之后的三年中接连为B站拿到包括启明创投、华人文化、IDG-Accel、腾讯、君联等资方近5亿美元投资；在其带领下，B站于2018年3月28日在纳斯达克敲钟上市。

从ACG大本营到青年文化社区

基于认同的社区共创机制是B站的灵魂。作为那个曾经在每一个孤单的深夜打开B站、从UP主的剪辑再创视频中得到二次享受、与弹幕背后的同好们交流做伴的少年，陈睿也希望ACG以外、拥有不同爱好的群体都能在B站这片土地上自由地聚集、交流和做伴。他一直在做的，就是建立这样一个创作生态，一个包容的、尊重的、友好的、允许各类小众文化和新生事物肆意生长的沃土。

首先，B站在功能设置、页面设计、奖励制度以及流量分配等方面都给予UP主最大的激励，用心呵护处于萌芽期的各类圈层文化。2013年，B站进行了改版，从前可自由装饰的用户个人主页被标准化，统一的界面设计强化了网络世界的平等概念，模糊了每个用户现实生活中的差异。最大限度地吸引了年轻人、特别是新手的加入。2016年初，B站又推出UP主充电计划，旨在支持内容的原创性，保障新晋UP主的版权和曝光率。充电计划吸引了越来越多的视频主，也催生了更多优质内容。而优质内容又会吸引更多的用户，实现视频对用户的反哺，形成一条良好的循环链。除了大方分利给UP主，B站还通过去中心化导流的方式增加新生UP主被看到和得到反馈的机会，以鼓励其创作。这有别于陈少杰时期的A站，那时内容推荐走向全都服务于新项目斗鱼TV，目的是将A站用户引流至斗鱼，导致整个A站几乎变成了游戏视频站。B站始终坚持去中心化导流，尊重平等地去对待每一个创作者，致力于创建一个去中心化的、以内容为核心、包容多元文化的青年社区。

平台搭建完成之后，2015-2016年前后，陈睿通过引进综艺娱乐以及影视剧，以没有广告的优势为B站吸引了大批以女性用户为主的非ACG人群。她们在这个自由的平台找到自己的圈子，甚至从爱好到生产，从认可到共创，推动内容向更加个性化和多元化发展。学习、科技、科普、美食、美妆、时尚、影视等内容丰富了原先以ACG为主的B站。2016年年初，B站2/3的流量已经不是二次元的内容，B站已逐步发展成为真正的兼容并包的社区。同时，2016年，B站拥有活跃用户超过1亿，活跃的UP主超过100万；用户投稿视频每天有数万级，90%是自制或者原创的视频。

从细分切入市场，站稳脚跟后吸引多元用户，几乎是所有公司发展壮大的必须路径，如何能在不失去原有核心用户的基础上扩大业务范围也是这个时期公司普遍面临的挑战。对此，陈睿认为，只要通过产品设计将B站打造成以内容为中心的社区，降低平台的社交属性，让用户只在视频下的评论区或者弹幕中交流，就能极大减少由于用户规模的增加对原有用户体验的影响。

B站一直用心维护健康良好的社区氛围。在用户数急剧增加的2012年，B站设置了一系列社区准入机制。会员转正考试，将正式会员与注册用户、游客相区分——只有通过考试的正式会员才能参与关于视频内容的弹幕讨论[1]。除却对于用户自选专业领域相关知识的考查之外，弹幕礼仪[2]也是考查的一部分，这不仅保证了进入社区的人都是发自内心想要融入社区来表达自我，更提高了破坏社区的成本、对新用户进行了一次社区教育。会员准入门槛的存在，确保了B站互动内容的质量，促进了会员互动的积极性。2017年，B站继续通过贯彻会员转正考试、建立自律性的惩罚机制——由会员等级lv4以上的正式会员参与管理的小黑屋制度[3]，教育新会员以"正确姿势"参与到社区，在提供优质内容的同时共同维护良好社区氛围。

PUGV（专业用户自制内容）之余，B站积极引入OGV（专业机构生产内容）做辅助补充。关于后者，B站一方面通过投资动画上下游产业链孵化国产IP，夯实固有优势领域；另一方面，B站挖掘垂直用户偏好，创造特色产品，通过寻找富有创新性与独特性的切入点建立情感共鸣，让内容成为用户产生强联系的纽带。美食、历史、萌宠等细分题材都是成功的切入点。2016年，《我在故宫修文物》在B站的翻红让首席运营官李旎注意到热衷纪录片的人文、历史爱好者这一垂直群体。B站于2017年公布了纪录片"寻找计划"，在为用户找寻优秀纪录片的同时，面向创作者提供包括资金、平台运营、商业开发在内的全产业链扶持。之后，B站以纪录片主出品方的身份先后推出《人生一串》和《宠物医院》，针对美食和萌宠类群体产出特色内容，一经推出即广受好评。

从一条腿到四轮马车——多元收入助力B站走向未来

有人认为，以青年亚文化为主体的网络社区对于商业化有着天然的抵触情绪，这是猫扑、铁血、豆瓣、虎扑等网络社区未曾发展壮大的根本原因。A站的发展正印证了此观点。A站一众元老对于商业化的排斥，对于守卫一个"小而美"纯洁家园的执着，是其无法为顾客提供优质稳定的服务，并最终"所托非人"的源头。

反观B站，陈睿深知做社区"不增长就会死"的逻辑[4]，一方面以创作者为核心的逻辑大力鼓励PUGV用户生成内容，并配合引入基于垂直圈层的平台自制特色纪录片与综艺，以吸引ACG以外的青年圈层，通过管理运营实现在不影响核心ACG用户体验的前提下将B站发展为多元青年社区；另一方面，从2013年的"新番计划"，2015年的游戏联运和代理发行业务[5]，到2017年引入阿里巴巴，开拓UP主的粉丝经济、内容电商领域，2019年签约冯提莫，高调入局直播领域，B站在商业化路径不断探索，以多元营收收入为将来之路保驾护航。

不同于爱奇艺、优酷、腾讯等传统视频平台，B站更像是在做"以优质PUGV吸引用户、为用户提供服务"的社区运营。通过鼓励原创内容、维护健康社区，B站赢得了Z世代青年的高黏性、高留存率——一套基于认可的共创机制逐步成型。抱有"得到用户的心就是胜利"这一信念的陈睿，也会继续带着他的感性与理性，掌舵B站这艘大船向更远的未来进发。

---

[1] 游客不能写弹幕，注册用户可以，但发出去不会被其他用户看到。
[2] 弹幕礼仪：比如避免发送如剧透、刷屏、无意义、引战等这些影响观看体验的弹幕。对不喜欢的弹幕，用户可以选择屏蔽，屏蔽方式也很多样，可以按用户、词汇以及不同位置屏蔽。B站同时鼓励用户举报违规弹幕，被举报的用户会被管理员禁言。
[3] 小黑屋是B站的用户处罚公示平台，如果用户违反了社区准则并遭到管理员的惩罚后就会在小黑屋中公示，每条公示皆有理由批注。违反行为包括但不限于用户发表有关引战、人身攻击、恶意刷屏等弹幕或评论。当用户的会员等级超过Lv4，并在90天内无违规，参与实名认证后，可申请加入风纪委员会参与举报、封禁审核；在现实中，大部分违纪行为都是由（风纪委员会）举报、社区处理的。人肉、侵犯隐私、危急教唆，都是可以直接封停的大罪。引战、剧透、刷屏也是重点打击对象。
[4] B站增长的动力基本来自我自己希望B站很好地活下去。小国寡民是开心，但世外桃源也会被坚船利炮干掉。很多人会觉得，你曾经很小体验很好，是不是永远不要长大，这个想法很幼稚。猫扑是什么下场。——陈睿《晚点》采访。
[5] 2015年，B站推出《梦100》《FGO》《碧蓝航线》多款游戏，并迅速成为B站的主要收入来源。

B站的投资收购

大力投资 ACG 产业链上下游企业 以稳固游戏动漫板块的核心优势

投资布局：
非 ACG 垂直内容投资
金额：未透露
时间：2019/7/26
领域　　　　　公司
纪录片　　　　三星堆文

金额：未透露
时间：2019/4/11
领域　　　　　公司
宠物社区　　　兄弟科技

金额：数百万元人民币
时间：2018/4/25
领域　　　　　公司
泛娱乐影视内容制作　　绘林影视

投资布局：
非 ACG 商业化布局
金额：4000 万美元
时间：2018/6/28
领域　　　　　公司
直播　　　　　映客

金额：数百万元人民币
时间：2016/1/20
领域　　　　　公司
旅行　　　　　银河漫游指南
　　　　　　　bilibiliyoo

投资布局：
ACG 上游小说 / 漫画 / 音乐 IP 孵化
金额：数千万元人民币
时间：2015/12 — 2020/4
领域　　　　　公司
漫画阅读平台　　网易漫画
　　　　　　　加一次元
小说阅读平台　　轻文轻小说
内容创作工具　　Moboo.ly
音乐 IP 孵化　　　咕噜吧哒音乐
二次元声音社区　　啪斯 MissEvan
音乐物语制作及 IP 孵化　有爱文化

投资布局：
ACG 上游动漫 / 动画制作 及 IP 孵化
金额：从数千万元到亿元级人民币
时间：2015/1 — 2019/4
领域　　　　　公司
动画制作与 IP 孵化　　七灵石
　　　　　　　艾尔方方
　　　　　　　福煦影视
　　　　　　　绘梦动画
　　　　　　　天津动漫堂
　　　　　　　绘梦动画
　　　　　　　Sunflowers
　　　　　　　红小豆
　　　　　　　中影年年
　　　　　　　灵樨文化

金额：从数千万元人民币
时间：2017/4 — 2018/11
领域　　　　　公司
动漫制作与 IP 孵化　娃娃鱼动画
　　　　　　　Fun-Media
　　　　　　　鲜漫动漫
　　　　　　　天工艺彩艺画开天
　　　　　　　那年那兔那些事儿
　　　　　　　海岸线动画

投资布局：
通过游戏联运尝试商业化变现[1]
金额：数百万元人民币 至 2.5 亿港元
时间：2015/10 — 2019/10
领域　　　　　公司
手机移动游戏　　CMGE 中手游
网页游戏开发　　网元圣唐
　　　　　　　御宅游戏
　　　　　　　萌猫网络
　　　　　　　上海灼焰科技
　　　　　　　黑细胞网络

金额：数百万元人民币
时间：2016/5/6
领域　　　　　公司
动漫游戏社区　　Stage1 动漫游戏社区

投资布局：
ACG 下游
金额：从数百万元到数千万元人民币
时间：2016/1 — 2019/7
领域　　　　　公司
动画 / 动漫周边、漫展
　　　　　　　超电文化
　　　　　　　IPSTAR 潮玩星球
　　　　　　　艾漫动漫
　　　　　　　兽耳科技 Mimikko UI
　　　　　　　ComiDay 猫布丁文化
　　　　　　　魔都同人祭 ComiCup
　　　　　　　AC 模玩网

投资布局：
IP 运营 / 发行 / 传播
金额：数千万元人民币
时间：2017/1 — 2018/9
领域　　　　　公司
IP 运营与发行　　途立仕
　　　　　　　日更计划
　　　　　　　MUTA 优他动漫

金额：从数百万元到数千万元人民币
时间：2015/10 — 2020/3
领域　　　　　公司
广告媒体公关　　悦响文化
　　　　　　　无锋科技
　　　　　　　次维文化
　　　　　　　主文娱
　　　　　　　动魂文化 AniTama
　　　　　　　北京千星眼文化

　　B站的对外投资是其战略方向的显现。

　　B站一方面围绕 IP 深耕动画 / 漫板块以维持其固有优势，其投资与收购的公司覆盖动画 / 漫全产业链——从上游的小说和漫画阅读平台，音乐物语、动画、动漫制作以及 IP 孵化公司、IP 品牌运营与营销服务商，到下游的 IP 衍生品以及周边零售、漫展服务平台。另一方面，B站通过投资纪录片、宠物社区、影视娱乐相关公司布局非二次元领域，以覆盖美食、人文历史和萌宠爱好者等青年圈层，在二次元垂直社区基础上发展为泛青年文化平台。

　　同时，值得注意的是，除了丰富内容品类，B站也更加重视商业化变现途径：除了投资六家游戏开发公司之外，还入主了直播领域，于 2018 年 6 月收购了映客，于 2020 年 3 月收购了业务涵盖电竞泛娱乐 MCN 和电商直播 MCN 领域的网红数字营销服务商——无锋科技。

　　投资纪录片、宠物社区、影视娱乐等垂直内容以覆盖多元青年圈层；布局直播、电竞、游戏等领域探索多元商业化变现途径。

---

[1] 游戏联运，即厂商产品开发完成，与各大平台进行联合运营，获得收入后双方按照约定的比例进行分成。

NEIWAI 内外

内衣是女性思潮的最前沿体现，女性价值观的转变也引发了内衣行业的变革。

"NEIWAI 内外"——"外"代表身体，接受多元身体之美；"内"代表内心，走进内心，接纳情绪的流动。中性的品牌名字奠定了 NEIWAI 内外始终关注于"人"的品牌情怀，鼓励女性解放身体，回归自我的品牌理念。然而在我们看来，NEIWAI 内外的价值不光在于它的立场，乘上这股思潮的品牌不止一个。

NEIWAI 内外贵在知行合一。从产品（对设计的审美、面料的高要求、舒适的坚持）、店铺、品牌的内容创作，NEIWAI 内外讲述的故事就像是一封封写给女孩们的情书。这些真实且真诚的"情书"不只带来了社会效应，让 NEIWAI 内外成为一种象征，更打动了一个个的女性个体，成为她们的力量来源。

2020 年霍尊在《我是唱作人》中表明，《自定义少女》这首歌的灵感来源便是不久前 NEIWAI 内外"没有一种身材，是微不足道的"（NO BODY IS NOBODY）的广告。他也在微博中写道："世俗的审美标准，有多少是洗脑骗局。大家都要跳脱这些被定义的条条框框，接受和拥抱最真实的自己，美绝对不是被单一定义的存在。"

胖鲸一直倡导的是，我们不能忽略"品牌主张与行为如何反映和塑造时代"，这是品牌应该肩负的使命。而 NEIWAI 内外做到了。

用户眼中的 NEIWAI 内外

❝ 在消费者眼中，NEIWAI 内外的内衣不仅外观精致独特，而且舒适高质。❞

外观
- 蕾丝花边非常精致。
- 居家服打底衫和文胸都做得极为美丽。
- 文胸剪裁恰当，A 罩杯杀手，做出了一种迷之明朗感。
- 没有色差，色泽正，下水无丝毫脱色。

体感 / 材质
- 内衣的材质真是柔嫩如婴儿肌肤。
- 内外的内衣太舒服了。
- 自从穿了内外，呼吸顺畅了，心情也变好了。
- 买来当睡眠内衣穿的。
- 一起买的别的牌子的内衣都松懈了，但内外的还是保持原样。

包装
- 出乎意料地精美。

❝ 内外的包装也深得用户们喜爱。❞

"没有一种身材，是微不足道的"（NO BODY IS NOBODY）引发的共鸣

这条纪录片引发了女性关于形体压力的广泛共鸣，片中所展现的对女性真实身体的接纳，也让女性们感受到温暖、关爱和力量，并纷纷分享自己的故事以及片子带给自己的感动。

女性压力

- 女性人生的很多阶段都伴随着身体的变化：青春期的胸部、怀孕时的肚子、喂奶时的乳房……女性的身体比起男性的身体，要柔软得多，却也坚韧得多。但是社会给了女性很大的压力，比如什么样的身体是美的、漂亮的，甚至具体到什么样的胸、什么样的腰。

感动与认可

- 没有人不爱纪录片中这句"我喜欢我的肚腩，喜欢我的人也喜欢它"。
- 有一种由内而外绽放的力量，让人震撼并深深地感动！
- 被感动了，很喜欢这样的方向：尊重女性、尊重女性的身体。
- 内外每一次的表达都展现了女性的勇敢、热情、挚爱和自信。
- 当一个中国品牌真正看见了自己的消费者，喜欢女孩们本就美好的身材，自然没有人能拒绝。

分享个人故事

- 前几天情绪不好，一度不想面对自己外貌和身材。
- 从小因为个子矮而倍受嘲笑和困扰，到了青春期，平胸的自己不好意思走进公共澡堂或游泳池。
- 作为大胸的微胖女孩，很难买到合适的内衣，内心很卑微；面对很多人"胸大无脑"的嘲讽，总觉得胸大是自己的错，会把他人的错内化成自己的错。

情感支持

- 很偶然地看到了这个广告。循环看了很多遍，心情慢慢好了起来。
- 自拍了一张类似的照片，慢慢地去接纳自己，与自己和解，心情好了很多。
- 正在因经历由body shame（身体羞耻）引发的糟糕情绪的我，被好好地治愈了。
- 感受到NEIWAI内外从身体到心灵的层面，无微不至的关怀。终于明白为什么取名内外了。从今以后，更爱自己，更爱内外。

一条广告片能达到的力量

- 明白了如果自己的身体都没有得到我们全部的爱，又怎么能期待别人能更爱它呢？
- 时代的趋势会变好，不会只有一种美。平胸，大胸，微胖，都很美。因为每个人都与众不同。谢谢NEIWAI内外做出的倡导。
- 感谢这样的广告，让人感受到女性真实身体的力量。每个人都不相同，每个人都有缺点，可是这样高矮胖瘦不一样的女性们都值得被喜欢。

对话品牌创始人
刘小璐

NEIWAI 内外品牌创始人

回想多年前，是哪一个"瞬间"或是哪一个事件，让您最终下定决心，要做 NEIWAI 内外这个品牌？

女性品牌相关的咨询行业工作经历，以及自身强烈的女性意识，让我很早就埋下了做一个女性内衣品牌的想法。但这个朦胧的想法真正变得清晰缘于一次偶然。在一次闲谈中，我先生的朋友——一位纽约老太太向我介绍了 HANRO 这个瑞士内衣品牌。她的经历让我确定了我想要建立一个怎样的内衣品牌：一个品质舒适，可以陪伴女性一生的内衣品牌。

您会如何描述 NEIWAI 内外的用户，这是怎样一群女性？

2012 年时，NEIWAI 内外的女性用户较为小众——她们是一群拥有海外教育背景、对自己的身体更为自信的先锋女性，年龄轻熟，可能已经是妈妈，因此对内衣的舒适度要求较高。但这几年，品牌用户逐渐多元化、年轻化。我们 18—25 岁的客群比例从 2017 年的 25% 增长到 2019 年的 37%。这一代年轻人生来就非常自我，对多元身材的接受度很高，因此对 NEIWAI 内外品牌理念的认同感也很高。

但不论是最早的种子用户，还是现在的用户，她们的内核并没有改变——具有强烈的女性意识，懂得向内观察，更少地以传统男性视角审视自己。她们不想禁锢自己的胸，不想要繁复矫饰的设计，而是追求舒适自然、奉行至简。

NEIWAI 内外似乎成了一个用来描述风格的形容词，那么与 NEIWAI 内外风格相关的关键字有哪些？（您也提到过"设计感、品牌感、惊喜感"这三个对消费者重要的要素，这些是如何体现在 NEIWAI 内外上的？）

关于设计感，从颜色上来讲，NEIWAI 内外让人联想到偏灰度的低饱和色系；从风格上来讲，NEIWAI 内外代表着简洁和干净。但是，NEIWAI 内外不想被定义为一个"性冷淡"的品牌，而是希望能"重新定义性感"。

"品牌感"体现在统一性。在产品、包装、门店、电商页面、微信公众号等品牌与用户接触的每个细节中，品牌都应该维持一个统一形象。这要求整个团队需要对"NEIWAI 内外是什么"这件事有共识。

惊喜感方面，在保持鲜明主线风格的前提下，NEIWAI 内外通过跨界联名合作尝试不同风格，期望每一次的合作都带给用户不一样的惊喜。

NEIWAI 内外卓越的品牌创意皆出自内部品牌团队，而非外部广告代理。这是否刻意而为之，背后的想法是什么？

我们曾经请过广告公司，但效果不尽如人意，磨合的成本较高。组建内部品牌创意团队时，我们确保每一位成员都是真正认可 NEIWAI 内外的品牌理念、与品牌审美相契合的人。这保证了团队能做出符合品牌风格和调性的作品，同时相对来说，也省去了磨合的时间和精力成本。

NEIWAI 内外的每次品牌推广，都似乎像是朋友之间的对话，带给女性力量，未来会继续延续这个方向吗？

NEIWAI 内外在主线和运动线的做法会不太一样。主线这边，通过拍摄"在人海里"系列纪录片，我们希望观众可以在观察现代女性的生活和状态中，找到共鸣、受到启发，也去探索自己的内心世界。我们想要以平等的姿态与用户沟通。

在 NEIWAI ACTIVE 运动线上，

我们会与 Space、Pure 等健身机构及平台合作推出一系列社群活动，并签约 NEIWAI 内外运动大使，为社群成员们带来丰富的线下课程与专业的运动体验。

作为 NEIWAI 内外的品牌创始人和掌舵者，在公司和品牌运营上，你有哪些不能妥协的原则？

正直（Integrity）。我想做一个诚恳的品牌。对于任何数据，我们一直抱着严谨的态度。比如，2020 年 2 月我们为抗击新冠肺炎疫情的一线医务工作者等备捐赠了一批物资，我们本来有机会在一个"黄金时段"去宣传这个善举，但我们一直等到所有物资都落实到位了才正式对外说这件事。对于每一个数据，每一笔物资，我们都精确到小数点之后两位。真实和正直是我们团队每个人在做事情时，心里的一个标准。

NEIWAI 内外生意的"起飞"是哪一年？背后的主要原因是什么？

2016—2017 年，我们的体量扩大了 5 倍，从千万跃升到过亿的规模。当时我们推出了一个明星产品线："零敏"系列，直到现在也非常畅销。这个产品

NEIWAI 内外品牌创始人刘小璐

1. 内外与新锐设计师品牌 XU ZHI 推出 2020SS 春夏泳装联名系列。
2. NEIWAI 内外品牌挚友谭元元。

和扎实的零售基础，再后续拓展到腰部主流商场的路径。在 2016 年左右，由于赶上了高端商场想要通过吸收新锐品牌吸引年轻人的宝贵时机，NEIWAI 内外的线下扩张之路进展得比较顺利。

最大的困难来源于团队的搭建。开设第一家线下门店时，我们招不到负责人，因为大家会担心我们对于线下渠道只是浅尝辄止。当时我们换了很多任店长，也踩了很多坑，一边经历，一边"交学费"，在实践中不断学习。直到第二年，在我们的零售体系逐渐搭建完善、更多实体店开业之后，一切才快速推进起来。

拓展一个新的品类，品牌不仅需要对用户的增长需求有精准观察，还需要通过一定的时间及市场检验，才能摸索与调整出属于品牌自己的风格定位。2019 年，我们正式发布了旗下全新运动品牌 NEIWAI ACTIVE，但其实在这之前，我们已经推出过好几季的运动系列产品。通过深入了解现代女性在运动以及相关场景中真切的需求，并不断结合之前的用户反馈，我们做了很多调整，最终才

系列的崛起，与当时期望解放身体、追求自由的女性主义风潮也有很大关系。

随着女性消费理念的转变、传统品牌的老化，以及渠道层面从百货向购物中心的转型，NEIWAI 内外获得了非常好的成长机会。2015—2018 年，NEIWAI 内外在逐步打造成为一个中高端定位的品牌同时，业绩每年增速达 400%，四年间的销售额翻了 50 多倍，品牌在线上线下也积累起超 150 万的购买用户以及超 300 万的社交媒体粉丝。

NEIWAI 内外一直在突破自己，从线上走到线下，从内衣走到更宽广的品类。这个过程中，品牌经历了哪些困难和挑战？

关于实体店的开设，我们先选择与嘉里、新鸿基、太古、恒隆、华润等一线业主合作，建立起中高端的品牌形象

22 | 未来品牌 —— 解密中国市场品牌建设与增长之道

找到属于 NEIWAI 内外的运动风格。

NEIWAI 内外倡导不同身材、年龄、生活状态的女性要接受自己，喜欢自己，内衣则强调舒适性。但也有特定群体的女性（例如同性恋、双性恋和跨性别群体），她们期望用比较紧的文胸束缚身体，让自己的胸部看上去小一点。您如何看待这个需求？

我们尊重小众女性群体的存在，关注各类女性的不同需求，多元化也是我们今年核心主题，希望能够通过不同的产品设计解决她们的实际需求，给予她们全方位的关爱。

内外一直在思考如何更好地为不同身材的女性设计贴合的文胸产品；除此之外，我们还在研发国内首款科技型生理裤，旨在帮助女性进一步地解放身体。

您经常说要以超前的眼光看品牌，那么您对 5 年后的 NEIWAI 内外有何构想？（包括海外门店的布局）

"超前"体现在，战略上提前作准备。比如，我们在开设第一家实体店时，就已经着手开展线上线下的投入和建设，为之后零售体系的搭建和管理打下了很好的基础。而这，对于很多品牌来说，都是一件当企业达到一定规模之后才会考虑的事情。同时，我们目前正着手打入海外市场，这也是一个比较超前的决定。我对五年后 NEIWAI 内外的畅想是，大家对 NEIWAI 内外已经有了一个比较清晰、深刻的品牌认知；实体店的零售占比越来越高，不管是内衣家居主线或是 ACTIVE 运动线，都已能独当一面；在海外市场，品牌也拥有一席之地，成为一个结合东方美感与国际视野的国际品牌。

您最喜欢的品牌是什么？为什么？

内衣品牌中，我比较喜欢 Wolford（沃芙德）。作为一个历史悠久的品牌，它的产品设计和质量都很优良，其织造技术让人惊叹。服装品牌中，我欣赏

> "对于 NEIWAI 内外来讲，前十年都还在打基础，未来十年才是真正会起飞的阶段。我们耐得下心去打磨和建立这个品牌。"

Acne Studios（艾克妮）这种先锋、有设计感的风格，以及经典的 Max Mara（麦丝玛拉）风格。

从公司层面来讲，我比较喜欢 Uniqlo（优衣库）和 Lululemon（露露乐蒙）。优衣库的是服装企业最高效的代表，跨界联名线做得很好，产品性价比也很高。露露乐蒙每年的财报都是 20% 的增长，这不是非常高的一个增长数字，但很持久，是一家长期主义的公司，这也是我希望 NEIWAI 内外能保持的一个良性状态。对于 NEIWAI 内外来讲，前十年都还在打基础，未来十年才是真正会起飞的阶段。我们耐得下心去打磨和建立这个品牌。

您本身一直是温柔而坚定的形象，NEIWAI 内外所做的品牌广告也带给了很多女性力量。您有没有自己的困惑呢？

没有人是完美的。

创立 NEIWAI 内外以来，我发现我个人与品牌紧密相连，我的困惑和思考都会投射在品牌上。比如说，我自己的胸部一直比较小，对自己的身体有过困惑，但在鼓励别人的过程中也学会了接纳自己的身体，能够欣赏自身之美，于是 NEIWAI 内外也一直在鼓励更多女性跟自己的身体达成和解。

也许在创业早期，创始人与品牌不可避免地互相捆绑。但当我的"孩子"成长到一定程度时，我希望自己能学会放手，这样品牌会有更广阔的成长空间，我也会更自由。我们现在在做的，就是吸纳拥有多元个性、有经验的高管，希望他们能以更客观、专业的视角看待品牌，并提出多元的意见。

以"设计"为驱动的产品公司

经典产品

以设计思考驱动产品创新,是 NEIWAI 内外对自己的定位。NEIWAI 内外依据消费者需求洞察做出产品创新,通过不断研发测试打造极致单品,通过独特的设计语言建立品牌辨识度。

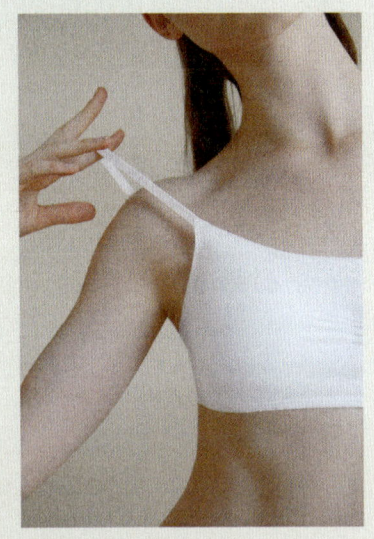

"零感系列"极轻薄意大利随心裁面料 / 一片式设计 / 无背扣 / 下缘内侧超薄橡筋 / 有效承托无勒感 / 无痕工艺塑造"零体感"舒适度。

"零敏系列"开创性仿钢圈结构 /NEIWAI 内外独有半码体系 / 突破无钢圈内衣在承托和尺码上的局限性 / 材质天然舒适 / "为敏感肌肤而生"。

用户视角开发场景

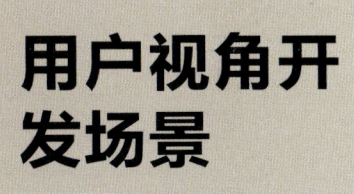

从用户视角出发思考问题,观察其生活场景下的真实需求。基于这样的新品开发逻辑,NEIWAI 内外研发出适用于日常、运动、旅行和居家四种场景的各品类产品。

Twin Cross 下围交叉模杯文胸
2019 年,NEIWAI 内外与日本的合作伙伴共同研发适合大胸人群的无钢圈内衣,采用日本双次交叉(Twin Cross)专利下围交叉结构,并自主研发柔软模杯,具备更稳固的承托结构,不易偏移错位,舒适提升穿着效果。

1. 轻塑带文胸连体衣 —— 具有专业完整文胸结构的流畅连体衣,避免褶皱与勒痕。
2. 适合运动场景的产品系列。
3. 如厕无忧的连体裤——拥有穿脱方便的优点,解决了常规连体裤如厕不便的缺点。

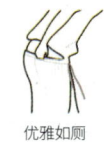

正面连体　　背面分离　　优雅如厕

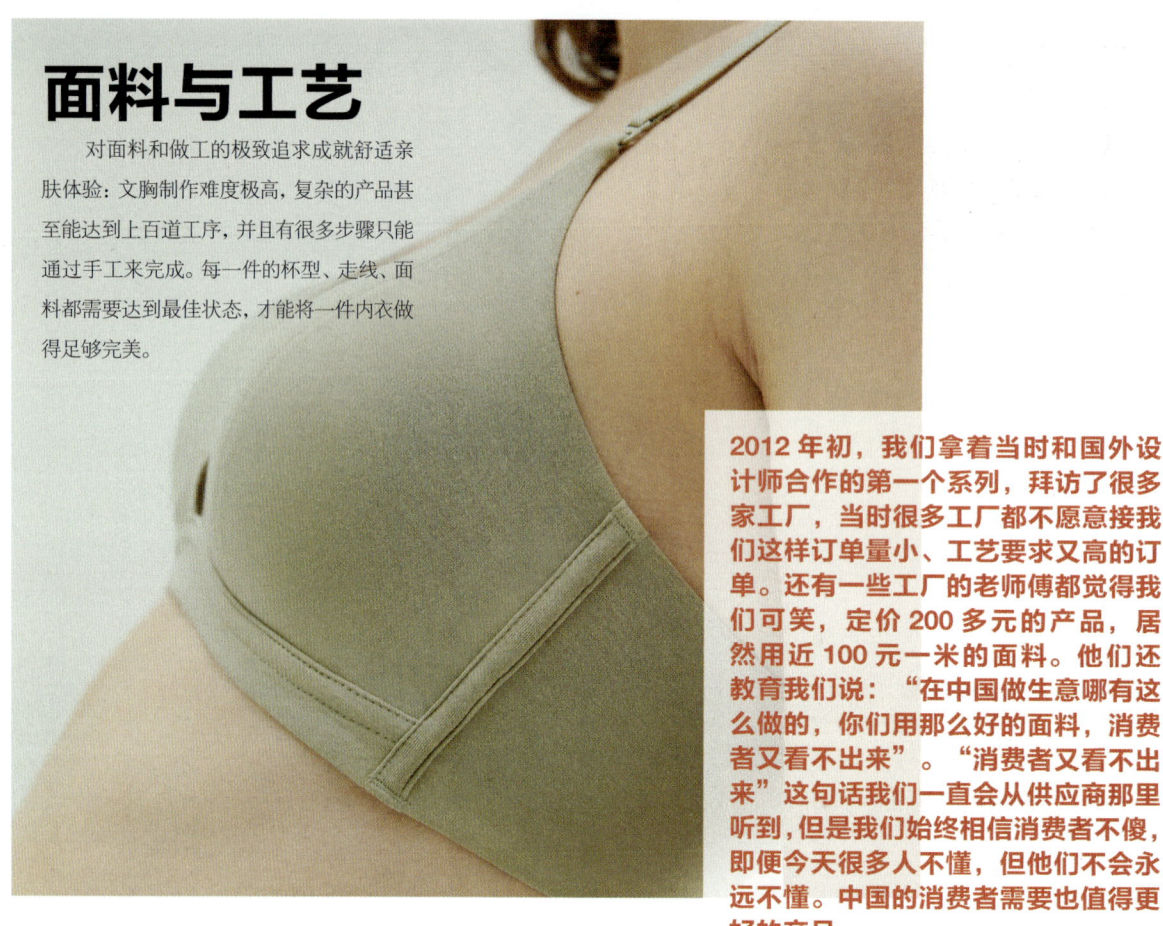

面料与工艺

对面料和做工的极致追求成就舒适亲肤体验：文胸制作难度极高，复杂的产品甚至能达到上百道工序，并且有很多步骤只能通过手工来完成。每一件的杯型、走线、面料都需要达到最佳状态，才能将一件内衣做得足够完美。

> 2012年初，我们拿着当时和国外设计师合作的第一个系列，拜访了很多家工厂，当时很多工厂都不愿意接我们这样订单量小、工艺要求又高的订单。还有一些工厂的老师傅都觉得我们可笑，定价200多元的产品，居然用近100元一米的面料。他们还教育我们说："在中国做生意哪有这么做的，你们用那么好的面料，消费者又看不出来"。"消费者又看不出来"这句话我们一直会从供应商那里听到，但是我们始终相信消费者不傻，即便今天很多人不懂，但他们不会永远不懂。中国的消费者需要也值得更好的产品。
>
> —— NEIWAI 内外创始人刘小璐

当"NEIWAI 内外"成为一种风格

独一无二的设计感意味着一脉相承的设计语言和品牌辨识度。当品牌名字演变为一个形容词，便是品牌语言和辨识度被承认之时。

从产品、包装、视觉传达到终端零售都有其独一无二的设计语言，塑造了 NEIWAI 内外的独特品牌辨识度。即使抹去商标，品牌也能被消费者一眼认出。

NEIWAI 内外的风格——将大部分颜色把控在低饱和色系，设计表达尽量简约，外包装与细节也要协调统一。

1. NEIWAI 内外上海总部。
2. NEIWAI 内外线下实体店。
3. NEIWAI 内外产品包装设计。

对话
NEIWAI 内外
设计师

1. BRApparel 带文胸成衣。
2. 透明褶皱半杯文胸。

1. 可以介绍一下加入 NEIWAI 内外之前的经历吗？

内衣设计师 S：我从法国 ESMOD（巴黎高级时装学院）内衣设计专业毕业之后就来了 NEIWAI 内外，到 2020 年 4 月，已经将近 5 年。一开始我是在一家买手店的公众号中看到了小璐的一篇采访文章，觉得这位女士蛮优雅，而且她对于内衣的理念也与我的想法比较契合。也考虑到，创业公司可以提供一个极速成长、挑战自己的机会，因此我加入了当时只有 10 个人的 NEIWAI 内外团队。

成衣设计师 K：我本科在香港理工大学学服装设计，读书期间自己去了英国学习面料设计。在来到 NEIWAI 内外之前，我有两段在香港、一段在上海某时装品牌的工作经历，但我一直在寻找一家用心做品牌的公司。恰巧有一次，我被同事的 NEIWAI 内外购物袋所吸引，然后去逛了实体店，感觉自己从来没有在国内有过这么好的消费体验。后来在面试时，我发现我和小璐彼此对于"做一个中国的品牌"以及"什么是品牌"的想法非常接近。于是就开始了在 NEIWAI 的工作。

2. 设计 NEIWAI 内外的服装产品与为其他品牌做设计的最大区别在哪里？

S：我能强烈地感受到国内外女性在内衣喜好方面的差异。在法国，轻薄的内衣更受喜爱；但在 5 年前的中国，女性内衣整体偏厚重、有禁锢感。NEIWAI 内外从一开始的定位就很明确，就是要做一个无钢圈的内衣品牌，希望能带给用户舒适的体验，让她们的身体得到解放。

我一直认为这是一件非常重要的事情，因为在中国传统的内衣市场，"以大为美"的审美理念潜移默化地影响着中国的女孩们。这种审美孕育出的社会舆论可能会让有些还在发育中的女孩子觉得自己的身体是不符合社会期待的，让她们产生自卑的情绪。但其实"小有小的美，大有大的美"，我们就是想通过设计将这一点传达给女孩子们。由品牌理念来驱动设计，我觉得是 NEIWAI 内外与其他品牌的最大区别。

K：我是一个时装设计师，NEIWAI 内外选择我，说明品牌不想做传统的家居服装，而是希望我能为品牌带来不一样的东西。NEIWAI 内外会鼓励我们创新，如果我们有新的想法，团队会给我们足够的时间与空间把它实现。我们有机会去做一个行业中的引领者，而不是追随者。

3. 最喜欢的对方 & 自己的设计是什么？

S 最喜欢自己的一个设计：透明褶皱半杯文胸是我们在 2018 年推出的产品，看上去似乎是有钢圈的设计，但实际是无钢圈的胸托结构，在有效塑形的同时又非常舒适。

这款内衣对当时的我来讲，是蛮有挑战性的。在这款产品之前，我一直在做舒适型的棉质内衣，但那时想做一点突破。市面上对于美在内衣上的呈现，多是蕾丝、刺绣、施华洛世奇水晶等多

NEIWAI 内外 | 27

种元素的堆叠。在当时产生了"希望能做一些高端、有趣味的设计款式"这个想法之后，我思考了很久如何去体现趣味与简洁之间的平衡，最后设计了这款产品。它挑战了以繁复矫饰为美的传统观念，为 NEIWAI 内外今后同一类型的内衣设计起到了定调的作用。

K 最喜欢的 S 的一个设计：我最爱的内衣设计是 BRApparel（带文胸成衣）。

这是一款带有文胸结构的背心，将文胸与成衣设计合二为一。它不是简单地加垫防凸点，而是把一件结构完整的内衣延伸到打底便服，外穿也完全没问题，自由且便捷，满足了女生有时穿背心时不想要里面再穿一件内衣的需求。这件背心也体现了我们一直希望通过设计来解决女性日常痛点，而非追求潮流的理念。

S 最喜欢的 K 的一个设计：我最喜爱、最常穿是这件水溶羊毛打底上衣。轻透、细腻，料子是非常细的水溶羊毛，上身非常舒服。搭配我们的带文胸成衣非常合适，在露出了内衣的同时，也不会太暴露。可单穿，可打底，而且保暖，将功能和美感结合得很好。它不是内衣，也没有别的品牌做这样的外衣，介乎内

与外之间，它是一件只有在 NEIWAI 内外才会诞生的衣物。也是以这件产品为代表的贴身衣物系列开始，NEIWAI 内外的家居服开始受到欢迎。

K 补充：这款产品是我在 NEIWAI 内外已有产品的基础上，根据同事们的反馈做出的优化设计。这也是我很喜欢 NEIWAI 内外的一点，就是团队有耐心去打磨一款受欢迎的产品，而不是一旦某款销量不太好，就让设计师放弃这个款式，转向新的东西。

K 最喜欢的自己的一个设计：棉服围巾——设计这款产品的初衷是想要做一个能够抵御北方寒冷冬天的产品。它最特别的是内里材料，这个材料是以美国军用的保暖化纤材料改良而成的新材料，轻、软、防水。以此做出的棉服不怕雨雪、容易打理、保暖程度媲美羽绒。这几年，国外已经倾向于使用环保可持续的材料做保暖产品，不太提倡用鹅毛，这个新材料也已经在许多专业滑雪或者户外品牌中得到了广泛使用。但目前国内还不太用这个材料，大家还普遍会觉得你用这么高的价格做棉服，怎么会有消费者买单。但当我将这个想法做成提案与团队分享时，大家非常开放，并认真地去探讨了这个材料的可能

性。NEIWAI 内外是一个十分重视环保的公司，从产品原料、包装等各个维度都在尽可能地追求可持续发展。

4.NEIWAI 内外的设计内核是什么？

S：节制和严谨。

我们不会做没有用的线条，不会只为了外观好看而堆砌元素，会根据功能做合适的设计。同时，我们也非常注重细节和工艺，对于辅料的运用十分严谨，例如内衣的肩带、调节扣、胸垫、橡筋，我们会为每一款产品寻找最贴合的设计，隐藏不舒服的地方。

K：有一次外出团建时，小璐让我们只用三个词去形容 NEIWAI 内外，我是这么回答的：

自由 —— 一是让身体感觉舒服，这表现在，内衣是无钢圈的舒适，成衣会选择轻柔优质的材料。二是也代表内心的自由：足够自信，才会无视别人对美的定义。

创新 —— 从款式、材料、工艺等方面都希望能带给顾客与其他品牌产品不一样的惊喜。

精致 —— 美是主观的，但精致是客户穿在身上能感受得到的。看用户评论会发现，那些我花了很多

努力的小细节，真的能被体会到，被用户所喜欢与接受。

5. 如何平衡时尚和功能？

　　S：这确实是我们一直在考虑的，尤其是对于大码内衣来说，时尚和功能确实需要一定的取舍——一些很精细的东西如果做大，美感可能就没那么突出。但是我们一直在不断研究、改进，希望将来能做出既舒适、颜值又高的大码内衣。

6. 您的设计是从何处汲取的灵感？不工作的时候，一般会做什么呢？

　　S：在法国留学的经历使得法国文化对我的影响比较深。法国文学和电影都是我的养分来源。回国之后，我也保留了在法国养成的生活习惯，比如日常有时间一定会去看展览，去欣赏美的东西；周末可能尽量去喝一杯。先有生活，才有设计。

　　K：我是日本文化的拥趸，日本人会吸收外来文化中的精华，然后产出独一无二的美学理念。NEIWAI内外本身不会涉及日系元素，但从做产品的思考维度，我会受到日本文化的影响。除此之外，我也会从生活中汲取灵感，保持自己的敏感度，观察和感知生活里美丽的小细节。我会去尝试不同的餐厅，并从灯光、店铺、饭菜摆盘等元素里获得关于美的滋养。我也喜欢做饭，很享受把食材组合处理做成一盘菜的过程。从设计和创造的角度来讲，这也跟设计衣服有共通之处。

7.NEIWAI 内外现在已经发展成了一个全品类的生活方式品牌。它打造的是怎样一种生活？

　　S：我们的品牌初衷没有改变过：希望启发女生思考"我究竟想要什么"，能找到自己的定位，建立自己的审美和风格，忠于自我和内心，而不是盲从别人、追逐潮流。我们想要传达的是：做自己最想要做的事，你可以活成自己最想要的样子。

　　K：我在上海遇到了很多独立生活的女孩，她们可能不是上海人，但都在这个大城市里找到了自己的位置，做着一份自己很喜欢、很认同的工作。她们的首要目标不是找到一个人去负责自己的下半生，而是立足于自身去感受生活。未来我们可能会进入一个独居时代，每个人首先面对的是和自身的关系。我们的家居系列产品，其实都是希望女孩能更好地照顾自己、享受自己建立的个人世界。只要自我满足，即使自己一个人也没关系。

8.NEIWAI 内外的理念如何体现在产品设计上？

　　K：第一，设计一定要舒适；第二，我们从面辅料和通透度上塑造轻盈感，不会禁锢身体感受；第三，是微妙地露出身体性感的小部分。

　　S：除此之外，我们也想要表现女性身上具有力量感的部分，而不单单是很柔美的东西。

　　K：对，不是"只有通过身体的性感才能获取社会地位"这种传统意义中所描摹的力量，而是拥抱真实的自己，从容自信的力量。

1、2. 水溶羊毛一字领上衣。
3. 棉服围巾。
4. Nude Flou | 纤柔交叉 5/8 杯文胸。

品牌故事

"NEIWAI 内外"——"外"代表身体，接受多元身体之美；"内"代表内心，走进内心，接纳情绪的流动。中性的品牌名字奠定了 NEIWAI 内外始终关注于"人"的品牌情怀，鼓励女性解放身体，回归自我的品牌理念。而 NEIWAI 内外讲述的一个个故事就像是写给女孩们的一封封情书：你看，她们也经历过你所经历的困境，感受过你正感受的挣扎，但是从迎合外界到关注自己、挑战自己，她们最终活成了自己喜爱的模样，外表柔软而内心坚强。你也可以。这条路也许很长，但我们一直陪伴着你。

NEIWAI 内外是什么？

2011 年 8 月，刘小璐夫妇去纽约度假，遇到了一位 70 多岁的纽约老太太。她因皮肤敏感，整整 50 年都只穿瑞士品牌 HANRO 的内衣。内衣是她的战袍，陪伴她度过人生一个个重要的时刻。这非常触动小璐——一个好的内衣品牌，是可以从女性年轻时开始，就陪伴其一生的。

在当时的中国市场上，内衣品牌五花八门、争奇斗艳，却都离不开以男性视角为出发点的、强调聚拢性感的特点，女性不得不忍受这些不舒适的内衣设计对自己身体的压迫。虽然当时在日本和一些欧美市场，无钢圈内衣的比例已经高达 30%；但在中国，这个数字却很低。2012 年，NEIWAI 内外先人一步，精准地抓住了女性内衣需求的变化，品牌以无钢圈内衣这一新兴细分领域，切入了中国市场。

从一开始，就是关于"人"的故事

2012 年，与 NEIWAI 内外一同成立的，还有一个名为"她说"（HVF, Her Voice Forum）的女性公益论坛。不同年龄、不同职业的女性被邀请来讲述自己的故事，传递着撕掉标签、为自己而活的力量和勇气，探索女性生命中的不同可能性。

从那时起，NEIWAI 内外的故事，就在它和女性群体的一次次对话中开始与延续

自 2018 年，NEIWAI 内外开始做以"我的内外，你都了解"为主题的品牌影片，通过分享与品牌气味相投的女性的人生故事来传递品牌理念。在以品牌代言人杜鹃、品牌挚友谭元元、麦子为主角的系列影片"我是＿＿＿，也是我自己"中，NEIWAI 内外通过温情细腻的私人叙事方式，引导人们去了解女性多重身份中的内与外。

2019 年，NEIWAI 内外推出"在人海里"视频专栏，以一种更为日常和生活化的叙事，关注、了解、联结人海中的品牌用户。在"她一个人住"主题系列纪录片中，NEIWAI 内外把聚光灯撒向了都市中的独居女性。独居允许她们暂时远离其作为女儿、姐妹、女友的角色，只为自己而活，不为寂寞而将就，不因迷茫而顺从，不因畏惧而忍受。在身份标签之外，每一个女性都可以对"自己"有更多的定义。

在媒体倾向于展示符合男性审美的"标准"身材，塑造"完美"身材模板，加强社会对"美"的固有偏见的时代，这种标准也会影响着女孩们，成为她们自卑、困惑、自我怀疑的来源。因此在 2020 年 2 月底，NEIWAI 内外推出品牌年度主题"没有一种身材，是微不足道的"（NO BODY IS NOBODY）。在平面大片及纪录片镜头中，不同身材的素人女孩们在摄影师罗洋的镜头下，在周围善意的环境中，自信地展现自己——那可能是不符合传统标准的、曾经被大众传媒有意忽略的、女孩们的真实身体。NEIWAI 内外希望通过女孩们的演绎传递这样的态度：不要因为害怕皱纹而不敢放声大笑，不要为了别人眼睛的愉悦而折磨自己，不要害怕外界的审判而畏畏缩缩地隐藏自己的美。没有一种身材是微不足道的，没有一段人生经历是需要被抹去的。去接纳和拥抱真实，才能轻装上阵，开启属于自己的人生。

> NEIWAI 内外推出品牌年度主题"没有一种身材，是微不足道的"（NO BODY IS NOBODY）。在平面大片及纪录片镜头中，不同身材的素人女孩们在摄影师罗洋的镜头下，在周围善意的环境中，自信地展现自己——那可能是不符合传统标准的、曾经被大众传媒有意忽略的、女孩们的真实身体。

走到线下，形成规模

从 2012 年到 2015 年，是 NEIWAI 内外扎实沉淀的三年。品牌一边不断根据用户反馈打磨产品，在一次次摸索实践中明晰品牌风格，另一边完成了供应链梳理和团队搭建，为今后的发展打下了坚实基础。厚积薄发，2015 年，至今仍旧畅销的"零敏系列"诞生了。凭借超高性价比以及极致舒适体验，"零敏系列"一经推出即成为爆款，将 NEIWAI 内外的体量从千万元推至上亿元级别。也是在这一年，NEIWAI 内外获得真格基金与个人投资者千万级人民币的天使投资，之后又陆续拿到了上亿元级的多轮投资。

对于当时在天猫平台的内衣品类销量中已稳居前十的 NEIWAI 内外而言，线上发展的瓶颈即将到来，而以下几点考虑更是让品牌决定从线上走到线下。首先，内衣类的产品十分重视体验，面料、材质触感、是否合身等因素都会影响购买决策，而这些因素只有用户真正试穿之后才能感受到。其次，线下门店不仅对于提高产品连带购买率的贡献更强，提升客单价，也可有效拉动线上消费。另外，线上品牌对天猫流量的依赖度较高，也面临着营销推广费用日益飞涨的困境；而线下实体店允许品牌直接接触消费者，便于会员运营与新品研发。最后，在零售空间竞争激烈与商业地产逐渐品牌化的中国市场，与调性匹配、实力雄厚的地产商合作，不仅有利于规模效应的形成，更意味着品牌信誉度的建立。2017 年年末，正值各大商场意欲更新换代、为商场注入新生血液以吸引年轻消费者之时，因此把握时机，入驻线下渠道成了 NEIWAI 内外的必选项。

然而线下和线上是完全不一样的生意经验，需要团队不断摸索和快速总结。作为早期以线上销售为主的单一渠道品牌，NEIWAI 内外的线下扩张道路走得较为谨慎。作为试水，品牌于 2017 年年初在其上海办公楼的一层开启首家线下体验店，以摸清客户需求、梳理零售流程为主要目的。在销售反馈良好的情况下，品牌进一步在 2017 年 5—7 月落实了三家快闪店，

在上海三个大商场中庭等位置开展了快闪情景体验店铺活动，以测试不同商场的人流和销售情况，最终均取得了不俗业绩。同年 8—9 月，四家品牌门店正式落地上海、南京和重庆。

2019 年，NEIWAI 内外的线下布局进入了高速发展期，如今已全面入驻 21 座国内一二线城市，突破 90 家门店，覆盖城市内高端核心商圈，与嘉里、恒隆、新鸿基、太古、香港置地、德基、华润、中粮、龙湖等一线业主建立了深度合作。海外门店的开店计划也已提上日程，目前 NEIWAI 内外首家海外旗舰店将确定在美国旧金山开设。

NEIWAI 内外的可能性

线下店铺的开设，对产品的多品类要求与顾客想要全方位感受高质量产品的需求相辅相成。而 NEIWAI 内外品牌的品牌理念也容许其延伸到家居便服、运动休闲、家居香氛等多个与身体、体验相关的品类。这也完全符合品牌的初衷——以舒适为起始，通过做不浮于表面、有意义的设计，来满足更广泛人群在不同场景下对贴身衣物的真实需求。

其中，NEIWAI 内外的运动系列在 2019 年 7 月已独立成为运动品牌 NEIWAI ACTIVE，分设芭蕾舞蹈、瑜伽、运动休闲、运动配件四个系列，并于 2019 年年末在上海开出首家线下门店；这也是品牌对近年来健康生活方式风潮的一种洞察及回应。与此同时，NEIWAI 内外签约美国旧金山芭蕾舞团首席舞者谭元元为品牌挚友，决定以芭蕾舞蹈作为切入点，进军运动时尚领域。之后，品牌又通过"在人海里"的"一息一汗"系列纪录片推出数位社群运动大使，涉及芭蕾、普拉提、瑜伽等多种运动，并在微博、微信等社交平台上同步推出运动小课堂，组建品牌运动社群。2019 年 10 月中旬，NEIWAI ACTIVE 与多个健身工作室合作，在上海和北京同期举办了四场联名线下课程活动，将运动大使与学员的联系从线上延伸至线下，并通过推荐适用于不同场景的运动单品，帮助品牌和产品更有针对性地走进目标消费者的生活。

> 品牌又通过"在人海里"的"一息一汗"系列纪录片推出数位运动大使，涉及芭蕾、普拉提、瑜伽等多种运动，并在微博、微信等社交平台上同步推出运动小课堂，组建品牌运动社群。

NEIWAI 内外与女性

从最初的女性公益论坛，到自 2018 年起以杜鹃、谭元元、麦子为主角的"我的内外，你都了解"系列影片，延续至 2019 年系列纪录片"在人海里"，NEIWAI 内外持续关注并联结具有多元生活状态的当代女性。品牌对于当下女性生活的记录，以颗粒度更细，更真实的方式展现了人海中鲜活的生命和动人的力量，而非只是发出"真实多元"的宏大命题下政治正确式的宣言。

Ⓐ "我是 _____，也是我自己"

2019 年，NEIWAI 内外请到了杜鹃、谭元元、麦子三位女性本色出演了三支系列广告片：我是 ____，也是我自己。影片刻画了三位专注于本职工作，也热爱与自己相处、探索世界、享受生活的女性故事。

杜鹃——"我是剧中人，也是我自己"

"胶片开始转动，演员悉数登场。
光影变幻，真假莫辨。
似乎难免在角色里，隐藏真实的自己。

而一些时刻，我们会发现，角色与自己，早已难分你我。

像是经历了一场旅行，带着如临的心境，我们走进剧情。
空气是真实的，声音是真实的。
我们引导着自己，去往想要去往的方向。
点点滴滴被记录下来，呈现在荧幕里。

我们努力工作，也享受独处。

这些不被辜负的时光，像是印在胶片里。
随着一声清脆的咔嚓声，定格在时光里。

人生如戏，旅途漫长。
我们饰演他人，也成为自己。
I will cherish my visit here, in memory, as long as I live.
（我将会永远怀念访问此地留下的回忆。）

我是杜鹃，是剧中人，也是我自己。
多庆幸，我的内外，你都了解。"

谭元元 ——
"我是舞者,也是我自己"

"I always wonder If I weren't a ballet dancer, what would I do, where would I be, what my life is going to be like?

我时常想,如果没有成为一名芭蕾舞者,我会做着什么,身在何处,过着怎样的人生?

Muscle memory is awfully short, so I have to keep practicing the same move day after day, again and again, to perfection.

肌肉记忆元必想象的短暂,所以我需要反复、反复、再反复,练习同一个动作,直至完美。

While back to my daily life, I always look for things that are fresh, inspiring and different.

日常生活却很少重复,我会更多地寻求新鲜、有趣、与众不同的事物。

Once a dancer, forever a dancer.

一日舞者,终生舞者。

It's the kind of life that consumes you in a very intense way. Sometimes it is not pleasant, sometimes it is painful, but nevertheless, it is inevitable.

这是一种极热烈的消耗、沉浸、实现自我的人生,伤与痛,无可避免,亦无所畏惧。

I am Tan Yuanyuan. I am a dancer, and I'm myself.

我是谭元元,是舞者,也是我自己。"

麦子——
"我是记录者,也是我自己"

"感知这个世界的方式有许多种,倾听它,走近它,透过手中的镜头去记录它。

直到有一天会发现,我们去过的地方、看过的风景、遇见过的人,都会存储在我们的记忆里,直到成为自己的一部分。

在大部分的时间里,我们的生活都是由一些琐碎而微小的细节组成的,正是因为这些片段,积累出了生活本身的模样。

它或许是一束午后的阳光、一次邂逅,或许是一本书、一个动人的故事,或许是一段音乐、一幅画、一次倾心的交谈、一个会心的微笑……

这些都会成为纽带,让我们对生活赋予情感。

而有一天我们会发现,我们经历的一切,都有着潜伏已久的来由,只是我们从未发现。

无论是我们经历的爱,还是成长,都会无尽地被延续,以另一种方式继续存在着。

生活给予我们的馈赠,总藏着细枝末节。

无论挫折,还是幸运,都会让我们成为独一无二的自己。

我是麦子,是记录者,也是我自己。

多庆幸,我的内外,你都了解。"

"她一个人住"

2019年10月，NEIWAI内外推出"在人海里"视频专栏中的第一个主题系列纪录片"她一个人住"，述说了独居女性们的生活故事。

NEIWAI 内外 成衣设计师 Kerry

关于一个人住的寂寞，她说："做饭的时候肯定不能完美地把控到一个人的分量，做多的时候就会觉得，这个时候如果有人可以一起分享的话，就是很完美的一个ending（结局）了。女生有时候可能有一种执着吧，这个生活可能在别人眼里有一点笨，但是自己还是觉得很满足，是一个非常特别的成长的经历。"

从香港来到上海独自生活，暂时放下作为女儿、姐姐、女友的其他身份，专心做自己的设计师Kerry。她享受独居所带来的那种可以掌控自己人生的安全感。

时装插画师 邵邵

"如果你想跟别人好好相处，首先要学会跟自己相处。你不管爱过多少人，跟多少人心意相通，到生命的终点时，你会发现，这一趟人生，终究是自己来，自己走的。"

从小在外求学独居，却只是为了满足母亲的期待。考研交白卷，是决定不再向外追求认可和赞赏。挨过抑郁症与乳腺癌，跌跌撞撞从低谷中爬起，才慢慢学会去面对、接受和放下，找寻真正的自我。

"一息一汗"

同期，NEIWAI 内外邀请芭蕾、瑜伽、普拉提等各类运动中的专业导师，担任 NEIWAI ACTIVE 运动大使，并启动了"在人海里"第二个主题系列纪录片"一息一汗"，记录每位大使在运动练习的过程中学习接纳自我、超越自我、拓宽生命边界的人生故事。

Ballet Fit 明星教练 Cathy

当嫁为人妇便相夫教子、岁月静好的少女幻想破灭之后，努力经营舞蹈工作室、照顾好自己和孩子，让她找到更大的价值。

"一个婚姻的结束只是一个章节的结束，从来都不是说这是一个错误，或是一个失败。

这段婚姻过后，我才觉得，唉，Cathy（自己）还不错哦。

现在的时间是最好的，我没有比像现在这样更爱自己、欣赏自己和尊重我自己。"

D

"没有一种身材，是微不足道的"（NO BODY IS NOBODY）

2020年2月底，NEIWAI内外发布了"没有一种身材，是微不足道的"（NO BODY IS NOBODY）品牌大片与幕后纪录片。平面大片由独立摄影师罗洋掌镜；长达14分钟的纪录片走近、倾听了6位不同身材的女孩正视自己身体的过程，旨在展现多元之美，打破对美的固有印象。

NO BODY IS NOBODY
没有一种身材，是微不足道的。

在传统和单一审美观念中，女性的身材和形象都是一个模子刻出来的，那是男性视角中的完美女性。NEIWAI内外希望通过这个影片告诉女孩们：没有一种身材，是微不足道。鼓励女孩们走进自己的身体和内心，探索并认可真实多元之美。

奶瓶

以前的奶瓶为了保持皮肤白皙而不敢晒太阳。现在的她觉得"小麦色看起来又健康又美，我很喜欢"。

从压抑个性到释放自我，转折点出现在她第一次冲浪。看到海边大方展现自己身材的人们时，她惊觉"为什么不能接受自己真实状态下的身体呢"？

现在的她喜爱和欣赏自己——"不管有没有爆炸头，都是焦点。"

马姐

年轻时出演过知名文艺电影的马姐，曾因无法直面眼角的皱纹而选择医美，但后续痛苦的过程让她思考到底"什么是美"。

既然皱纹不可逆，那就让皱纹有意义。她想，即使因为大笑，皱纹愈加深刻，但如果能够自由展现当下发自内心的快乐，谁又能否定这其中的美与酷呢？

奈未

作为想要孩子但没有选择结婚的单亲妈妈,她说:"比起结婚,我想得更多的是和孩子一起的生活。"

她不为生孩子前完美身材的改变而惋惜,而是惊叹于孩子为她带来的前所未有的幸福感。

有毒的水母在她腿上留下了疤痕。她说,这是宇宙馈赠的刺青。

JULIE

青春期的 Julie 不太敢跳绳和跑步,胸会抖,同学们会笑。

20 多岁的她依旧左右为难——"稍微保守的打扮看起来就像 30 岁左右,显得很成熟;穿得比较暴露呢,真的会有人说骚浪贱。"

现在的她努力寻求的是自我认可,那是一种与外在无关的肯定——"我是一名摄影师,我更在意自己能不能拍出有意义的作品。"

热力

她经历过反反复复的减肥过程——高强度运动、节食、催吐,不断反弹,深陷泥潭⋯⋯

一次,朋友说她的肚子鼓鼓的像个苹果,好可爱。她开始仔细观察自己的身体,开始觉得"好像也没那么糟"。

参与这个项目,她想把正视自己身体的力量带给那些觉得自己的身体"不符合这个世界要求"的胖女孩。

GEORGINA

沿着 Georgina 后背的脊柱线,有一条几十厘米的疤痕。那是她 13 岁时为了矫正后天性脊柱侧弯而接受的手术所遗留下的。

"手术的麻醉过了后,是实实在在的痛,但我忍过去了。相比之下,现在遇到的困难都不算什么。"

到今天,她从心底里喜欢这个印记,将它当作自己独属的"大花臂"——"它让我变得更加特别,也更加自信。"

每当生活工作中特别累和不开心的时候,她就会想一想 13 岁时那个勇敢的自己。通过自信地展现自己的疤痕,Georgina 也想让其他有疤痕的人觉得"一切没那么糟糕"。

品牌叙事中的女性

受到西方文化冲击，越来越多中国女性的自我意识逐渐觉醒，开始追求自我实现。在"传统儒家回归家庭"和"西方自我追求为先"两种价值观的碰撞中，中国女性一边奔跑站队一边却似乎纠结混沌着。如果这是光谱的两端，中国绝大多数的女性则被挤压在中间区域。

在当下主流的品牌叙事中，"家务、相夫教子"仍然是女性的"职责"。宝洁享誉全球的"为母亲喝彩"，大概是对女权主义的现代女性最不正确的宣称。为什么是为母亲喝彩，不是为父亲喝彩？这个宣称后面默认的讯息是否是：妈妈要做家务，妈妈要相夫教子，妈妈要主内。但在中国甚至全球范围内几乎没有人察觉到有什么不对。

这就导致，中国女性既要遵循儒家传统，服侍公婆、相夫教子，又要有自己的事业，能为家庭带来收入。中国女性想要走向光谱的任何一端似乎都要承受社会带来的压力：想要自我追求为先，就会被打上女魔头、白骨精、剩女等标签；而一心回归家庭则又会被嫌弃不够独立，依附于人。

——2016《品牌如何讨好夹缝中奔跑的中国女性》[1]

西方的女权主义思潮有其历史 —— 它们走过一些特定的时期，比如烧胸罩（bra-burning）、高举标志或者大喊女权主义口号让所有人听到等。女权主义在中国的演变却稍有不同。在中国，女权主要的驱动力来自女性经济实力的提升，当拥有能力去做母亲或外婆那一代无法实现的事情时，她们就会逐渐享受这种经济上的自由（Financial freedom），但这并不安全等同于意识形态上的自由（Ideological freedom）。品牌在触及这些价值取向时，应该要注意到这些差别，做到更好地融合，才能获得更大的共鸣。

——2018《用"价值观"赢得女性市场的正确姿势》[2]

不断增强的自我意识正在重塑女性的消费需求。在进行消费选择时，越来越多的女性开始将注意力放在个人感受上，消费需求正呈现多元化趋势。作为女性服装消费中的刚需品类，内衣行业也因女性价值观的转变而产生了巨大变革。这主要体现在三方面 —— 品牌定位：从取悦他人到寻求平衡；产品及体验创新：更专注于生活场景，呈现定制化趋势；沟通策略：鼓励女性接受真实的身体，关注自我感受。

内外最早的 款无钢圈内衣便是基于对目标用户常见生活场景的观察而推出的。设计团队关注到许多女性在差旅途中很难找到一款适合长途旅行穿戴的内衣，于是推出了一款后背无搭扣的无钢圈内衣，以减轻内衣为胸部带来的束缚，提升穿着的舒适度。

——2019《内衣之变》[3]

就在几年前，"公主"是被认为是与时代脱节的。出演过多部迪士尼电影的凯拉·奈奈塔莉曾经表示她不允许自己的观看《灰姑娘》和《小美人鱼》等经典迪士尼公主电影，因为灰姑娘只知道等待一个有钱的男人来拯救自己，而小美人鱼愿意为一个男人放弃自己的声音。

而迪士尼公主的形象也正在进化。2019年上映的《阿拉丁》中，茉莉公主被观众称为最"刚"公主。她不仅不为爱情所困，在与反派的斗争中更发挥了聪明才智，最终凭借努力和决心打破皇室腐朽规则，成了新苏丹。

——2019《迪士尼：公主的进化》[4]

中国女性的自我意识迎来了新一次觉醒，显著表现在疫情期间的一系列热点事件上。从围绕抗疫一线女性医护人员对卫生巾的需求而展开的有关"月经羞耻"（Period-Shaming）的讨论，到"江山娇你来月经吗"热门微博，再到甘肃女性医疗队剃光头出征的新闻，都在更广的范围以及更深的程度上引发了中国女性对自己所处的境遇的思考。女性不仅希望自己的合理需求被正视以及满足，也非常在意媒体如何呈现女性形象。

这种在意影响了品牌。胖鲸发现越来越多的品牌听到了女性消费者的声音，并选择与这些女性站在一起。今年妇女节，多样性（diversity）成了品牌广告创意的关键词，在讲述与女性消费者有关的故事时，领先的品牌选择以多样化为核心呈现女性形象，打破传统标签，着力于展现全新的中国女性。这些品牌的努力也被消费者感知，并获得了正向的反馈。

——2020《女人的100张面孔》[5]

[1] https://socialone.com.cn/how-brands-woo-chinese-women/
[2] https://socialone.com.cn/wavemaker-ann-lim-interview-2018/
[3] https://socialone.com.cn/underwear-trend/
[4] https://socialone.com.cn/ocs-disneyprincess/
[5] https://socialone.com.cn/womens-100-faces-2020/

超级猩猩

城市男孩和都市丽人的朋友圈很难没有一两个在"超级猩猩"打卡合影的友人。就如创始团队坚持"猩店"一定要有面对大街的外立面一样,超级猩猩用体验让用户感受运动健身的魅力 —— "一种有活力的时尚",这是用户乐意分享超级猩猩生活方式的重要原因,而口碑传播带来了品牌 60% 以上的用户增长。

人们常把新奇的概念套在超级猩猩身上,但如果仔细看来,让超级猩猩获得这份品牌力的其实是一些更"质朴"的事,比如以人为本的价值观和体验设计。这不仅体现在用户体验,也表现在与教练的合作和培养方式上。"好教练就是好内容",教练就是超级猩猩向用户传达品牌文化最好的载体。

把这一切串起来的"把自己当零售品牌"的模式,以及"本质上塑造时尚生活方式"的品牌力。前者令超级猩猩能不断实现自我优化,后者则是它的护城河,为品牌的未来带来无尽联想。

距离现代健身之父肯尼思·库珀(Kenneth Cooper)博士首次提出运动能预防疾病而非只用于治疗的理念已有 52 年,运动时尚的生活方式俨然已成为一剂心灵的良药。

用户眼中的超级猩猩

不管是偶然路过超级猩猩，还是初次体验的用户，硬件设施是健身房成功吸引大家的第一步。

- 路过新开的健身房，店门是大片的落地玻璃，从外面看能看到好多人在蹦操，"超级猩猩"等我下次尝试一下！
- 时间完美，地点完美，课程完美（除了没有心率带），附近还有便利店和商场解决吃饭问题！
- 最近迷上了反重力瑜伽课，超猩泰禾店里的地暖太适合光脚锻炼啦！

跟着热情的教练运动才会越来越有动力，更何况是有着各自迥异风格的这群猩教呢。

- 何凡教练的教学真的很棒，因为指令提前和到位学员不会换动作的时候跟不上，而且全程也是非常卖力的，不断给大家暗示，还有合理的退阶提示。
- 很久没有上到林老师的TRX了，节奏和细节依然是一级棒，更难得的是那份细心，会帮学员在侧平板调整最佳髋部位置、撑地时候手肘角度，他在每位学员身上都花了心思。
- 实名点赞阿虎教练，超级能带动现场氛围，BODYJAM课堂仿佛大型酒吧蹦迪现场，原来男生跳莱美真的比女生还骚气，哈哈哈哈。

用户们因为热爱健身才会走进超级猩猩，也会从此被热爱生活的超级猩猩吸引。

- 喜欢超级猩猩不仅是因为在健身上能有所进步，更重要的是这里的那份凝聚感，教练和学员间像朋友，一度素不相识的人们也能因为共同的热爱而结下的纯粹友谊，这里的氛围正向且轻松。
- 时隔多年再跳BODYJAM，虽然肢体"残障"，动作小细节还做不好，但很努力地尝试跟上节奏，大流汗，大开心。
- 今天芭蕾塑形一顿虐，明天还是约了Zumba课，但每次出一身汗以后情绪会变得特别阳光，坚持！
- 从深圳到北京出差两天也不能放弃健身，不同的城市同一种"超猩"的感觉太好了！

健身概念的诞生

"现代健身运动之父"肯尼思·库珀博士在20世纪70年代末首次提出"运动能够预防疾病"的理念而不是"用于疾病治疗"。这种新认识的出现改变了人们对运动的传统看法，重新将运动视为减轻压力、延长寿命的方式，这一代人也成了历史上第一批有意识地通过运动来保持健康的人们。之后的每十年，公众中都会诞生一种新的健身风潮，并有一定的交替轮回，直到2020年，运动成为一种生活方式和社交名片。

从诞生初期，为了适应野外生活，人类就会在躲避危险或自我保护时进行爬行、跳跃等一系列运动。当人类逐渐聚集形成城邦，各大文明在战争中此消彼长，出于对实际运动技能的需求，人类发展出了第一届奥林匹克运动会，将体育视为一种哲学思想，以雕塑和画作等艺术形式展现身体的美丽与力量。

文艺复兴时期是人们重燃对身体、体育、健康一系列概念极大兴趣的时间段。最早的现代教育家之一维托里诺·达·费尔特（Vittorino da Feltre）在15世纪开设了一所既包含人文学科，也重视体育教育的学校；克里斯托瓦尔·门德斯（Cristobal Mendez）在16世纪写下世界上第一本专门研究体育锻炼及其益处的书《El Libro del Ejercicio Corpcorp y Sus Provechos》；不久后，意大利医生Mercurialis发表了第一本运动医学类书籍《De Arte Gymnastica》，极大地影响了两百年后在欧洲出现的运动风潮。

工业革命将人类从手动劳动中解放出来，生产开始转向机器制造，但这也间接造成了人们久坐不动的工作状态，人类又一次开始有意识地"运动"。两种运动风潮迅速在欧洲蔓延：

> " 运动能够预防疾病这种新认识的出现改变了人们对运动的传统看法，重新将运动视为减轻压力、延长寿命的方式，这一代人也成了历史上第一批有意识地通过运动来保持健康的人们。之后的每十年，公众中都会诞生一种新的健身风潮，并有一定的交替轮回，直到2020年，运动成为一种生活方式和社交名片。"

一种是在科学的指导原则下进行、以传统的功能性运动为主的德国运动模式；另一种是通过调节身体状态、以更轻松灵活的伸展运动为主的瑞典运动模式。后来美国的主流健身方式也延续了前者，进而逐渐传播到世界范围。

进入 20 世纪，伯纳尔·麦克法登（Bernarr Macfadden）开始向大众倡导"每天进行体育锻炼""不再摄入酒精、茶、咖啡和白面包"等极简生活方式，也因而被大众奉为美国体育文化大师和健康生活倡导者。1899 年，麦克法登发行了第一本《体育文化》（*Physical Culture*），并开始向大众营销"肌肉猛男"，四年后他在美国举办了第一届形体比赛——这也开创了现代健美比赛的先河。

尽管人类一直在通过体育锻炼保持健康，现代健身的历史直到 20 世纪 70 年代才真正开始。"现代健身运动之父"肯尼思·库珀博士在 1968 年出版了《有氧运动》（*Aerobics*），首次提出"运动能够预防疾病"的理念而不是"用于疾病治疗"，鼓励人们"通过适当的运动、饮食和情绪平衡来保持良好的健康，要比在生病后以类似行为恢复健康更容易"。

这种新认识的出现改变了人们对运动的传统看法，重新将运动视为减轻压力、延长寿命的方式，这一代人也成了历史上第一批有意识地想要通过运动来保持健康的人们。这一时期的女权运动也助力了健身形成风潮。20 世纪 60 年代美国还在流行以苗条为美，而通过健身获得的健美身材既能展现出女性对生活的控制，也成为工作女性们释放压力、改善外形的重要方式。根据盖洛普（Gallup）1987 年进行的民意调查显示，69% 的美国人在进行定期锻炼。越来越多企业在企业内部建立了健身中心，或者与当地的健身俱乐部合作，促进所有员工进行运动健身。

> **进入 20 世纪，伯纳尔·麦克法登（Bernarr Macfadden）开始向大众倡导"每天进行体育锻炼""不再摄入酒精、茶、咖啡和白面包"等极简生活方式，也因而被大众奉为美国体育文化大师和健康生活倡导者。1899 年，麦克法登发行了第一本《体育文化》（*Physical Culture*），并开始向大众营销"肌肉猛男"，四年后他在美国举办了第一届形体比赛——这也开创了现代健美比赛的先河。**

每个时代都有属于自己的健身风潮

1950—2020

20世纪50年代 呼啦圈（Hula Hoop）

美国玩具公司Wham-O发现了其中的商机，制作了大量呼啦圈，在几个月内就卖出了250多万件产品。年轻人们在自家屋前的草坪上将这些彩色的塑料圈绕在自己的屁股、腿部和手臂上，一度成为时代的风景线。

20世纪60年代 振动带（Vibrating Belt）

这种健身器材在20世纪初一度流行，60年代这种潮流又卷土重来。"振动带"以环绕腰部、臀部、大腿或身体任何部位的宽形带子为特色，启动机器，它就会产生震动，帮助你的各个部位进行燃脂。当然这种健身方式最终被证明没有用处，"振动带"也逐渐退出市场。

20世纪70年代 爵士健美操（Jazzercise）

当人们苦于枯燥乏味的运动方式时，舞蹈教练Judi Sheppard Missett发明了"爵士健美操"，根据音乐节奏，精心编排了融合爵士舞、芭蕾舞、普拉提、瑜伽和跆拳道等的高强度健身操。这种新运动形式受到了健身爱好者，尤其是女性的欢迎，他们买了录音带，穿着鲜艳的发带和紧身裤，跟着Wham！和Cyndi Lauper的音乐快乐舞动。

20世纪80年代 有氧运动（Aerobics）

有氧运动最初是在20世纪60年代发明的，但真正流行是在简·方达（Jane Fonda）出版了一本专业书籍，并发明了有氧运动健身带后。她将舞蹈动作与健身动作混合在一起，这种运动形式风靡一时。

20世纪80年代 家用器械（Home Equipment）

20世纪80年代，美国电视上出现了一些关于家用健身器材的广告。比如关于"腿媚施（Thigh Masters）"（对腿部进行塑形的器材）的广告就声称，如果你购买了这一器材，你也能拥有充满吸引力的身材。不过，类似健身器材似乎没有流行多久，就被人们弃之不用了。

20世纪90年代 跆搏（Tae Bo）

空手道冠军比利·班克斯（Billy Banks）通过结合无数拳击、舞蹈、嘻哈节奏，自创了一种名为跆搏的快节奏有氧运动。他在洛杉矶的车库中开始的第一堂课，很快发展成立一个工作室，又和奥普拉（Oprah）合作录制了运动指南说明，这种运动形式很快变得家喻户晓。

20世纪90年代 动感单车（Spinning）

为了在坏天气也能进行长距离自行车比赛的训练，南非自行车手约翰尼·戈德堡（Johnny Goldberg）在1989年手工制作了第一台固定式自行车。在他向一些朋友传授了这种自行车的使用方法后，这种器械得以推广并逐渐流行起来，也就是后来的"动感单车"。

21世纪初 尊巴（Zumba）

尊巴舞由爵士健美操发展而来。哥伦比亚舞蹈教练阿尔贝托·佩雷斯（Alberto Perez）在20世纪90年代首先混合莎莎（salsa）和梅伦格（merengue）舞蹈动作来编排他的健美操课，并迅速获得了忠实的追随者。这种融合了萨尔萨舞、探戈、巴卡塔舞和弗拉门戈舞等舞蹈动作，辅以欢快的拉丁或流行音乐，逐渐演变为尊巴（Zumba），也成为现代最流行的健身趋势之一。

21世纪初 CrossFit

CrossFit由体操运动员格雷格·格拉斯曼（Greg Glassman）于2000年发明。比起传统的专项运动，CrossFit将重点放在锻炼整个身体，是一种结合体操、举重、引体向上和健美操的混合运动形式。从加州圣克鲁斯（Santa Cruz）起步，现在世界各地已经有成千上万CrossFit体育馆，围绕这种运动形式也形成了庞大的社区。

21世纪初 穿戴式设备（Wearable Activity Tracker）

从一开始的只能计算运动步数的计步器，现在穿戴式健身追踪器已经无处不在：2009年Fitbit以"改变运动方式"推出精细计步器，越来越多企业，如Jawbone Up、Nike FuelBand、Apple Watch Sport和Samsung Gear Fit2等电子设备开始加入这个趋势。

21世纪初 成为一种生活方式和社交工具

比起减肥塑型，现在年轻人们正在将健身视为一种生活方式。除了希望通过健身获得良好的身体线条，大家更希望通过健身让自己的身体状态更健康、缓解日常工作中的压力。同时，健身也开始具备社交功能，年轻人们习惯于在自己健身后在社交网络上发一条动态，宣告自己"健康的生活方式"，扩大自己的生活圈、交际圈。

同时，人们也从来没放弃过居家健身。不论是最早期跟着电视上的操课录像带，还是现在网络上的操课视频，在家健身一直是追求私密性，或者是"懒人"们运动的最佳选择。而因为这次疫情，国内外广大民众不得不宅在家中，居家健身视频的点击量也直线飙升。

健身行业的
创新者

在健身房这种业态刚刚萌发的近 20 年前，因为健身房的稀缺性、房租低、人工成本低，健身房往往能通过高昂的会员费维持运营所需的现金流。但当越来越多健身房加入市场，健身房必须面对行业红利减少，以及日益上涨的房租、人力等成本负担，传统健身房曾经的盈利模式不再，向会员们推销费用高昂的私教课程成为传统健身房的重要盈利点。在这种收入模式下，私教成了健身房中的"销售"，也导致普通会员办卡后可能会更频繁地被推销私教课程，健身体验明显受到影响。

除了成本上升，用户体验差、年卡复购率低也成为传统健身房的"催命符"，开业两三年就关店跑路的事件频频发生。在这种情况下，健身房不得不寻求转型：一是传统健身房向高收费、高服务品质的高端场馆转型，通过建立独立销售团队、私教课程体系标准化、继续提供淋浴等配套服务来提升客户体验；二是出现一批轻量化、低投资、低人力成本的小型自助式健身馆，而其中做得较为出名的就是超级猩猩和乐刻。

和传统健身房不同的是，超级猩猩采用的自助式健身模式，门面的基本配置是备有轻便健身器械的团操教室、更衣区，不设置淋浴房，部分门店设有单车区、私教区等专项健身区域。超级猩猩目前的课程一部分是外部购买的莱美版权课程，另一部分由超级猩猩自主研发，为此超级猩猩还成立了超猩学院。超级猩猩的教练团队分为全职和兼职，全国上百个门店之间的教练资源是共享的，教练可以选择就近上课。得益于对房租、人力等成本的控制，以及按次付费的健康现金流，超级猩猩能够做到微盈利，而对课程研发和教练培养的前瞻性投入，也为超级猩猩逐步将业务向利润较高的私教健身模式拓展做好了准备。

乐刻是第一个主打"24 小时""月付制""无推销""智能化"小型互联网健身房的品牌。乐刻采用的商业模式与美国 ClassPass 模式相似，通过主打"99 元月卡"能够吸引大量低锻炼频次的冲动消费者。同时，乐刻还快速开出了大量线下门店，目前已在全国范围内入驻近 500 家，成为拥有门店数最多的互联网智能健身品牌。和超级猩猩一样，乐刻的教练也分全职和兼职，薪资由底薪和课程提成构成。目前乐刻的主要收入来源应该由月卡、私教和团课分成三部分构成，但比起单店盈利，乐刻正在搭建以消费者为中心、能够串起人—货—场三环的平台，教练可以借助乐刻展示自己的专业能力和服务，乐刻也能通过口碑传播收获更多的消费者。

	传统健身房	超级猩猩	乐刻
面积	几百到上千平方米	两三百平方米	一两百平方米
功能设施	操房、器械区、有氧区等各种健身专项训练区域，以及前台、洗浴、水吧等非健身功能区域	标配团操教室、更衣区，不设淋浴房，部分门店设有单车区、私教区等专项健身区域	分为操房和器械区，不设淋浴房，店内基本只设店长一人负责清洁和管理
定价	2000—3000元/年卡	按次收费，69—239元/课	99元月卡
收入来源	年卡+私教课程分成（70%—80%）	次收费的团课+私教课程分成	月卡+私教提成（20%—30%）
教练雇用模式	基础薪资+销售提成+课时提成	2000—5000元左右的基本薪酬+130—400元/课时的团体课课时费+私教课程分成（另外每人每年能获得约万元培训基金）	薪+课时提成（70%—80%）
TA 人群	不同健身阶段人士	健身小白和进阶人士	健身小白
用户参与方式	操课、器械、私教课程（主要）	操课（主要）、器械、私教	操课、器械
互联网化程度	基本依靠人工	微信小程序约课，到店自助输入密码进入教室	线上约课，到店凭密码进入门店
优势	能够满足不同人群的健身需求，提供全方位服务	团课体验感强	门店多，位置便捷；价格便宜
挑战与弊端	因为教练肩负销售职责，容易造成会员体验感差	下门店较少；团课强度大，健身小白会跟不上	健身环境一般，平均单店无法达到盈利

对话韩伟

乐刻创始人兼 CEO

能否简单介绍您自己和乐刻在做的事?

在互联网公司,做了近 10 年,向阿里等这样卓越的公司,学习了许多先进的商业管理、企业文化等组织体系建设等。后来,做乐刻,更偏重于产业互联网。本质上是建立赋能中枢平台,来打通场景端的运营效率。

现在公众最多认知的是"国民健身房"产品,乐刻用了 4 年的时间做到"直营门店数世界第 7"。但这只是乐刻的一个产品,乐刻在教练供应链培训输出等方面都做到了行业头部。内功更重要,但不易被外界所知,也不太需要让每个人都知道乐刻的生态、平台化建设。

您在健康/健身领域沉浸多年,您认为这个行业过去 10 年最大的变化在哪里?

自 2015 年前后,健身产业开始出现了转折变化的迹象。相对而言,更多以用户体验为目标、讲究产品服务质量、融入互联网基因模式的公司开始出现。几经波折,但大家开始追求流量 + 产品的正反馈链条。健身产业开始进入像商超、餐饮、便利店、酒旅等更激烈的市场竞争阶段。部分门店存在的积弊许久的"推销、预售、圈钱、跑路"模式受到消费者群体的巨大挑战。在 2019 年前后,这次行业升级的转折点表现得更为明显,其中以浩沙的退出市场为代表。

中国的健身人群,从健身的出发点、行为偏好、对待健身的态度方面有何特点?这些年是否有一些显著的变化趋势?

国内的健身人群,近 10 年来呈高增长趋势。大家的健身需求明显旺盛,与欧美的发展路径比较相似,在文娱(如影院)热、马拉松热之后,健身需求会从少部分人的刚需诉求,变为大多数人的健身房诉求,刚需的国民健身房会成为此后 5—10 年的主流。对健身的理解,未来会越接近生活方式。去健身房,会像刷牙、上网等一样,成为生活的正常组成部分。而不再是持会员卡代表高消费身份的象征。

您认为传统健身房的模式以及这个行业有哪些需要被优化的地方?

只要符合商业本质,追求成本、效率、用户体验,并能够健康持续做大的,都是好模式。我个人不强调传统与非传统的区别,互联网只是一种应用工具,像电话、传真等一样,有提效加速信息化的特点。当前,健身产业,都会面临经历互联网信息化、算力提升、平台赋能等优化。同时,对供应链管理、课程内容等研发、SOP 标准化等方面,都还有很多努力探索优化之处。

您如何理解时下流行的"热汗文化"?(国外和国内有何异同?)

我对"热汗文化"这方面了解并不深入。个人简单理解,这是用户消费的一个文化特征的表现,每个阶段可能会有几种文化特征族群产生,在不同阶段又会有不同升阶的热点。

譬如,在日本还流行过西装健身,即松开领带简单活动十几分钟,在工作节奏强时保持轻健身;现在国内外比较热的居家健身等,都取得不错的市场反馈。整体而言,只要满足消费者的真实需求,且能够创造价值,都是受欢迎的文化,是被市场认可的。

您如何看待超级猩猩这样的新模式?

超级猩猩做得很不错。他们将团操这样的 SKU,通过精选的橱窗门店运营,打通特定人群的做法,在欧美是成熟路径。相较而言,专项服务上有可能会优于原先的综合大型健身房。只要对产业、用户等产生正向价值的模式都是好的模式。这种模式的特点,国外有很多的资料讨论。相信,未来在国内更大的消费市场,也会有更多的创新与发展。产业是生态,每个环节都需要价值创造者,猩猩的出现是好的。

健身房品牌化会是未来吗?为什么?

健身房最终一定会走向品质化,实现最佳社会产能满足对需求的供给,对用户提供更好的服务。与商超、便利店等发展路径,整体上趋同。品牌化与否,取决于产业的特性、发展的阶段不同等。无印良品、COSTCO 自有商品等,与瑞士手表、LV,明显走了不同的品牌化路径。用"蚂蚁雄兵"还是"跳舞大象"的组织方式,在走"高溢价窄众"还是"国民基础设施的最佳产能供给"等不同路径上,品牌化的方向是不同的。

> 超级猩猩将团操这样的 SKU,通过精选的橱窗门店运营,打通特定人群的做法,在欧美是成熟路径。相较而言,专项服务上有可能会优于原先的综合大型健身房。

品牌故事

从深圳起步，到现在9座城市、超过200万线上关注用户、15万付费用户，超级猩猩用充满活力和正能量的价值观聚集起同样热爱生活的人们。就像超级猩猩创始人所说，超级猩猩不会止步于健身房，而将成为"一个生活方式品牌"。

超级猩猩有着原始又纯粹的热爱运动的本能。每个人在运动的过程中，都应当快乐的像一只猩猩一样，生来就爱运动、无所束缚。

但这只"超级猩猩"的英文名字却是"SUPERMONKEY（超级猴子）"。超级猩猩认为，每个人它是一个猴子，还是一个猩猩，是由自己定义的。一只猴子每天认真锻炼身体，也可以让自己的剪影看起来像是一只强壮的猩猩。

在超级猩猩看来，每个人心中都有一个期待的 SUPER ME，与胖瘦美丑都无关。好与不好从来没有一个可以界定的标准，也更不存在什么更好的自己。忘记社会的完美标准，健身本该简单。如同 Logo 中通过努力训练疯狂成长的 SUPERMONKEY 一样，哪怕只是完成了一个难以挑战的动作，都是大家心中快乐又坚定的小确幸。通过超级猩猩去遇到没有见过的自己，这便是 SUPER LIFE SUPER ME 的意义。

集装箱式健身房

超级猩猩的诞生可以说是一个"意外"。

成立超级猩猩前，跳跳夫妻两人一直从事建筑设计方面的工作。2014年，跳跳在天安数码城担任总设计师，但在深圳龙岗新区商业中心招商时却遇到了问题：因为商业中心地处偏远，传统大健身房要求很低的租金，但企业方认为无法接受。这样的困境引发了本身是运动爱好者的跳跳的思考：既然传统健身房依赖于销售预付卡形成的资金链并不稳定，为什么不试试零售的新模式呢？结合自己曾经失败的健身经历和体验，她构想出了解决方案：用集装箱做一个按次付费、24小时无人运营的小型健身房。

三位创始人因为这个创意走到了一起：同是建筑设计师，跳跳是马拉松爱好者，瓜瓜是狂热的智能硬件粉丝，两人负责把控产品的内容和品质；曾经是支付宝钱包产品经理的刻奇则负责整个线上流程的设计。2014年10月，第一个集装箱式健身舱成功落地。除了两间简单的更衣室，健身舱内设有跑步机、椭圆机、单车机、拉绳机等标准健身器械，也配备了新风系统、恒温器、蓝牙音箱等智能硬件，但舱内没有任何工作人员，用户通过微信公众号完成自助预定和支付。健身舱投入使用后，反响良好，甚至被当成内部孵化的明星案例，超级猩猩也开始将自己定义为运动空间解决方案提供商。

与众不同的团体课

因为打破传统的建筑空间和健身模式，超级猩猩收获了很多用户对健身舱"很酷"的称赞。但在运营过程中，问题也逐渐暴露：尽管全自助的健身舱中设有观看教学视频的二维码，但中国健身者仍以入门级别者居多，这样的健身模式难以被多数用户接受。能够坚持在健身舱中健身的人成了少数，但粉丝们在后台"会不会做团体课？"的众多留言，让超级猩猩开始反思自己的产品：器械健身更适合高阶健身玩家，多数健身者在入门时也并不会追求专业的力量训练，能够将大家坚持运动、跳操暴汗才是更适合他们的健身方式。

2015年，超级猩猩第一个团体课工作室在深圳面世。和传统健身房的团体课作为配套服务向年卡会员们免费提供不同，超级猩猩开始尝试团体课业务。亲身体验过的用户们面对收费的团体课，也给出了一致好评。而这种新鲜的业态也收到了来自健身教练群体的关注：私教课程传统健身房的重要盈利点，相反团课因为是配套服务完全不受重视，在背负销售私教课程 KPI 的同时，教练即使有心也无力提升团课质量。因为微信小程序的自助售课方式，超级猩猩的教练们不再肩负推销课程的职能，"底薪+课时提成"薪资结构也能激励教练们通过提升课程质量吸引更多学员来提高收入。比起销售数据，学员好评成为教练的评价指标，让用户和教练双方都对超级猩猩建立起更强的信任感。

超猩学院的诞生

在这样积极的商业逻辑支持下，团体课逐渐成了超级猩猩的核心业务。在初期引入新加坡莱美课程的基础上，超级猩猩开始自主研发课程：我们能不能也像莱美一样形成自己的一套课程体系呢？抱着这个想法，超级猩猩成立了"超猩学院"，初衷是打造面向整个健身行业的一整套授权服务，不仅是向其他机构授权开展课程，也为授权俱乐部提供一站式周边器材、线上课程、精英社群、行业前端咨询及更广阔的商业推广服务。

2016年进入上海、2017年进入北京，超级猩猩同时在不断加速自己在不同城市的布局，超级猩猩内部对于优质教练的需求也大幅增加，因此超猩学院开始集中于内部课程研发与教练培训，为此品牌每年投入企业盈利的20%作为资金。超猩学院不仅为猩教们提供了课程研发与教学的场景，也为健身教练们打通多元的职业上升通路："猩开始"帮助新人教练培养基本的授课能力，成为合格的团课教练；"猩成长"是针对教练能够"上好课"所做的专业能力的培训与提升；"猩卓越"则为教练提供更多元化的职业发展路径的选择。教练作为团体课的"灵魂"，超级猩猩在帮助他们全面提升能力、打通职业渠道的同时，也间接提升了品牌的核心竞争力。

不止于"健身品牌"

"超级猩猩的人都很像。"超级猩猩成立4年以后，创始团队对企业价值观进行过总结梳理：超级猩猩拥有"温暖、活力、坚毅"的品牌性格，做事遵循"公平、正义、诚实"准则。虽然是时隔四年的总结，但超级猩猩早就具体实践着这些价值观。从创始初期的8人团队到吸纳热爱健身行业、认同健身教练身份的超百人团队，从智能健身舱到体验感极强的团体课，从标准化无人健身房到热情活力的学员和教练构成的"城市运动橱窗"，超级猩猩在品牌设计、教练、体验、门店等各个方面都在努力达成"以用户为中心"，也吸引到一群热爱健身、热爱生活的消费者。

超级猩猩向消费者传递出统一的品牌形象后，企业增长也就成了顺理成章的事情。基于对用户的观察，超级猩猩的部分用户需求并不能完全被现有业务覆盖：健身入门者直接上团课却跟不上，团课上了到一定程度遇到瓶颈或者有特定需求的人群。而超猩学院也已经为超级猩猩进军私教业务做好了前期准备——2018年年底超级猩猩在深圳上线私教业务，并在2019年4月正式发布"私教店全国上线"公告推文。

与此同时，在全能店的基础上，超级猩猩开始逐步推出能满足不同健身需求的丰富业态。除了主要提供私教课程的mini店，超级猩猩还开出了动静店、瑜伽店、单车店、拳击店等不同类型门店。这些门店正在拓展超级猩猩的服务群体，也帮助超级猩猩占领了更大的市场份额，因此也可能是超级猩猩未来业务拓展的主要方向之一。

从深圳起步，到现在9座城市、超过200万线上关注用户、15万付费用户，超级猩猩用充满活力和正能量的价值观聚集起同样热爱生活的人们。就像超级猩猩创始人所说，超级猩猩不会止步于健身房，而将成为"一个生活方式品牌"。

从创始初期的8人团队到吸纳热爱健身行业、认同健身教练身份的超百人团队，从智能健身舱到体验感极强的团体课，从标准化无人健身房到热情活力的学员和教练构成的"城市运动橱窗"，超级猩猩在品牌设计、教练、体验、门店等各个方面都在努力达成"以用户为中心"，也吸引到一群热爱健身、热爱生活的消费者。

猩教

"好教练就是好内容",教练是最接近用户的人,也是最能向用户传达超级猩猩品牌文化的人。猩教是超级猩猩的核心竞争力,也是超级猩猩企业价值观的具体体现。对超级猩猩而言,选拔比培养更重要:猩教应该热爱健身行业,发自内心认同健身教练这个职业,这是最基础也是最重要的标准,其次才是技能要求。选择认同超级猩猩价值观的教练们成为猩教,也是超级猩猩低员工流失率的重要原因。

多样化背景

他们有的来自投资机构,有的是城市规划师,有的之前跳街舞,有的玩B-Box,但无一例外,他们都有着乐观、积极、自信的性格,并且发自内心地热爱健身,想要成为一名教练,并把这个职业作为一种传播自己生活理念的方式。他们对超级猩猩有着很深的认可,教练"毛毛"说:"要是给当下的自己打分,我打101分,100分觉得自己完美,多1分是超级猩猩给的。"

专属职业地图 考核标准

超级猩猩的教练,跟传统健身房最大的区别,在于"不做推销",这跟超级猩猩教练的业绩结算方式有很大关系:传统健身房的教练,因为要背销售KPI,并且经常被灌输"会员都是苍蝇,你只需围着榨干他的利益就行"这种歪曲的价值观,所以免不了推销;而超级猩猩的教练,薪水由底薪和课时费构成,不与销售挂钩,只与教练的星级以及课程的满员率/复购率相关。这种考核方式也引导教练为用户提供更好、更加优质的服务,形成提高学员复购和裂变效率的良性循环。

职业规划

2018年8月,超级猩猩推出Super Banana Program™教练赋能投资计划。超级猩猩为教练们挖掘出行业内如职业经理人等潜在岗位,并设立单独的教练人事管理部门。不论是坚守职业教练、还是转向管理人员,超级猩猩都通过SBP全生命周期赋能计划为教练们规划了多种职业生涯发展长线,提供了更多元化的职业发展方向选择。与此同时,超级猩猩也根据这些发展方向为教练们提供了相应的成长赋能通道,通过多种多样的培训项目,帮助教练提升现有职业技能,以更好地匹配职业成长需求。

超级猩猩的用户

用户

#1

1. 请用几个形容词形容自己。
懒,舒适,活力。

2. 职业?
自由撰稿人。

3. 您日常健身频率?
一周2—3次。

4. 您有放弃或暂停健身的时候吗,什么原因;又是什么让你恢复了?
有。一般会按照固定频率(日期)去健身,因为工作忙连续缺席三四次后,就会暂停/放弃健身。减肥心思萌动的时候会又开始考虑健身。但是真的到了健身房,准备开始运动计划前,又会觉得有固定的健身习惯——动起来是最重要的事,重新开始做长期的计划,减脂倒是变成次要的事情了。

5. 您是怎么知道超级猩猩的?
某个博主说了,然后再去了解他们的公众号。

6. 您在超级猩猩的健身频率?
一周两次。说实话太火的那阵,基本是靠能抢到课的频率去健身的,有时候一周都抢不到一次。

7. 您对超级猩猩的第一印象(环境、氛围、教练)是什么?
常去公司楼上的、静安和人广的店。在超级猩猩运动会非常容易进入状态,遇到的每一个教练都非常有活力,在运动技能非常充分的基础上,能明显感觉到什么叫对运动的热情。而且超级猩猩的教练身材真的非常好,太有说服力了!!
超级猩猩上课会把人数控制得很好,一般不会有太多人、很挤的感觉。灯光和音乐很好,感觉整体上课的空间还是很开阔的。

8. 您最喜欢超级猩猩的什么课?
瑜伽课。就算瑜伽课,种类也有三四门,超级猩猩的课程真分得很细。我在超级猩猩还尝试了很多新的运动课程,拳击、划船机、蹦床、芭杆……有些课程真的很难跟上,不过有这种体验感觉也挺好的。

9. 您最喜欢的教练是谁,为什么呢?
我是上了一年课都没加过一个教练学员群的人。但是遇到的每一个教都挺好的，而且教练基本会有固定的店和课程，经常上课的话，还是很面熟很亲切。

10. 您认为超级猩猩跟线下健身房，以及 Keep、乐刻最大的区别在哪？

超级猩猩非常有活力。团课为主。

会练 Keep 的课程，频次很少，也没什么氛围可言。线上健身课程很丰富，但只有在家偶尔想动动的时候才会用。有长期运动计划，以及期望自己养成固定的健身习惯的话，首选不会是 Keep。

乐刻，有一阵子了解过。在选择私教时候，了解到这个健身品牌。价格比工作室低，但场地真的太远了。

11. 您会如何向朋友推荐超级猩猩？

活力，快乐，无负担。

不知道是不是因为大家都是自己一个人来的，感觉来超级猩猩上课的人都很关注自己，很享受运动。没有什么攀比和别人视线的负担。运动过程中进度不一样很正常，一个动作教练也有进阶和基本的方案，能做就多做，不能就不做，挺好的。

12. 超级猩猩给您的生活带来了哪些改变？

不害怕健身。作为一个运动白痴，对于开始运动这件事真的有很大的心理负担。但是超级猩猩的氛围真的很好，而且课程很多，可以开始很多新的尝试。健身小白也可以充分享受这个过程。

用户 #2

1. 请用几个形容词形容自己。

努力对抗丧本质的 30 岁女青年。

2. 职业？

营销人。

3. 您日常健身频率？

一周 3 次。

4. 您是怎么知道超级猩猩的？

应该是看到了某个公众号的宣推，一开始觉得概念很好，不用把钱存进去，想去再花钱。

5. 您对超级猩猩的第一印象（环境、氛围、教练）是什么？

首先去的心态是尝试，这种模式在当时是没有的，氛围的话是很棒的，教练很有活力，环境其实比较简陋，但是这个价位也不是不能接受。

6. 您认为超级猩猩跟线下健身房，以及 Keep、乐刻最大的区别在哪？

区别在于不用存钱，虽然现在也开始鼓励大家会员存钱，但前期的快乐就是想去就去，灵活度更高，Keep 其实比猩猩更专业，里面的课程比较有针对性。猩猩是团课也无法做到——纠正学员动作，Keep 是线上也有同样的问题。

7. 您会如何向朋友推荐超级猩猩？

如果只是为了保持好的体力，不追求塑性和减脂，那其实很适合去猩猩上课。但是因为猩猩没有具体针对不同体能等级和不同需求得人有针对性的课程，所以没有基础的或者有特别需求的其实不适合去猩猩。

用户 #3

1. 请用几个形容词形容自己。

热爱生活，积极，网红体质。

2. 职业？

业务管理。

3. 您日常健身频率？

一周 3 次以上。

4. 您是否在线下健身房办过卡或请过私教练？体验如何？

是，传统健身房只有卖卡的时候服务在线。按次收费的健身房很难增加客户黏度。私教你刚上第二节课已经在推销买第 40 次课有多划算了。

5. 您有放弃或暂停健身的时候吗，什么原因；又是什么让你恢复了？

有，更换生活城市。找到了一起健身的伙伴、合适的健身房。

6. 您是怎么知道超级猩猩的？

新媒体、朋友圈的打卡照片。

7. 您在超级猩猩的健身频率？

一个月 5 次以内。

8. 您对超级猩猩的第一印象（环境、氛围、教练）是什么？

每节课都擦镜子，很认真。但教练的水平参差不齐、课堂氛围也因人而异。

9. 您最喜欢超级猩猩的什么课？

莱美体系都可以，CXWORKS。

10. 您最喜欢的教练是谁，为什么呢？

小原子，上课非常认真且有感染力。

11. 您认为超级猩猩跟线下健身房，以及 Keep、乐刻最大的区别在哪？

排课和店址覆盖面都很广，选择比较多。

12. 您会如何向朋友推荐超级猩猩？

适合不确定自己是否需要长期健身的朋友试水，但需要有一定的莱美课程基础，否则课程难易分级很不友好。

13. 超级猩猩给您的生活带来了哪些改变？

让我意识到加班到底阻碍了我多少次。

猩店
STORES

2019 年年底，超级猩猩在全国已有 100 多家门店，除了黑黄配色、功能齐全、200—300 平方米的全能店，还有早期推出的无人自助健身舱；根据不同城市特色设置的、在视觉风格上高度适配的主题店；以及根据功能不同设置的单车店、普拉提店、拳击店、私教 mini 店（针对跟不上全能店团课，以及有个性化私教需求的用户）、亲子店（针对家庭用户）。

健身舱 Gymbox

超级猩猩的健身舱面积在 50 平米左右，多采用将集装箱式改装而成，坐落在商圈周边。通过自主研发 Sream 系统（自助服务预约及设备自动化管理系统），超级猩猩实现了健身舱，包括门禁、电力、设备及新风系统等的自动管理。用户可以通过手机实现自助健身舱的预约和使用，全天 24 小时营业。位于深圳天安数码城中央水池区的龙岗天安健身舱是超级猩猩健身舱首家体验店。

团体课工作室 Group Class Studio

团体课工作室根据每家店特色课程的不同，设有相应的主题，如体能、单车、亲子、瑜伽等。超级猩猩将流行音乐、氛围灯光系统和课程编排融为一体，保证用户的每一次训练既专业又有趣。

超级猩猩单车店以沉浸式黑暗骑行体验（Immersive dark-tour experience）为特色，为用户打造专注骑行的黑暗空间。

超级猩猩普拉提店以塑性、康复类静态课程为主，其中东海普拉提店还是国内首个 BODY CONTROL PILATES（英国身体控制普拉提）导师培训基地。

超级猩猩亲子店配备有专业儿童体适能教师，通过安全科学的 COCO-LOCO™ 训练体系，让孩子健康快乐的成长。

SUPERMONKEY mini 是超级猩猩旗下的社区概念旗舰店，为用户提供 "1 对 1" 私教服务和私教小团课。

超级猩猩 SUPER BOXING 拳击主题店主要为用户提供搏击、格斗类课程。超猩拳击主题店针对搏击类课程专项设计了训练空间：整间课室的地面覆盖保护学员安全的缓冲地垫，并配备有包括拳套、拳靶、搏击沙袋的全套用具，在 "拳击专属空间" 中用户能纯粹感受到拳击带来的主角光环和乐趣。

城市运动橱窗 Urban Spot In Motion

2018 年，超级猩猩打造 "城市运动橱窗计划"。

城市街道旁的橱窗是我们理想生活的缩影，但透过橱窗的种种美好却唯独少了运动的身影。

运动似乎远离了城市烟火，成了需要坚持的孤独修炼。

城市中心的商圈位置、落地玻璃的橱窗感、体验感强的团体课程，这些物理和心理层面的精心设计，造就了超级猩猩的城市运动橱窗。

门店布局

上海：在人民广场、静安寺、陆家嘴、中山公园等商圈开设了37家门店，包括全能店、瑜伽店、单车店、私教店。

深圳：在华侨城、梅林、华强北等商圈开设了27家门店，包括健身舱、全能店、瑜伽店、单车店、亲子点、BOXING、私教店、主题店。

北京：在国贸、西单、蓝色港湾等商圈开设了23家门店，包括全能店、瑜伽店、单车店、私教店。

广州：在天河、北京路等商圈开设了10家门店，包括全能店、瑜伽店、私教店、主题店。

成都：在春熙路、锦里等商圈开设了7家门店，包括全能店、瑜伽店、单车店、私教店。

武汉：在光谷、西北湖等商圈开设了5家门店，包括全能店、瑜伽店、单车店。

南京：在1912等商圈开设了3家全能店。

杭州：在武林广场等商圈开设了2家全能店。

门店设计

"颠覆传统健身模式，为真正喜欢健身的人群服务！"这是超级猩猩创始团队一直提倡的理念。因此在门店设计中，超级猩猩充分考虑了当代年轻人的健身习惯和心理需求，定制出极具特色的猩店。

超级猩猩门店以明亮的橘黄色为主色调，通过强烈的视觉效果向用户传递超级猩猩对健身热情、专注的情感。

"集装箱"也是超级猩猩店内的重要元素，延续了超级猩猩于2015年首创的通过集装箱改装而成的智能移动健身房"健身舱"。

超级猩猩主打50人以上的大团课，团课场地内仅设必要的小型设备。与传统健身房不同的是，超级猩猩在店内没有放置心率手表等记录身体情况的设备，而是鼓励用户积极参与教练引导的热烈团课氛围中。

超级猩猩有意识地将健身房打造成"城市运动橱窗"：入驻商圈时要求占据外围商铺位置；店铺外墙多采用落地出橱窗，清晰地映射出每个城市运动猩人们挥洒汗水的身影，向路人们传递出健康的生活方式。

课程
CLASS

超级猩猩是真正在把课程当成产品在做。健身房通常是从国外引进版权课程后直接教授给学院，但国内外人们体型的差异因此被忽视，中国人可能更敏捷、腿部也没那么粗壮，完全按照原版课程会起到适得其反的效果——而超级猩猩就是在通过改良课程、自主研发逆转这个问题。

团体课程

超级猩猩通过全球引入和自主研发两种方式为用户提供优质课程：针对引进的国外课程，超级猩猩会进行本土化改版；更重要的是，超级猩猩的内部课程研发部门正在源源不断地根据亚洲人的体质、运动习惯、健身目标等需求研发新课程。目前，超级猩猩的近百种课程已经能够满足用户瘦身塑形、亚健康改善、运动表现提升、瑜伽、普拉提、拳击、舞蹈和儿童健能开发等方面的需求。

实际操作过程中，超级猩猩的团课也很注重体验感。不论是关注新人的热场方式，还是应景的灯光渲染，都能帮助学员第一时间进入健身状态。在持续近一个小时的课程中，超猩的教练还会用持续热情的口号带领学员们在音乐节拍中循序渐进、张弛有度地进行训练。课程结束后，教练往往都会与学员围成一个圈，拍合照发微信群或朋友圈。

超猩学院

超猩学院是超级猩猩旗下的健身行业内容 IP 平台，致力于组建健身行业智库，重构课程分析大数据平台，搭建先锋的课程研发体系，为教练全生命周期赋能。

目前超猩学院已经自主研发出上百种各具特色的课程，涵盖动静态、舞蹈、训练、小工具与功能性训练等课程类型。在超猩学院专业培训师和不断注入的新鲜教练员的努力下，超猩学院也在通过周期性迭代优化课程产品。

爱彼迎

"是否重新定义了自身所在品类"是胖鲸未来品牌评选的重要维度之一，没有人会质疑爱彼迎在这一点上的卓越表现。12 年前它的横空出世告诉旅行者们，"不要只是去那里，生活在那里"，并用自己的产品、服务、内容、营销战役全方位地让旅行者产生渴望，帮助实现它。最妙的是，爱彼迎实现品牌愿景的过程，就是增长的过程 —— 看看 Airbnb plus 和体验（Experience）这两个产品吧，多棒的向上销售（Up-sale）和交叉销售（Cross-Sale），但同时又是用户所期望的体验升级。所以我们并不意外，爱彼迎已存在 12 年了，仍然在以令许多企业艳羡的速度增长。

爱彼迎的品牌设计也是教科书级别的 —— 满足了我们对品牌设计所能有的深度和广度的所有想象。胖鲸未来品牌的评审对它的评价是："好的品牌设计能在很大程度上释放品牌潜能，把品牌力转化成商业利益。Airbnb 的品牌设计……成为其不断产生新品牌内容的'对话开启者（Conversation-Opener）'。"

跟全球其他市场比起来，"中国是另一套操作系统"。本土化的决心是爱彼迎另一个吸引我们的地方。2018 年，原面包旅行创始人彭韬出任爱彼迎中国总裁，爱彼迎中国团队开始慢慢掌握中国业务本地化的主导权，从与总部沟通到产品体验、策略优先级都可见中国团队的魄力和执行力。

用户眼中的爱彼迎

> 开启用户们在 Airbnb 上的体验的可能是网站上的一组房宿内设照片，可能是 app 上的一份好评，真正体验过的用户多数都会被这份归属感吸引。

别具特色的民宿会给用户们带来初见的惊艳感。

- 小屋临石狩川河流而建，坐在屋内即可欣赏窗外的河景、林静。
- 冰箱上孩子的涂鸦，客厅里的钢琴，花园里的彩灯和小松鼠都让人觉得温暖。
- 房间装修很有年代感，好像能把人一下拉回那个时代。
- 蒲团、小树枝，细节将房间装点得安静却不落俗套。
- 房间屋顶是全透的玻璃，夜晚抬头望见银河星空，美得让人不舍得闭上眼睛。
- 从堆满雪的大阳台望出去，整个城市景观尽收眼底。
- "热情""可爱""周到"的房东们会将用户们吸引成"忠粉"。
- 畅聊自己 30 年前曾去中国的经历。
- 玫瑰面包配咖椰浆的爱心早餐。
- 半夜迷失在异国街头，房东走了两条街来接应。
- 入住第一天就准备了小礼物，还做了很多行程推荐。

Airbnb 为旅行者们创造独特的旅行体验提供了一个契机。

- 一群人疯疯癫癫深夜看鬼片，凌晨起床裹着被子看海上日出。
- 互道早安，再一起做早餐。
- 烹茶促膝，围炉夜谈。

> 从民宿、房东、到旅程，用户出于不同目的来到 Airbnb，却都在这里收获了家的感觉。

家

用户
700 万全球范围内的爱彼迎房源

10 万个城市均有爱彼迎房源的踪迹

220 个国家和地区拥有爱彼迎房源

超过
7.5 亿房客曾在爱彼迎房源住宿

200 万爱彼迎平均每晚入住人数

1,000 个可参加爱彼迎体验的城市

40,000 个遍布全球的爱彼迎体验

充满魅力的房东与
可爱的房子们

Larrelle：澳大利亚乌拉米亚

在靠近澳大利亚绝美海滩小镇乌拉米亚的地方，Larrelle 和她的丈夫拥有一片占地 20 英亩的农场和一栋宽敞的乡村小屋，虽然两人都觉得自己性格有些内向，但最终还是决定在爱彼迎平台上出租这栋乡村小屋。

Larrelle 说："我认为这是件自然而然的事情，虽然我个人更喜欢和动物相处，可是我也很乐意与人交往。我愿意倾听房客讲述他们的冒险经历，我也会给他们讲述这里的奇闻趣事。每当看到房客与我的家人或是和动物们互动时脸上露出的喜悦之情，我都会非常开心。"

"很多房客住在这里，不仅会帮我喂养动物或刷马，早晨醒来，还可以看到袋鼠在窗外蹦蹦跳跳，这样的场景和体验不是哪里都有的。"

Daisuke 和 Hila：日本藤枝

日本藤枝附近有一个美丽的小乡村，Daisuke 和 Hila 一直梦想能够在这里拥有一座古老小屋，吸引游客前来，向他们传播当地文化。但按照日本的传统，房屋都是世代相传，因此他们很难找到一座可以购买的老房子。不过最终，他们成功拥有了一座已有 96 年历史的传统房屋。这里虽然年久失修，但古朴的风韵犹存，经过两人的一番精心修复，将其改造成了一座可以感受乡村生活的秘密基地。

有时候，我们真的会与一些人产生连接和共鸣。曾经有一位房客送给我一包他们家乡的茶，并说："这是我们第 32 次住进爱彼迎的民宿，但我们从来没有受到过如此热情体贴的招待。"听到这些话，我瞬间热泪盈眶。虽然有点不好意思，但却感到十分开心。

马里布：爱情/地点

Murray 先生想给 Kay 太太一个结婚纪念日惊喜，结果在网上找来找去，都没找到比自家山顶平台更浪漫的去处：在那里，可以 360 度看到漂亮的圣莫尼卡山脉、远处的太平洋，还能隐约看到好莱坞大明星尼古拉斯·凯奇的私宅。

于是 Murray 把家中珍藏的 1957 年复古房车搬到了山顶，在车前撑了把遮阳伞，摆了躺椅和红酒，他们的第 27 个结婚纪念日，便在这里度过。这对恩爱的夫妇觉得这山顶独一无二的美景一定要和别人分享，于是索性把房车留在山顶，变成了对外开放的爱彼迎。

无数对客人在这里留下了充满着爱的回忆。很多男客人都选择在这里求婚，并且成功率超高。

懿轩：中国上海

2010 年年底，当时刚刚毕业的懿轩来到上海，这是一座对于她来说陌生的城市，一切从零开始。在后来成为房东之后，每年暑假，会有很多从全球各地来到上海，或是实习，或是和她一样带着好奇和梦想，在到这个城市探索的人们。当他们成为懿轩的房客，问得最多的问题，也都是她最初经历过的那些迷茫。看到他们，就很像看到了当初的她自己。

每当有客人入住，懿轩都会准备一封手写的欢迎信，告诉他们：从今天起，在上海你就有一个可以称为家的地方，欢迎随时回家。然后用火漆印章，调出喜欢的颜色，放在火焰上慢慢熔化，然后封印，同时想象着房客打开它时的样子，"这是每一次最有仪式感的时刻"。

有时候因为工作很忙，很晚还没有到家，就会收到房客们发来的暖心讯息，"我先睡咯，给你在门口留了一盏灯"，"我定了两杯奶茶，你一进门就能喝"。她说："一直以来我都习惯自己一个人住，看到这些，心里满满的都是感动。"

Younghee：韩国光州

在美国和日本将孩子抚养成人后，视觉艺术家 Younghee 和她的丈夫 Dongwook 决定回到韩国，运用他们的艺术才华建造一栋独一无二的现代住宅——柠檬屋。屋内设有充满文化气息的艺术画廊，广阔的视野可以将光州的美丽风景揽入眼中，顶楼套房还镶嵌了别具风格的柠檬形窗户。Younghee 说："柠檬是我经常使用的一种艺术形象。这里的氛围轻松愉快，我的孙子们都喜欢在这儿玩。"

Younghee 会十分悉心地招待房客，她经常用新鲜的野花装饰房子，并带领房客以他们喜欢的方式体验当地文化和环境。她的一些房客在评论中提到，这对和善的夫妻带他们去杂货店购物、去博物馆参观甚至还去徒步旅行。

"我们不只是在提供住宿，也是在践行文化交流。真心实意地付出让我们得到了情感上的满足和回报。"

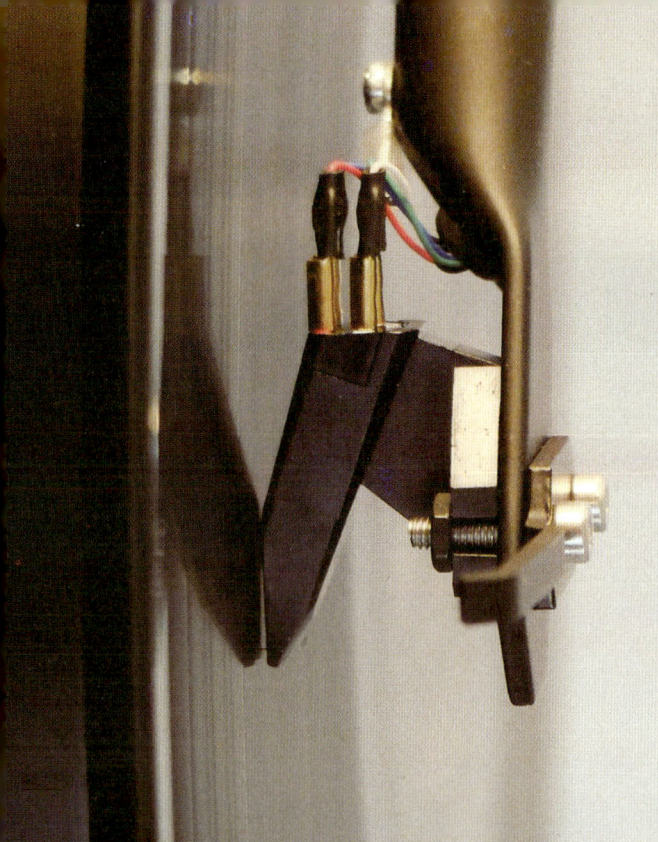

与爱彼迎一同体验

本地生活

爱彼迎为旅行行业带来的最大理念革新就是:"去过,更生活过。"如果说"住进当地人的家"是第一步,那么"体验"服务的推出则是这一理念最直观的展现。

一天的时间,音乐制作人 DJ Jigüe 会让体验者近距离接触古巴音乐。通过观看个人故事和纪录片段的方式,体验者们可以了解古巴音乐发展史,甚至有机会看到音乐纪录片的制作过程!DJ Jigüe 还会邀请大家前往他家中的唱片店,各式各样的老式唱片会给体验者们带来不一样的音乐感受。或许体验者还会找到一张戳中自己的黑胶唱片带回家!

在体验者们换上和服,品尝日式茶道、和果子后,Yusuke 将向大家展示真正的日本武士刀,再带着大家用没有锐化的武士刀学习握法。在真正尝试使用武士刀前,Yusuke 还会带领体验者们进行传统的"禅修(Rituzen)",因为通过冥想,体验者可以更好地将注意力集中到武士刀上。随后 Yusuke 会向大家展示一场真正的武士刀表演,让大家围坐在一起交流观点,更深层次地理解日本武士道精神。

对话民宿业主

李坤，上海放空设计事务所创始人，"放空山居"主理人。

58 | 未来品牌 —— 解密中国市场品牌建设与增长之道

1. 放空山居房东。
2、3、5. 放空山居内设。
4. 放空山居外景。

可否简单介绍一下您自己？

我是一名室内设计师，曾经在上海做过14年的老旧洋房改造工作。

是什么机缘下开启了这个民宿的项目？

随着城市发展，我原来从事的旧房改造项目越来越少，我本来一直待在城市，这个时候我开始思考："乡村是不是在城市化进程下被遗忘的一片土地？"带着这种想法，我开始在乡村做民宿，把这个作为起点，去探索未来乡村发展方向的可能性。

我理想中的村落既要有自然风景也要有文化底蕴，而且最好很安静。"旺川村"很特别的是它是一个"空心村"——这个村本来有700多村民，现在只留下了20多个老人，它是很能代表现在中国乡村的现状。

在决定成为爱彼迎房东前，有过什么考量？

我六七年前开始做民宿，当时也只有爱彼迎一个平台，所以也就做了。爱彼迎房东的体验是很好的。它有针对租客破坏房间的保险金，首先我把房子租出去就有一个保障；其次，有什么问题和平台沟通都很方便，一开始是美国那边会有懂中文的客服回电话，现在中国这边有专门的客服中心，更方便了。爱彼迎还会定期组织线下房东见面会，不仅可以了解到爱彼迎未来的发展，还会有各种课程，帮助我们房东更好地提供服务。

您认为"放空山居"有哪些特色吸引旅行者们？

因为选址，所以"放空山居"既能方便旅客享受黄山的美景，也能深入体验徽派文化。我们会给旅客安排一些体验项目，比如制作徽墨、砚台、石雕之类的手工活动。这和现在爱彼迎在全球范围内推广的"体验"理念是一致的。

您如何理解爱彼迎推崇的当地社区文化，"放空山居"如何体现这一点？

首先"放空山居"就坐落在一个村庄里。我们想打造的"开放式民宿"，所以来到"放空山居"，打开门整个村庄就会很自然、生动地呈现在旅客面前。其次，我们开展的一些活动，也会加强了我们房东和旅客、旅客和当地村民之间的互动、了解。

您自己一个月会有多长时间待在"放空山居"？

我一般隔周去"放空山居"，一周在上海，一周在"放空山居"。

客人会成为你的朋友吗？

基本上都会，因为现在有微信也很方便。不过因为我房东的身份，我更多和房客的交流还是和房子有关，会从他们那里去了解改进意见。还有因为我是设计师，也会交流设计方面的想法和思考。

您如何看待爱彼迎进入中国对中国"共享住宿"市场的影响？

对我而言，爱彼迎是这个行业灵魂式的存在，它开创了这个"共享住宿"概念，然后把它拓展到中国。而且现在爱彼迎正在从简单的房屋中介平台，向旅行产品服务商转化。

如今中国市场也出现了各式各样类似的平台和服务，对"房东"来说，这些平台间有何区别？

旅客流量分散开了。为了生意，房东普遍会把房源在多个平台上线。其实有点麻烦，不过我也有机会对不同平台有直观的比较：对于我们这个价位的民宿来说，爱彼迎能带来的转化率比较高，旅客素质也高。

您对"放空山居"的未来有何设想？

"放空山居"的创立初衷是想"重新定义乡村生活方式"，现在我们也没有放弃这个理念，希望能通过"放空山居"改变城市人群对"乡村"的偏见，吸引更多人到乡村去生活。

> "放空山居"既能方便旅客享受黄山的美景，也能深入体验徽派文化。我们会给旅客安排一些体验项目，比如制作徽墨、砚台、石雕之类的手工活动。

旅行的100种可能

请用几个形容词形容自己。

在路上谨慎的冒险，礼貌的好奇，轻易热泪盈眶，很难知道疲倦。

职业？

旅行作家。

旅行对你来说最大的乐趣是什么？

在旅途中遇到陌生人，掏心掏肺地畅谈一场，然后江湖再见。

旅行给你的人生带来过怎样的灵感和改变？

对我来说，在 Airbnb 早期就成为利用它深入当地兴许是我旅行方式的转折点。Airbnb 的房东和 Airbnb Experience 给我带来很多灵感。那一张张床，一个个房东，一次次独特的 Airbnb Experience 变成了我了解当地风土人情的一份份实验切片，通过它们和它们的主人，我获得了进入当地生活的快通道。床对我来说曾经只是睡一觉的意义，只是旅行中的小插曲，现在这个小插曲却在我的有些旅行中，渐渐成了我旅途中的主旋律，它有了主导我旅行的可能性。

比如我一直很想去贝尔格莱德，但没有找到合适的床，那里的酒店看上去都很乏味，而大多数 Airbnb 都乏善可陈，直到前两天，我无意中找到了一个当地的经济学家的公寓，他的太太是大学教授。我顿时觉得我离开贝尔格莱德，已经少了一个屋子的距离。我已经准备好去那里了。我相信我会从这对学者夫妇中学到不少东西。

毛豆子，旅美专栏作家，著有图文散文集《近乎私奔》 微博 @maotouzi

60 | 未来品牌——解密中国市场品牌建设与增长之道

最喜欢的国家 TOP3，为什么？

土耳其：世界地理的十字路口，东西文化的碰撞之处，足够异域，但不少人情世故，又很古老。

意大利：极富戏剧性的自然风情和当地人会引你走向不期之地，也会让你悲喜交加。

美国：民间的奇人怪事实在太多了，每个人都好像准备了一个故事集来和你会面。

最令你印象深刻的一次旅行体验，为什么？

2016年，我和朋友进行一次难忘的摩托车之旅，从伊斯坦布尔出发，保加利亚—罗马尼亚—复回保加利亚—马其顿—希腊，这条辗过巴尔干半岛东南至南的路线，曾经是所向披靡的奥斯曼土耳其帝国的疆域。我们以每小时120公里左右的速度，把奥斯曼从14—20世纪的征服和衰落以及由此造成的后果，全都一股脑投入"路旅搅拌机"里，产出一杯杯壮丽景色和地缘冲突、种族隔阂和宗教纷争混杂在一起的，血与蜜的奶昔。而未曾想到，经过3183公里、10天、5个国家后，等待我的是一场土耳其的军事政变，这个时代的计划永远赶不上变化，我因此赶上了土耳其当代历史中的一场疾风骤雨。对于一个喜欢在游记中书写人文时政元素的旅行作家，我非常幸运，我总是会"恰好"在那里。

体验印象最深刻的一次 Airbnb 经历？

我坐在底特律 Alfred 街82号，那个安妮皇后式样的老屋子的客厅里，埋在舒适的真皮沙发里。客厅的场景，那个窗，那个壁炉，那个门廊，有些熟悉，因为上次我看到它们，就是在《Only Lovers Left Alive》这部电影里。我此刻盘膝所坐的位置和电影里的吸血鬼成90度角，但我并不像电影里的主人公那么的冷清，我有这个房子现在的主人，Jeff 陪伴。

2012年夏天，经过反复选择，美国最有风格的独立电影导演贾木许最终选中了底特律 Alfred 街上这栋135年历史的老房子，作为吸血鬼 Adam 隐世的所在。它是这条街上存活下来的，来自19世纪末镀金时代，也就是底特律黄金时代的三栋建筑之一。这个位于底特律中城 Brush Park 街区的老房子，可谓是底特律由盛到衰的象征和缩影，它是一个记录美国现代城市盛衰的活化石，而这个电影，也是献给这个曾经辉煌时代的一曲颓废哀歌。

我们三个人此时都已经陷入了深深的疲惫，深夜12点半了，我们都有了浓重的睡意。看上去似乎总是生机勃勃的 Jeff 的双眼已经充血，Joanna 不停地在揉眼睛，我趁 Jeff 不注意，偷偷地掩嘴打一个哈欠。但我们依然不想就这样轻

> **坐在底特律 Alfred 街82号，那个安妮皇后式样的老屋子的客厅里，埋在舒适的真皮沙发里。客厅的场景，那个窗，那个壁炉，那个门廊，有些熟悉，因为上次我看到它们，就是在《Only Lovers Left Alive》这部电影里。**

易地结束这个良夜的交谈。是的，一开始，我们只是在聊这个神秘的老宅，聊它曾经的主人，可是渐渐地，我们聊起了 Jeff 本人，从他童年的匹兹堡，青少年时的克利夫兰谈到三十岁以后的底特律，从疏离的母亲谈到童年阴影，聊起他和 Nikk 的情感起伏。他诚挚地说："我从来没有女性朋友，没想到可以和你们聊得那么畅快。"我们陷入了短暂的沉默，回味着这场意外的情分。每一次和前一天还是全然陌生的本地人有了那种投机的交谈后，突然就会陷入这种有点害怕今夜就要结束的沉默。

这是我们相遇后的第14.5小时。Jeff 没有食言，他的确如事先在短消息上对我说的那样，"I'll spend as much time as you want"，奉陪到底。而我当时只是在 Airbnb 的房东留言上，怯怯相询："可不可以占用你一点时间，我们聊聊？"

作为拥有自己工作生活的旅行者，如何平衡旅行和工作？

因为我的旅行都是属于乐趣，所以对我来说，旅行不是工作，它真的就是生活，所以无所谓平衡。如果要说平衡，那么我一年大概7个月在路上，两个月在上海父母家，大约三四个月是在加州自家的日子，那我就会非常宅，基本上足不出户，尽情书写路上的欢愉和怅惘。也许这就是我的平衡。

作为行者这么多年，旅行的意义之于你有发生什么变化吗？

旅行的意义从满足自身到与人分享，渐渐意识到对于旅行的热爱，唯在于其分享和激励的可能性，我也因此秉记这个行走所担负的责任。

对于第一批在微博上分享自己旅行见闻的意见领袖来讲，那个时候并没有这么浓郁的商业氛围，也没有如雨后春笋般发展起来的 MCN 机构，微博内容推荐的算法也不一样了。现在媒介环境的变化对你原来的分享状态有带来什么影响吗？

我好像是一个比较自说自话的微博发布者，基本不看别人发的，只是分享自己的旅途见闻，我从不考虑算法，我只考虑自己的讲法，不管微博的商业氛围如何变化，我的微博风格始终没有改变，大家一看就知道，这是毛豆子的故事。

你有想过去做一些"经营"自己作为旅行行业意见领袖的尝试吗？

我喜欢自由自在地漫游，和旅行者分享我的旅途见闻，这是一种非常纯粹的乐趣，因为旅行不是我获得收入的方式，所以我没有任何需要商业化我旅行的意义，对我来说，旅行是生活方式而不是营生之道，所以我没有进行这方面的尝试。

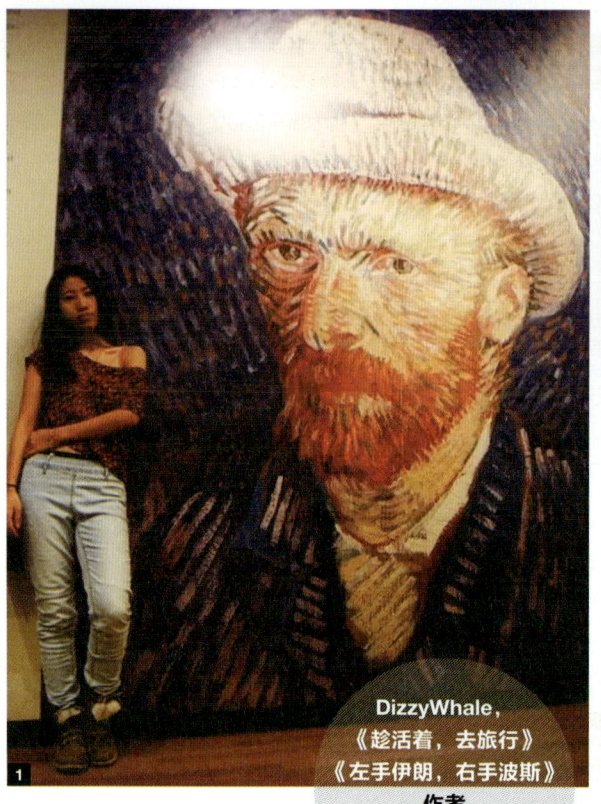

DizzyWhale,
《趁活着，去旅行》
《左手伊朗，右手波斯》
作者
微博：@DizzyWhale

DizzyWhale

请用几个形容词形容自己。

不跳街舞的写书人不是好的创业者。

职业？

创业者。

请用几个词来形容自己的旅行风格。

城市、海滨、雪山、古迹，一切能激发好奇心的地方都想去探索。用相机记录人文，用身体体会自然。

旅行对你来说最大的乐趣是什么？

70%的旅程更多是探索，获得新知；30%的度假就是与朋友家人体验美食、放松。

第一次出国旅行去哪里？

尼泊尔，20多天，徒步走了ABC的环线。

最喜欢的城市TOP3？

瓜纳华托、设拉子、伦敦。

瓜纳华托不只是《寻梦环游记》中那个拥有漂亮的彩色房子的城市。实际上，它也不是墨西哥唯一拥有漂亮房子的地方，更吸引我的是城市的人文感——很艺术，但也特别有生活气息。

设拉子是我在伊朗最喜欢的城市，它也被伊朗人称为葡萄、玫瑰和诗人之城。在那里，交到了很好的伊朗朋友。

在英国留学，所以对英国城市的了解会比其他地方更深入。伦敦就更不用说，故事太多了，我分享一个全程只有几秒钟的小经历吧，可太有内涵了。

一日，走在伦敦考文特花园附近，街旁金发的男生正在推销话剧票，他腼腆地递过一张票，对路过的男人说：

"先生，今晚的喜剧，有兴趣吗？"

"喜剧？人生不就是场喜剧吗？"

留着胡子有点潇洒的男人并没停下脚步，只是回头微笑摊开双手丢下这句话。

"对我来说不是。"男孩也微笑地答道。

短短一个照面，男人继续前行，男孩寻找下一个目标。我与他们擦肩而过，倒有种看场戏的感觉。

最令你感到快乐的一次旅行体验？

伊朗。在伊朗半个月，去了6个朋友家里，一起聊天爬梯郊游；陌生人间友好信任如兄弟；普通收入家庭家中也宽敞舒适，楼道上瓷砖干净如新；开车虽猛，路上却没人按喇叭；没有KTV夜店娱乐场所，幸福感官没有被麻木，快乐更简单；受教育程度高，内心丰富富足；美国制裁对经济冲击很大，但各阶层仍快乐有尊严

1. DizzyWhale。
2. Brick Lane。
4. 伊朗里海。
4. 35 Brick Lane。
5. London Gentleman。

有因为旅行结识的朋友缘分吗，旅行结束后关系如何？

一般我一个人旅行的时候，都会在路途中认识旅伴，几个人互相陪伴几天或一路。少数旅行结束后会有联系，大部分应该这一辈子就是这一期一会了吧。大多数的朋友都是年轻人，或年纪相仿，但在埃及，我遇到过一位来自英国的老太太，对我的人生观带来了一些改变。

老太太叫阿黛尔，住在伦敦北边的小村庄。她大概 80 多岁，满头银发，穿着胸前带荷叶边的格子衬衫，杵着拐杖的手上戴着漂亮的红宝石戒指。老太太虽然年事已高，但举手投足都透出些优雅。这次单独来埃及就是为自己庆生，并表示自己今年 29 岁半。之所以特别对待这次生日是因为今年家中发生了不幸的事，没有能陪她一起旅行的人，她想送自己一份大礼。

在订这次旅程的时候，跟英国的旅行社发生了些纠葛，为了争取自己的合法利益，阿黛尔彻夜想对策，打了好些电话去理论。讲这个故事时，她眉飞色舞，她说她不想认输，希望证明自己还是能有所作为的。就像她拒绝了船上的轮椅，宁可拿着拐杖小碎步缓慢行走，因为想被当成正常人看待。

这是阿黛尔几十年第二次一个人旅行，去年一次应朋友邀请去国外玩，住在知名五星级酒店，晚餐丰盛，可她一口也没吃——一个人坐着，孤独让人难受。说起单独旅行，我对阿黛尔说，去年圣诞节我也一个人背包去瑞士玩了九天，老太太微笑着对我说："But you are young, my darling, that makes all the difference."（但是你拥有年轻啊，亲爱的，这使得一切截然不同。）

今年是 2020 年，距离我认识阿黛尔已经有十年了，我早已不记得她的样貌，但"年迈"的无力与孤独对当时的我冲击还是挺大的，从此在做许多选择时，我好像都会更激进一些——让尽可能多的事情都在年轻的时候发生吧。

地活着。

最后几天，我们住在朋友在里海边上的小别墅，当然也一脚油门去了里海。海水不蓝，沙滩不细。这不是马尔代夫，没有碧海蓝天，连巴厘岛都不是。小伙伴们把车径直开到沙滩里，停下，从后备厢拿出雪碧、一次性的杯子，还有个排球。

风很大，我们几个在海边玩儿，跑得那么拼命，大喊大叫还摔跤，打得特别烂，球滚到海里差点拿不回来，但特有青春的意思。青春大概就是一伙人在一起做傻事还傻乐吧。

有厌倦旅行的时候吗，为什么？

有。我很喜欢摄影，想要用我的眼睛和我的方式去记录表达我体验到的东西。这是我旅行的一大动力。有一两年左右，我失去了记录的兴趣，出行都是度假型的，也不带相机，吃吃喝喝买买买。直到去年年底我去了墨西哥和古巴，我发现我仍然有属于我自己的、很私人的表达，而不是给这个世界增添一份重复的内容，于是热情又回来了。

旅行给你的人生带来过怎样的灵感或改变？

开阔眼界，理解多元，消除偏见。以及理解一件事——这世上，有些人和事，不要因为过去你身边没有或没发生过就拒绝相信 TA 的存在。

另一个是解决问题的行动力吧。旅行的安排，包括在一个人在外面生活，该做的就得立刻做，该解决的就只有靠自己。而解决问题后带来的成就感则成为面对下一次挑战的信心筹码。于是一个梦想做图书馆管理员的人，创业了。

张轶

穷游网联合创始人，联合国 UNDP 特邀摄影师，稻草人旅行联合创始人

您从事旅游业有多久了？请与我们分享您在旅游行业的相关经历。

我 2011 年加入穷游，负责设计、内容和社区运营。在此之前，我与两位财经大学的朋友一起创办了稻草人旅行社。

从宏观行业格局来看，中国旅游业过去十年的重大变化有哪些？

旅游行业里主动创新的企业特别少。但在互联网的推动下，它们现在都将业务从线下发展到了线上。然而最近有一种言论说：大数据和云旅游能在一星期间拯救旅游企业。我认为这很荒谬，本末倒置了。线上的旅游行业无论如何都要转向线下的体验和服务，这不随销售渠道改变而变化。

另一个重大的变化是，大家总算清醒了一点。前几年互联网还有钱烧时，几乎所有旅游行业网站的逻辑都是先用内容吸引用户，再思考变现，这是不符合商业逻辑的。旅游行业是强资源相关的，终端服务商是有限的，当中国网络人口新增停滞时，问题就来了。后期投资者都在询问变现的事，已经不关心"圈用户"的能力了。一旦没有热钱流入，就会倒闭。

优质内容对于旅行平台来说没有价值了吗？

持续的优质内容确实可以留住用户，增加信任感。但热门旅行目的地在不断变化，旅游信息也需要更新，无论是靠用户还是靠签约作者，只有先做了实地考察才会有优质内容，这要求平台持续投资以使内容维持在高水准。

不过，哪怕通过优质内容实现了用户增量，旅游平台也很难实现变现。用户的决策受多方因素影响，他们会使用各种各样的工具去搜索酒店，机票，没有任何一家平台能锁住用户在其平台完成闭环。

在您的个人观察中，与其他国家和地区相比，中国旅行者有哪些属于自己的特点和共性？

中国旅行者的原始动力与国外旅行者不同：更多地是寻求社会认同和社区地位的提高，而非单纯地愉悦自身。现在年轻人盛行的打卡网红景点和早期长辈们喜爱的十天欧洲七国游，从原始动力来说，没有本质差别。

您本身也是旅行圈的意见领袖，您认为中国消费者在旅行这件事上，最容易被什么样的渠道和内容所影响？

受益于中国互联网，影响中国旅行消费者的渠道多样化，但大平台的影响力相对广泛。

我们应该警惕算法，当一家企业增加用户的逻辑是"投其所好"时，是危险的，尤其是在品牌责任感缺失的情况下。企业应当给年轻人的旅行行为和观念带来积极的引导。我曾参与把孤独星球 Lonely Planet 带进中国，所以会特别看重这一点。

在中国市场，您最欣赏和喜欢的旅游行业的公司 / 品牌是什么？为什么？

现在我更愿意关注那些直接做线下服务、真正在创造旅行体验的企业。

中国确实出现了一些真正在线下创造美好旅行体验的企业，比如说松赞；也有一些小的民宿让人眼前一亮，比如早期的莫干山、甘南的诺尔丹营地。他们从国际上学习到好的东西，然后在中国做出了好的顾客体验。

松赞最打动你的地方在哪？

它跟土地的联系——土生土长于香格里拉的村子。白玛多吉最初修缮自家祖宅接待游客，将收入投入生态和文化保护，为本地社区带来积极影响。松赞也几乎完全由当地藏族人管理和运营。以这种方式，松赞带领一个原始的村庄，在跟现代社会接轨的同时保持自己原汁原味的文化。

您认为 Airbnb 的出现给旅行行业带来了哪些变化？前路有哪些挑战？

共享经济的理念给中国互联网行业带来了思维上巨大的转变，给大家一种耳目一新的感受：共享经济还能这么玩。关于挑战，房源质量等问题的话，只要企业有心解决，都是可以解决的，但如果宏观政策是求稳保守，可能对追求创新的企业有一定阻碍。

如果再次创业，您认为中国旅行行业还有哪里有机会突破？

两个可能：一是以内容为核心的区别于传统媒体和自媒体的新兴媒体形态；一是服务终端企业。中国绝大部分地面的旅游项目质量不高，有一句话是"风光巨美，人山人海"，中国风光资源是有的，只是没有使用好。

> **共享经济的理念给中国互联网行业带来了思维上巨大的转变，给大家一种耳目一新的感受：共享经济还能这么玩。**

品牌故事

2007年，旧金山即将举办一场设计大会。世界各地的设计师们已经把附近酒店客房抢订一空。同一时间，两个年轻人 Joe Gebbia 和 Brian Chesky 却在为下个月房租发愁。"或许，我们也可以把房间租出去？给设计师提供床垫和早餐就行。"

于是，一个简单的网站 airbedandbreakfast.com 出现了，两个人用三张充气床垫接待了第一批顾客——三位来参会的设计师。他们未曾想过，十多年后 Airbnb 上拥有超过 7000000 套房源遍布世界。

2008年，吸引了大约 800 人注册成为房东，并最终接待了 80 位房客

从 80 位访客到硅谷"独角兽"
Airbnb 是在 2008 年正式推出的。当时，Joe Gebbia 和 Brian Chesky 邀请了前室友 Nathan Blecharczyk 加入，重新设计了网站，简化成点击三次鼠标就能完成住宿预订。2008 年，丹佛民主党全国代表大会召开的前几周，他们抓住了和一年前类似的机会，吸引了大约 800 人注册成为房东，并最终接待了 80 位房客。

越来越多的房东们在网站上展示房间，Joe Gebbia and Brian Chesky 亲自拜访了纽约的所有房东，为他们重新拍摄体现能凸显房间特色的照片。他们还在这些房间中试住，向房东们反馈改进意见，再在网站上写下亲身感受。创始人们始终关注房客的住房体验，助力房东提供更好的服务，也促成了几个月后举办的首届房东大会。

2008 年金融危机给整个西方经济造成了沉重的打击，但也为相对便宜的房屋短租带来了机遇。

2012 年 5 月推出"百万美元房东保障金计划"

向超过 1400 名 Airbnb 房东向受到飓风"桑迪"影响的人提供免费住宿房源

Overcoming the crisis: Help people build ties by hosting
克服危机：通过租房帮助人们建立纽带
但不久后，Airbnb 就遇到了一系列麻烦。一位 Airbnb 房东在社交平台上抱怨自己的房子被房客严重损坏。针对这种情况，Airbnb 自 2012 年 5 月推出"百万美元房东保障金计划"，确保发生罕见的、由于房客住宿造成房源损坏情况时为房东提供保障。

2012 年 10 月，飓风"桑迪"横扫美国东海岸，造成大量财产损失和人员伤亡，许多居民被迫从家中撤离。于是，Airbnb 房东挺身而出帮助受灾人员：超过 1400 名 Airbnb 房东向受到飓风"桑迪"影响的人提供免费住宿房源。第一位登记提供免费房源的房东 Shell Martinez 说，"有时，生活在纽约，好像人们之间的联系没有那么多，你会感到孤立"，但向受灾人员敞开大门又让她感受到了社区的温暖。

2016 年，Airbnb 正式发布了"体验 (Experience)"，由当地的爱彼迎体验达人为旅行者们提供了深度体验当地风土人情的活动，让大家感受独一无二、原汁原味的旅行体验。

2016 年，Airbnb 正式发布了"体验"

Experience

爱彼迎
与品牌设计

Airbnb 还有一个非常大胆的举措，即让自己的品牌设计成为公开透明的开放信息。它不仅开放了自身 LOGO 背后的设计理念，还让全世界人民在"People、Place、Love"这样的设计概念指导下，共同参与创作。"共享"精神被 Airbnb 用到了极致。四海一家的安全感、信任感、社群感也在这一过程中被不断强化。

余䂀，朗涛国际 (Landor Associates) 北京办公室总经理

您如何看待 Airbnb 上层品牌设计到产品和服务的体验的落地？

Airbnb 将社区、共享的概念早已植入品牌设计的方方面面，这样的思想和理念也贯穿了它的产品设计和用户体验。从 App 体验来看，它下的功夫在美术设计和布局、逻辑和大数据上都有体现。它那庞杂的服务体系和产品设计满足了不同团体和个体的特殊需求，给人一种"四海一家"的"家"的亲切感、代入感。

您从事品牌设计相关工作多少年了？请介绍相关的职业经历。

我从小喜欢画画，虽然后来没有能够成为艺术工作者，但对于设计和创意类型的工作仍然情有独钟。从 1996 年开始，我在泰国做过松紧带的设计师，在智威汤逊、麦肯光明等广告公司做过消费者洞察研究和传播策划，在腾讯做过互联网广告，在 MetaDesign 和朗涛这样的品牌咨询与设计公司做过品牌顾问。

如何评判"品牌设计"的好坏？

这是一个极具挑战性的问题。在我看来，品牌设计的好坏可以从这三个维度去判断："策略性""艺术性"和"整合性"。

品牌设计的"策略性"，指的是我们要在战略层面去看品牌要解决的问题。好坏的标准在于品牌设计是否解决了问题，是否准确而独特地体现了策略，是否有利于品牌与其目标受众建立连接。品牌设计的"艺术性"，一方面是指设计的"艺术审美"，另一方面也正如当代艺术那样，那些被浓缩和抽象化的视觉语言背后，到底传达了怎样的思想。品牌设计的"整合性"则是指设计与设计之间的逻辑关系是否清晰，整个设计是否完整统一。

Airbnb 于 2014 年重新规划了自己的品牌，您在 2019 胖鲸未来品牌提名时特别提到了它的新设计，您为何认为它是卓越的？

Airbnb 的设计是教科书级别的，满足了我们这些做品牌设计的人对品牌设计所能有的深度和广度的所有想象，它用一整套全新的视觉语言表达体系为我们打开了一个妙趣横生的品牌世界。

好的品牌设计不仅漂亮，还能在很大程度上释放品牌潜能，把品牌力转化成为商业利益。Airbnb 的品牌设计为它向全世界讲述一个全新的品牌故事创造了先决条件，并成为其不断产生新品牌内容的"对话开启者（Conversation-Opener）"。

中国本土企业在品牌设计提升上，还有哪些功课要做要补课？

品牌设计不是涂脂抹粉，是一项需要缜密思考、周密计划的庞杂的逻辑工作，要先从品牌策略出发考虑问题。但现实情况是，大多数本土企业对广告传播的重视远远超过了对品牌的重视。在缺乏品牌策略和衡量标准的前提下，品牌设计成了仅凭个人喜好的主观判断和一个经不起时间考验的短期行为。不积跬步无以至千里，审美水平的日积月累，多进行案例分析，多开阔眼界，对品牌设计也都是极有帮助的。

外资品牌在中国市场落地和本土化的过程中，有没有出现过"全球方针"水土不服的情况？全球统一的品牌设计如何在中国更好地改良落地，您是否有好的经验建议分享？

在我这么多年的品牌实践当中，经常会碰到如何帮助国际品牌在本土落地的问题。以前，多是在传播层面，如何让品牌信息更符合本地消费者洞察。而现在也越来越多地看到，由于中国经济和互联网的高速发展，海外的品牌设计师对我国生活情境和数字媒体环境的复杂性、特殊性缺乏想象，让那些原本很"高大上"的国际品牌，在"双十一"或春节这样的特殊场合出现水土不服，把握不好品牌调性，也"穿红戴绿"了起来。

要想不犯同样的错误，需要事先就品牌与其目标受众的接触点进行分析梳理，重新界定接触点的优先级别，就特殊情境进行专门的品牌设计优化，甚至去做全新的品牌设计。

对话爱彼迎中国区总裁

2015年，Airbnb将目光瞄准了拥有巨大市场潜力的中国。2016年下半年，Airbnb开始扩充中国区团队；2017年，Airbnb发布其官方中文品牌名称"爱彼迎"。Airbnb联合创始人、首席战略官Nathan Blecharczyk（柏思齐）开始兼任中国区主席，将品牌、质量和社区确定为中国业务的三大基调。2018年，原面包旅行创始人彭韬出任爱彼迎中国总裁，爱彼迎中国团队开始慢慢掌握中国业务本地化的主导权。

同样都是在旅行行业，作为本土初创企业的创始人身份工作着，与在跨国"独角兽"做职业经理人，有何相同和不同之处？

我本身很喜欢旅行，走过七大洲五十多个国家。旅行的过程中我发现：旅行可以有更多玩法，传统旅行还有很大的改进空间，所以我创立了面包旅行。而以"家在四方"为宗旨的爱彼迎和我的愿景高度吻合。虽然两家企业模式不同，本质上都是在为旅行者重塑体验。更重要的是，爱彼迎作为一家全球性企业，在旅游这样的低频行业有着普通本土企业无法企及的全球网络效应。

您自己也是旅行爱好者，多年的旅行体验为你的事业带来过什么灵感？

我印象深刻的一次体验是2006年我走过一次丝绸之路：看到了穆斯卡特雪山，塔吉克族人带着红色衣服，牧民们坎胡的蓝色……就是这样的旅行会让我开始思考生命的意义，所以我也一直会跟大家分享"生命的长度是有限的，但生命的宽度是每个人自己定义的"，旅行就是拓宽生命宽度的重要方式。

爱彼迎发布的"千禧+"报告中提到：超过六成的爱彼迎用户是千禧一代。似乎民宿的体验更能满足他们个性化的需求。

没错。他们注重体验，希望旅行能如生活一样，这也包括旅行中许多的"不期而遇"。他们会认为，相比于传统的"逛景点"，这些旅行中的"奇遇"往往才是生命中珍贵的回忆。

如果要归纳出爱彼迎中国区增长的关键要素，那会是什么？

我认为最关键的要素是本土化，让用户真正感受到爱彼迎在用心倾听他们的声音。在"大处着眼，小处着手"的原则下，爱彼迎通过本土化、品牌美誉度、中国标准等具体操作，正在打造"千禧一代最喜爱的平台"。

爱彼迎有五大策略深耕中国市场：产品本土化、提升房源品质、加强社区建设、巩固信任与安全、拓展品牌边界。如何理解这五大策略的优先级，以及彼此之间的关系？

因为中国市场的特殊性，"质量与品质"和"信任与安全"是两个最重要的策略。爱彼迎在中国和全球其他市场都推出了"爱彼迎plus"。去年，爱彼迎还更新了房源质量标准，推出了"优质房源"。

因为是住到陌生人家中，信任与安全也是另一个重要因素。爱彼迎为房客们提供一系列房客保障、房源验真、快速响应热线、高风险预定的人工审核等服务，颁布了不正当房源使用禁令等条款，在中国还成立了安全委员会在做线上线下安全教育的工作。

产品也有着重要的战略意义。为了让用户感受到"定制"，爱彼迎针对中国旅行者和用户的使用习惯定制了与海外版完全不同的中国版App和网页，同时还上线了爱彼迎微信小程序，希望让中国用户感受到爱彼迎是一个真正的本土旅行产品。

爱彼迎的业务正在不同维度上拓展，从民宿到酒店，从住宿到体验。在发展的过程中，品牌既是护城河，又是差异化的关键。在中国，爱彼迎的"品牌"是如何诠释的？如何在产品服务和细节中落地的？

了解消费者的真实需求是打造差异化品牌的第一步。爱彼迎做过的"千禧+"的研究报告，基于千禧一代对旅行的看法我们会对产品细节进行优化。

考虑到现在旅行者追求"不一样的旅行体验"，我们推出了"爱彼迎独家"项目，不仅让大家住的独特，还能感受旅行独一无二的体验；针对中国人喜欢过"节"的特点，结合旅行者"期待奇遇"的心态，我们在2019年首次打造了"奇遇民俗节"，并且和腾讯的《奇遇人生2》展开了合作，诠释了旅行带出的生活的意义；中国有着悠久的非遗文化，我们和四地政府合作推出了"溯与承"系列活动，上线爱彼迎的非遗体验产品，唤起旅行者们对历史、传承的重视，让用户感受到爱彼迎对中国真实的关注。

> 我一直会跟大家分享"生命的长度是有限的，但生命的宽度是每个人自己定义的"，旅行就是拓宽生命宽度的重要方式。

中国的
房东社区

2017年12月,爱彼迎在上海举办了中国首次爱彼迎全国房东大会,并首次颁发了"爱彼迎 Bélo Awards"大奖,旨在认可和鼓励极具活力的本土房东社区。

爱彼迎还在2019年发布了《2019千禧一代旅行者洞察报告》和《Airbnb爱彼迎中国房东社区报告》分别针对旅行者和房东的两份行业报告。通过这些综合性研究报告,爱彼迎希望不断激发旅行者的旅行灵感和赋能房东,持续为房源所在地社区创造更大的经济社会价值,创造人与人之间的美好连接。

爱彼迎房东学院成立两年以来,已经举办了近70场线上线下培训。从2019年年底,爱彼迎房东学院还将线下广受欢迎的精品课程搬到了线上,已经陆续推出房东科普、新手起航、超赞之路、专业房东等各种模块超过60门课程。98%的房东表示房东学院可以帮助他们提升房东的能力,而参与过房东学院的房东平均房源预订量增长达到2倍。

除了为房东提供交流学习的平台,爱彼迎通过设立区域性"小队长"作为当地领袖,为与爱彼迎拥有相同愿景的房东们建立更紧密的联系。比如,在2019年杭州台风期间,当地房东们主动为滞留杭州的旅客免费提供住所;2020年新冠疫情期间,武汉的房东们也有类似的举动,同时向其他房东发起倡议:为医护人员免费提供住所。

爱彼迎 | 69

爱彼迎的产品与服务："中国系统"

在苹果应用商店中下载爱彼迎App，中国版和海外版有着明显的区别。海外版"Airbnb"的应用简介直观介绍了应用预订房源、旅行规划的用途。而中文版"Aribnb爱彼迎-民宿预定和旅行短租"则明显根据中国消费者的使用习惯做出了相当大的调整：

中国用户通常对价格比较敏感，因为爱彼迎用在产品描述上也强调了民宿的价格优势；

面对已经适应各种简便操作的中国用户，爱彼迎针对房源搜索制定了相应的快捷筛选标签；

产品详细信息和用户评价是关心品质的中国用户用来衡量产品品质的一手信息，爱彼迎应用也以醒目的方式突出了相关信息，便于用户翻阅查找。

中国互联网和通讯软件的高速发展为中国用户培养出了"即时通讯"的使用习惯，比起传统线下房屋中介，爱彼迎的确为用户提供了"实时沟通"的平台。

爱彼迎App通过一系列细节的考量与改变将品牌"从用户角度出发考虑问题"的服务理念潜移默化地传递给中国消费者。

爱彼迎还在2019年上线了微信小程序"Airbnb爱彼迎民宿预订"。中国旅行者可以在小程序上快速查询和预订全球超过220个国家和地区的700万套民宿房源。

借助Airbnb小程序和微信支付，中国旅行者能够获得基于微信的完整预订体验，在行前即可直接通过小程序完成房源预订。爱彼迎小程序还为中国旅行者提供专业的中文客服服务，方便咨询和了解更多民宿信息。

海外版 vs 中文版 细节区别

海外版的房源卡片主要向用户展示了基础的房源价格和评分信息，SUPERHOST 也是爱彼迎重要的推荐因素。

在 探索 功能中，用户可以找到针对旅行目的地的住所（Stays）、体验（Experiences）、冒险（Adventures）、爱彼迎也会针对热门城市的这三个方面向用户进行推荐。

Trips 会根据用户预订的住所、体验等项目形成整个旅程规划。

在中国版应用中，房源卡片展示的信息主要包括房源实景照片，以及房型和价格等基础信息，爱彼迎会向用户优先推荐评分高的房源。

在中国版应用中，短租仍然是爱彼迎的主营项目。在"探索"栏目，用户可以找到特惠、周边、热门、爱彼迎Plus各类房源，以及体验项目。

根据中国用户习惯，爱彼迎设置了常用的简便筛选条件。

根据用户选择的目的地，爱彼迎会根据热门、好评、收藏程度推荐普通或全家型房源。

70 | 未来品牌 —— 解密中国市场品牌建设与增长之道

5

斯凯奇

　　面对广阔的、需求多元的中国市场，斯凯奇引以为傲的是自己足够广泛的产品类别。这令斯凯奇不需要在产品上做特别的调整便可满足下沉市场的需求，帮助品牌占尽先机。而在未来中国增长最快的孩童和银发市场，斯凯奇也早已布局。早在2013年，斯凯奇因为一款名为GOWALK的鞋获得了快速增长，尽管当时它的受众还停留在"上班族方便穿着的鞋子"上。近几年的实际消费者画像表明，它正因完美迎合了银发一族的需求而备受这个群体的青睐。

　　组织架构上"渠道和品牌建设的有机融合"几乎是斯凯奇的"撒手锏"。这为斯凯奇带来三个优势：一是品牌建设等线上营销活动在线下门店能被高效的承接，这让商业的成果被更直接的呈现，让"品牌力为品牌增长赋能"变成现实。二是通过经销商保证关键信息的高效流通，这对在中国这样广袤多元的市场上获得本地洞察至关重要。三是用品牌的眼光指导和规范渠道，让渠道成为真正意义上的"品牌名片"。

　　另一个"秘密武器"是决策效率。能否占领先机在如今中国的市场环境中基本能决定一个项目的成败。而不论是联名还是其他层面的项目合作，斯凯奇的决策都非常快。正如市场部及店铺发展副总裁张睿妍对胖鲸所说："斯凯奇产品研发在美国和韩国，其他中国区的营销运营都是由我们中国分公司决定。所以你来找我合作是非常高效的，我们坐下来，谈好，我就可以拿出资源来做了。"

顾客眼中的斯凯奇

不管你是儿童、年轻人还是银发群体，你都能在斯凯奇找到属于自己的鞋款，只要穿过斯凯奇的没有人会说不舒服！

- 斯凯奇的跑步鞋太好穿了，又有弹性又舒服，jazz 专用鞋预订。
- 从厚底皮鞋换成斯凯奇懒人鞋的那一秒舒服到飞起，我无法精致了。
- 斯凯奇的鞋子虽然看着厚重但是穿上舒服又好看。
- 想给爸妈买老人鞋，但他们表示嫌弃，说要穿斯凯奇。
- 我给自己买了斯凯奇的鞋子和内衣，一转头弟弟自己看上了闪灯鞋，之前还给爸妈买过健步鞋，我们家是要被斯凯奇包圆了吗？

网综、联名、街舞，斯凯奇正在和喜欢分享生活的年轻人们在社交媒体上互动。

- 从偶练到创造营，我其实没有在搞团，只是在搞斯凯奇罢了。
- 斯凯奇真的很种草，一边看大团综一边就到旗舰店看起了联名款。
- 以前：斯凯奇的鞋好丑；现在：海贼王联名真香。
- 每年斯凯奇潮流公园如期而至的时候都会去打卡，因为现场气氛实在是太炸！太燃！太酷！

媒体报道中的斯凯奇

> **斯凯奇携手壹基金武汉举办公益健步行 3000 余名爱好者感受运动热**
> 2017 年 6 月 4 日 人民网

《偶像练习生》背后的赢家斯凯奇
2018 年 4 月 13 日 胖鲸

斯凯奇发布在华业务十年成绩单：零售总额年均增 73%
2018 年 6 月 25 日 新浪财经

净利润大涨 66%，斯凯奇做对了什么？
2019 年 8 月 8 日 胖鲸

专访斯凯奇中国高管张睿妍：看准下沉式市场，明年再开千店
2019 年 11 月 5 日 澎湃新闻

2019 上马热力开跑，斯凯奇精英跑者知名马拉松选手李芷萱获得国内女子冠军
2019 年 11 月 13 日 搜狐网

所有女生！斯凯奇美少女战士联名款来咯！
2020 年 1 月 21 日 腾讯新闻

Skechers GORUN Razor 3 Hyper Named "Editors' Choice" by Runner's World
2020 年 2 月 24 日 Bloomberg

品牌故事

SKECHERS 源自南加州的俚语，意为"坐不住的年轻人"，它代表着追求时尚、个性张扬的年轻族群。品牌创立之初，以销售多用途工装靴为主，经过 27 年的不断发展与突破，斯凯奇已发展为集运动功能、时尚潮流、休闲生活鞋款为核心的领先品牌，更成为全球最受欢迎鞋类产品品牌之一。

来自加州曼哈顿海滩的舒适

1992 年，斯凯奇（SKECHERS）诞生于美国加州曼哈顿海滩。曾成功创立 1990 年最受美国年轻女性欢迎鞋履品牌 L.A. Gear 的 Robert Greenberg 这次将目光锁定在都市年轻男性。当时 NIKE 已经在男子运动鞋市场占有主导地位，但男士休闲鞋市场还没有这样规模庞大、实力雄厚的企业独占鳌头。1993 年，斯凯奇正式推出了第一款产品：名为"Chrome Dome"的多功能工装靴。和破洞牛仔裤一样，Chrome Dome 因为做旧的鞋面磨损感受到了当时年轻人们的追捧。1995 年，斯凯奇开始售卖舒适、耐磨的休闲男装，并在两年后又得以向海外市场拓展。

因为产品紧跟年轻群体消费趋势，斯凯奇进入海外市场后销量节节攀升。斯凯奇也开始逐步丰富自己的产品线：1997 年斯凯奇增加了女士休闲鞋和童鞋系列，将产品总款式增加到 900 多种。不断拓展的产品也逐渐形成斯凯奇的产品消费理念"comfort for all, all for comfort"，为大部分人提供满足多场景生活需求的运动休闲产品。现在，斯凯奇每年设计、研发和营销超过 3000 种款式的男鞋、女鞋、童鞋，以及其他数个品牌系列产品，以满足不同年龄、不同地域人们的需求。

到 1998 年，斯凯奇已经拥有 30 多家门店，并在各大商场中开设了超过 2000 个柜台。为了和耐克、锐步这样的鞋类巨头争一席之地，斯凯奇开始重新聚焦于运动鞋市场。斯凯奇在亚特兰大世界会议中心租下了超过 5 万平方英尺的展览空间，用短片、灯光秀等形式不断展示斯凯奇品牌——由此也可以窥见斯凯奇"Unseen, Untold, Unsold"的营销理念。1999 年，斯凯奇在纽约证券交易所挂牌上市。

进入 21 世纪，斯凯奇签约"小甜甜"布兰妮成为首位全球代言人。这位当年红极一时的美国偶像，同时也是人们心中"积极健康"的代名词，在广告中穿着不规则牛仔裙和紧身牛仔裤搭配 SKECHERS USA 系列运动鞋的形象成功让消费者记住：斯凯奇可以和任何衣服相配。而布兰妮的明星效应在她穿着斯凯奇登上福布斯杂志封面时达到了最大化，斯凯奇成为一种潮流，代表了积极健康的、年轻的生活态度。

进入中国：美国负责设计和研发，中国负责品牌建设和渠道开发

2007 年，美国运动鞋品牌 SKECHERS（斯凯奇）与中国香港上市公司联泰集团旗下联泰企业有限公司签订合作协议，正式成立合资公司"斯凯奇中国"。斯凯奇美国方面负责设计以及研发，联泰首席执行官陈伟利负责品牌在中国、韩国及东南亚三地的品牌经营及销售渠道。这种业务模式意味着：尽管品牌 DNA 拥有斯凯奇的文化基础，但斯凯奇中国可以根据中国市场实际情况灵活调整品牌传播和运营策略。

进入中国早期，斯凯奇主打舒适休闲类产品。当时各大运动品牌着重强调产品的运动功能和时尚属性，而斯凯奇却不以"高科技"作为宣传重点，更加强调"穿着舒适"。这个鞋底柔软、舒适轻便的鞋履品牌也的确很快获得了中老年人的青睐，尤其在 2012 年品牌推出 GOWALK 系列健步鞋后。同时，相较于定价 600 元以上的耐克、阿迪达斯等国际品牌，以及定价偏低的安踏、李宁等本土企业，斯凯奇将价格定在 400—500 元的中间区间，这样的价格定位对中层消费者更具吸引力。

在这一阶段，斯凯奇也在不断调整品牌，在产品线、销售渠道、生意模式以及商业合作伙伴等方面探索适合中国市场的商业模式。根据产品特点和市场情况，斯凯奇决定快速推出各种定位的产品：从 Relaxed Fit 系列等休闲生活类型、

2013 年，D'Lites 系列上市。这一系列一经上市就在韩国市场爆红，这款以黑、白为主色的运动鞋逐渐也在中国获得关注，被形象地称为了"熊猫鞋"——"坐不住的年轻人"终于走进了中国年轻消费者的视野中。

寻找合适的代言人是斯凯奇提升品牌知名度的重要方式。从前期的 SISTAR、EXO、窦骁、李易峰、黄子韬、乐华七子，再到现在的威神 V、吴尊、唐嫣、陈钰琪等这些在不同领域创造顶级流量的明星陆续加入斯凯奇代言阵容，用他们年轻、活力、阳光的属性为消费者对斯凯奇品牌的认知加码。

GOWALK 等运动功能类型到童鞋，斯凯奇保持每年开发超过 3000 款鞋。2013 年，D'Lites 系列上市。这一系列一经上市就在韩国市场爆红，这款以黑、白为主色的运动鞋逐渐也在中国获得关注，被形象地称为了"熊猫鞋"——"坐不住的年轻人"终于走进了中国年轻消费者的视野中。

用潮流文化与年轻人"对话"

以 GOWALK 系列为代表的鞋款以"舒适"的特性备受中老年群体的青睐，而 2013 年 D'Lites 系列的爆红为斯凯奇打开年轻消费市场带来了转机。

这个源于加州的运动休闲品牌其实骨子里是"年轻"的：20 世纪 90 年代，斯凯奇就曾与"小甜甜"布兰妮等唱跳明星以及众多美国西海岸街舞团体合作。进入中国市场后，斯凯奇从 2010 年左右就开始尝试在大学生群体中推广街舞文化，从校园街舞大赛到与 BIS 街舞大赛进行深度合作、成立斯凯奇中国街舞明星队、斯凯奇街舞学院巡演等，这一切都是始于斯凯奇对潮流文化的热爱和尊重。

寻找合适的代言人是斯凯奇提升品牌知名度的重要方式。从前期的 SISTAR、EXO、窦骁、李易峰、黄子韬、乐华七子，再到现在的威神 V、吴尊、唐嫣、陈钰琪等这些在不同领域创造顶级流量的明星陆续加入斯凯奇代言阵容，用他们年轻、活力、阳光的属性为消费者对斯凯奇品牌的认知加码。直接落到产品层面则是斯凯奇的另一个撒手锏。2016 年，斯凯奇推出了"航海王（One Piece）"的 D'Lites 2 系列联名款，热血动漫与热门鞋款的潮流结合又在年轻人间点燃了新一股热潮。

斯凯奇也开始对娱乐内容进行深度运用：从 2018 年起，斯凯奇连续和《偶像练习生》《以团之名》《创造营 2019》多个网络综艺节目展开合作。带着初出茅庐勇气的练习生们在节目中展现出为了梦想拼搏的样子和斯凯奇积极向上的品牌调性高度吻合，在节目火遍全网的同时也将斯凯奇的产品和品牌种入观众脑中。依托斯凯奇的决策效率，品牌线下店铺即时将节目的内容有机植入店铺设计。线上品牌建设和线下渠道推广的紧密结合成功在年轻群体和斯凯奇间建立起情感纽带。

下一个十年：门店优化，业务下沉

除了关注产品线和青年文化，斯凯奇正在零售渠道上迎合年轻一代的口味：斯凯奇希望把线下店铺打造成"网红店"，同时满足年轻人购物和社交的需求，吸引他们进一步了解斯凯奇。

近年来，中国市场的消费结构悄然发生着变化：新中产阶级正在崛起，非一线城市的中产群体越来越多，消费需求也逐步攀升。斯凯奇也开始相应调整渠道策略：斯凯奇通过前期快速铺设渠道，到 2017 年年底已经在全国范围内拥有超过 2500 家门店，因此斯凯奇将下一阶段的发展重点转向业务下沉。

2018 年，斯凯奇与体育用品零售企业劲浪体育建立战略合作，开启在国内中西部地区的扩张。2019 年 1 月，斯凯奇首家"超级大店"落地沈阳，这也成为斯凯奇目前国内面积最大的店铺，整体面积达到 2982 平方米。除了现代简约的整体店铺风格，"超级大店"特设了运动功能、时尚潮流、生活风尚、孩童专区等多个专属分区——既满足了消费者一站式的购物体验，又将丰富多样的产品直观地展示给消费者。

斯凯奇开店会有不同的侧重点，在一二线城市的策略是开不同的店铺类型，会有更多的精品店，来提升品牌的店铺形象，充当品牌名片及引领者的角色，并且满足各类消费者精准的生活场景所需。三线到五线城市，则是以超级大店的模式，宽敞的店铺能将斯凯奇多元化的产品完整地呈现给消费者，提供全家从头到脚的穿搭需求。为了配合品牌的店铺下沉布局以及线上销售的加码，斯凯奇还同步优化了供应链：斯凯奇已经投资 10 亿元，将在江苏省太仓市建成斯凯奇亚洲最大的物流中心。

强大的产品
开发能力

从轻便休闲鞋、潮流运动鞋到专业跑鞋，斯凯奇每年设计并研发超过3000种款式的产品。斯凯奇中国目前设有潮流时尚FASHION、运动功能PERFORMANCE（以GOWALK健步鞋、GORUN跑鞋为代表）、生活风尚LIFESTYLE、孩童KIDS四大产品条线，每个系列中还包含众多针对消费者不同需求的产品线。

FASHION

KIDS

GOWALK

GORUN

LIFESTYLE

联名，打通和年轻人沟通的渠道

"坐不住的年轻人"，品牌名决定了年轻群体是斯凯奇品牌最重要的市场之一。斯凯奇产品线非常丰富，年龄跨度也较大，品牌需要照顾到不同层次的消费者。但在对"大而全"无感的年轻消费者面前，斯凯奇的策略是突出产品系列的个性和形象。在产品层面，除了设计和开发，品牌 IP 联名就成了在传播层面实现更聚焦更个性化沟通的重要方式。

> 不断地拓展和探索，带给消费者新的刺激是极有效能吸引他们的方式。
> ——中国市场部及店铺发展部副总裁张睿妍

对话汪珅炅

BIS 创始人 / 青奥会国家队总教练

可否简单介绍一下您作为 BIS 创始人 / 青奥会国家队总教练等不同身份的工作内容？

我应该算得上是国内最老一批跳舞的人，也是一直跳到至今的"幸存者"之一。

为了推动整个中国霹雳舞的进步，我决定要做一个有中国色彩的、能够聚集起全世界的人的比赛平台。国际霹雳舞专业大赛（BIS）就是这样诞生的。到 2017 年，BIS 在 12 年的运营后已经成为霹雳舞业内熟知且受欢迎的世界性比赛，也是唯一在中国的世界比赛。

因为赛事不断扩大的影响力，在我们辅助奥组委成功将霹雳舞列为正式比赛项目后，我在 2018 年被任命为国际奥组委中国霹雳舞总监，负责组建中国霹雳舞青奥会国家队，后来还成了国家队的主教练。

您最喜欢斯凯奇的是什么呢，不管是服饰还是鞋履？

对舞者来说，因为衣服、鞋子这些"装备"影响比赛发挥、输掉比赛，是最不能出现的失误。但是每场比赛通常会设置在不同场地环境，所以我也会在不同场景下尝试各式各样的鞋，测试它们轻度、面料、鞋底、鞋底镂空设计、防滑度、黏度各个方面的表现。——斯凯奇是目前我在所有品牌中最适合霹雳舞的鞋，不仅考量了功能性、鞋底、鞋面面料、鞋的轻重度，而且斯凯奇的鞋基本能包容霹雳舞所有的技术风格。

在服装方面，斯凯奇在产品多样性上也做得很好。我认为运动员是充满个性、充满能量的个体，所以也希望合作品牌能够尊重他们这种特质，打造运动员的专属颜色为他们的自信加码。斯凯奇现在每年都会和 BIS 联名推出专属国家代表队的运动套装。从套装的面料材质到剪裁设计版型，能为 B-BOY 们打造出既适合参加比赛，又能作为团队成员出现在相机和屏幕前的形象。

后来你们做出了斯凯奇中国街舞明星队（SKECHERS ALL STAR TEAM）和斯凯奇街舞学院（SKECHERS DANCE ACADEMY）。

为了参加核心比赛，我们成立了一支新的队伍：斯凯奇中国街舞明星队。这支队伍并不是说把中国最厉害的 B-BOY 聚集在一起，而是从中国各个城市寻找最渴望进步、最需要支持的年轻一代 B-BOY 组建了这支队伍。对于这支队伍，我花了很多心思培养这些舞者：不仅是对他们进行技术指导、思想指导，我还开了专门的微信群，大家每天会在群里打卡、发舞蹈视频，也会聊聊生活近况。因为大家一致的目标，我也希望能尽全力帮助他们，在他们自己的努力下向世界性的舞台冲刺。

在此基础上，我们还和斯凯奇联合成立了斯凯奇街舞学院，集结了包括明星队和其他中国最优秀的舞者，到全国各地做免费的舞蹈训练营，希望能为舞者们表达自我提供一个平台，为霹雳舞文化的广泛传播创造途径。

与斯凯奇合作的过程中，您最大的收获是什么？街舞社区最大的收获又是什么？

2019 年"五一"期间，全国有 99 场霹雳舞比赛，也就有 99 个所谓的"霹雳舞全国 / 世界冠军"诞生。但到奥运会这样级别的比赛的时候，你又会发现能拿冠军的人真的很少。现在很多事情都是在消费霹雳舞现有的市场价值。

BIS 作为街舞比赛，本身是一种竞技的形式，但有了斯凯奇的加入，它也可以增强文化普及的效应。BIS 和斯凯奇组建的中国街舞明星队，就是在为年轻舞者们创造更多机会，既为他们提供专业性的扶持，又让他们能亲自走到更广阔的平台上去挑战。

将品牌植入文化，"以商养文"，实际上也是在为文化参与者创造仪式感。BIS 现在能为获胜舞者提供全球最高的奖金数额以及丰富的资源，这种机制能让舞者们感受到自己的付出可以有回报。因此全中国、乃至全世界的 B-BOY 都愿意为了这份荣耀、这份回报去拼搏。

街舞综艺的火爆把街舞推到了更大众的市场，这在一定程度上给予了舞者们更多的机会；同时，膨胀的需求也加剧了文化中鱼龙混杂的程度。您认为，这对嘻哈这样一种原生于街头的亚文化的培育和成长的利弊各是什么？

这些流量级的网综的确是让更多人开始关注街舞，但观众是带着自己的想法去看节目的，即使有很多人愿意去了解街舞，但真正参与街舞的人数也没有很快上升。另一方面，大家可能认为，这些节目能为参加者带来很多曝光、资源、机会，这没有错，但普通人面对突然砸来的机会是会陷入迷茫的，他们没有对自己的爱好、自己的能力、自己的职业有明确的认知，这种情况下机会对他们而言是没有意义的。

重新认识中国老龄化群体

截至 2019 年，中国 60 岁以上老年人口超 2.3 亿，占总人口的 16.7%，是世界上唯一老年人口过 2 亿的国家。

中国 65 岁及以上人口的比例已经从 1980 年的 4.7% 提升到 2018 年的 12%，并将继续提高到 2030 年的 18%、2050 年的 33%。这意味着：中国面临的是深度老龄化社会的挑战，大家不仅仅在变老，而且老龄人口的占比在迅速扩大。而距离那一天的到来仅剩 10 年。

甚至于你可以想象到，30 年以后，2050 年，中国社会 1/3 的人口都将是老龄人口。我们出门碰到的每三个人中间，就会有一个老年人。而那个老年人可能就是我们自己，今天的"90 后"。你发现了吗？在 2020 年展开"美妙图景"时，第一批"70 后"已经 50 岁了。

银发一族，就在身边，却又面目模糊

中国的老龄化群体跨越了多个代际，在 WAVEMAKER 蔚迈的《中国老龄化社会的潜藏价值》的报告中，研究人员"重新"定义和划分老龄化群体，他们是：(1) 一颗创造集体价值的螺丝钉，革命见证者 (出生于 1934—1950 年)；(2) 错失芳华但重启人生，百炼成金的建国一代 (出生于 1951—1963 年)；(3) 经济文化开放的受益者，改革开放新生儿 (出生于 1964—1977 年)。他们以难以捉摸的热忱、踏实认真的生活，参与着当下的时代，继续创造价值的意愿和行动不亚于退休之前。

中国的"老龄化"群体的自我认知中，中年"无限"延长，而对"步入老龄"的心理感知不断延后。随着生命长度的伸展，在人生的第二场，他们更自由、更有底气地去探索生命的无限可能。他们告诉我们，"变老"并不可怕，而是一场值得憧憬和投入的新旅途。

在商业领域，品牌开始意识到老龄化人群对生意的价值越来越大，却在市场营销活动中刻意忽视与这一群体的关联性，避免被打上"品牌老化"的标签。产业的"系统性老龄歧视"是一个广泛存在于全球的问题。

报告显示，中国老龄化市场的商业瓶颈在于没有推动万元亿级消费力的兑现。给得不够——供需严重失衡；给得不对——偏颇的需求认知；给得不均衡——两极化的人群覆盖，这三大局限阻碍了目前中国一到三线城市老龄化群体 6.64 万亿元年消费潜力的释放。

胖鲸关于银发专题的更多深度内容，请移步：https://socialone.cn/tag/%e9%93%b6%e5%8f%91%e4%b8%93%e9%a2%98/

斯凯奇银发产品线

斯凯奇在满足健康和舒适的前提下，也满足了新时代的银发群体对美观的追求。在他们人生的第二段旅途中——舒适、高性价比的 GOWALK 系列就成了他们之中炙手可热的产品。

1. 透气弹力网布包裹鞋面，不用弯腰系鞋带，穿着时鞋面能自然贴合脚面。
2. 双密度 ULTRA GO 缓震大底，并采用 Comfort Pillar Technology 技术，塑造出色的缓震效果，能减缓地面对脚部的冲击力。
3、4. 一脚蹬款式加上后跟提拉孔设计，方便穿着。
5. 采用升级版高回弹鞋垫（Air Cooled Goga Mat），既能减震也具有良好的透气性能，带来柔软舒适的穿着体验。

斯凯奇 | 79

数字化孩童——品牌认知在早期已开始形成

由于多种客观原因,中国市场对孩童(6—15岁)的研究一直进展缓慢,品牌没有办法直观系统地了解这个群体。而与儿童研究落后相对的,却是他们迅速增长的决策力和影响力。不论在产品还是品牌选择上,他们都拥有比以往代际更大的话语权。

在消费决策上拥有较高的话语权

家长在消费决策上,通常鼓励孩子参与决策,并适度进行把关。研究显示,大部分情况孩子都可以影响购买决定。其中,在鞋子、运动产品/设备、服饰、电子数码产品设备都有40%左右是"家长完全不管,孩子想买什么就买什么"的状态;零食饮料和玩具消费上,超过90%的情况孩子拥有决策权和影响力。

对财务掌控力强,通过一次次消费已开始形成品牌认知偏好

报告显示,1—3年级的小学生平均每年拥有956元的零花钱和3727元的压岁钱,4—6年级的小学生,拥有1232元的零花钱和3233元的压岁钱;初中生拥有2535元的零花钱和3383元的压岁钱。他们已经在诸多品类形成了自己品牌库,对很大数量的品牌有认知。有一些初中生告诉研究人员,他们会去网上去看一些进口零食,尝试新的品牌和口味。他们对品牌的认知和理解比之前的代际都要提前,了解品牌的数量和广度也令研究人员惊讶。这群孩童平均知道11.8个饮料品牌、8.1个乳制品品牌、5.9个时尚服饰品牌。

斯凯奇孩童产品线

斯凯奇正是"从孩子的角度开发产品"。通过对数字化孩童的消费观念研究,斯凯奇为他们找到的关键词是"有趣"。尽管他们因为身处信息时代早早地培养出了较为成熟的消费观,但孩童好奇的天性让他们会被一切有趣的事物吸引。另一方面,对父母最关心的安全问题,斯凯奇每年也会对生产线投入大量资金,对新款童鞋进行安全实验。

1. D'Lites 经典款是斯凯奇"亲子同款"产品之一。儿童款和成人款设计几乎完全一致,除了成人款鞋带部分被改为更便于儿童穿脱的"魔术贴+橡筋带"设计。
2. Twinkle Toes 系列采用女童更喜爱的闪钻装饰,同时将鞋带替换为便于穿脱的侧面拉链款式。
3. S Lights 系列更是店内的明星产品。该系列因为鞋面缤纷七彩的图案和内置LED闪灯的可视化立体心形广受女童们的喜爱,同时也因为研发前期50万次闪灯测试、拥有良好缓震回弹性能的厚实鞋垫和轻量EVA鞋底受到家长们的信赖。

孩童成人化,需重视这群定义未来的新新群体

童年是社会产物,其概念起源于文艺复兴时期。阅读是童年与成人世界的分界线,印刷术的出现创造了成人的定义。当童年被区隔开来,学校教育开始认同儿童自身的特殊天性,计划按年龄组织安排教学,童年形态具体起来后,现代家庭形势也逐渐清晰。

尼尔·波兹曼在《童年的消逝》中指出,维护童年的意识依赖于成人信息管理的原则,并有序提供给儿童学习的过程。而对出生便在数字设备和互联网中浸泡的这一代孩童来说,"成人信息管理的原则"正在被逐渐打破。如果你是一个成年人,在过去几年一定在某些场景下发出过这样的感叹:这些小学生/初中生这么小就懂这么多了,跟我们当年真是不一样了。儿童成人化正反映在他们内容消费、服装、兴趣、饮食、性问题、语言等多个方面。

对于品牌来说,值得去思考的地方是——我到底在针对谁去沟通?如果说现在的孩童已经有较为成熟的消费观,懂得平衡自己的生活,很早就找到自己喜欢什么,想要什么,具备良好的辩证思维,同时也拥有较为充足的可支配资金,在某些品类购物决策权高于父母,那么,仍然不把他们当作正儿八经的目标受众(serious audience)的品牌,恐怕是会错过占领未来消费者心智的黄金期。

胖鲸针对数字化孩童报告的解读,请移步:https://socialone.com.cn/wavemaker-digital-children-in-china-whitepaper/。

对话李芷萱与李国强

李芷萱
中国女子马拉松领军人物
李国强
马拉松教练

李芷萱，您能否简单介绍一下您与跑步，与马拉松结缘的过程？

李芷萱： 2017年，我第一次参加了上海马拉松，发现自己能取得不错的成绩，意识到自己可能是有潜力的。所以在那以后，我就转向了马拉松项目，希望自己在针对性训练以后能取得更好的成绩。

李教练觉得李芷萱能够在中国女子马拉松拔得头筹最大的优势在哪里？

李国强： 她身高在一米七左右，体重也比较轻，而且我看过她两次比赛，步幅也很大，本身身体条件是不错的。而且她身上有一股拼劲，日常训练很刻苦，能完成教练布置下去运动量比较大的训练任务。虽然一开始李芷萱是1500米和5000米项目的选手，为了提升体能，她有一次和另一位马拉松选手一起训练，我发现她的心肺功能很好，是马拉松项目的苗子。2016年开始，她就正式转向了马拉松。后来的多次半马全马比赛中，她能够战胜黑人选手，也让我进一步看到了她的潜力。

能否谈谈您特别难忘的一次跑步经历？

李芷萱： 因为以前我是跑1500米和5000米项目，在转向马拉松项目以后，我对自己的能力是有怀疑的。所以每次看到自己在训练中的进步，我都发自肺腑地感到开心。如果是正式参加比赛，我能够跑出比较好的成绩、甚至拿到名次，更会感觉自己的努力、教练的培养、斯凯奇品牌的支持在那一刻有了回报。最难忘的一次经历，应该是我2019年3月参加名古屋女子马拉松跑出了2小时26分15秒的

成绩，我第一次感觉自己离奥运会那么近，在那之前我甚至都没想过奥运会。

作为"90后"的专业跑者，您认为新一辈的跑者在对待跑步的观念、方法和心态上与之前的跑者有何不同？

李芷萱： 平时一直有听到教练跟我们说，他们当年是怎样训练的、对成绩又有着怎样的追求……我觉得他们身上有一股拼劲、冲劲、狠劲，这在我们这代人身上是比较少见的，包括我自己。

作为专业的跑者，你对跑步装备有什么样的建议？

李芷萱： 我自己穿的是斯凯奇给我定制的竞速鞋，都挺好看的。斯凯奇的鞋子最大的特点就是轻，而且鞋底特别耐磨。之前我看到有测评说这款鞋子能走600—800千米，我是很不服气的，因为我之前的一双鞋穿了一年多，起码走过4000千米，还是能继续穿的。

两位是怎样与斯凯奇如何结缘？为什么会选择彼此？

李国强： 大概七八年前，马拉松还没有成绩的时候，斯凯奇就找到了我们，向我们提供运动装备。等到我们开始有一些小成绩了以后，斯凯奇就提出针对高水平运动员的专项培养。从那以后，不论是国内国外比赛，对不在我们训练计划内的比赛斯凯奇也会提供赞助。就是在我们双方多年的合作下，我们能够建立起相互信任的长期合作伙伴关系。

李芷萱： 我对斯凯奇的印象也是，从一开始我就是穿着斯凯奇提供的运动装备

训练的，后来在我训练空余的时候也会去参加斯凯奇线下训练营。我觉得自己和斯凯奇有点相似，因为我正式转向马拉松项目没有很长时间，斯凯奇的竞速鞋产品也不长，我们都处在不断努力进步的过程中。

运动员中，有您视之为"榜样"的人吗？TA身上什么特质或精神打动了你？

李芷萱： 埃鲁德·基普乔格的自律，在我看来是很难有人超越的。大迫杰，在打破日本纪录后决定去非洲训练，在这样的压力下他能做出这个决定让我特别佩服。

许多人聊起跑步，就会想到村上春树的那本《当我谈跑步时我谈些什么》。村上自己也坚持长跑30多年了，每年会参加一次马拉松。有人向他表示钦佩："你真是意志超人啊！"但村上认为，跑步和意志没多大关系。您认为呢？

李芷萱： 我觉得村上的意思可能是，跑步本质和人的思想更相关。跑步的时候人的身体肯定是逐渐疲惫的，如果你的思想也很"累"，那你会感觉越来越累，但如果你的思想是"轻松"，尽管身体很"累"，你也会感受到由内而外的"轻松"。

随着人们对健康意识的提升，越来越多的人正在形成跑步的习惯，有许多App辅助跑者训练，也有各种跑团，您自己会借助这些新的工具，加入这些跑者社群吗？您对"萌新"跑者在提升自己上又有什么建议？

李芷萱： 我知道，但我自己并不会用那些App。我的手表是最简单的、只能看时间的款式，也不会去连上手机App。跑团我也是有听说的，像斯凯奇上海训练营、广州训练营这样的。我对广大跑者的建议是，要找到专业教练先去学习一些专业知识，再找到适合自己的训练方法。不能去盲目追求速度、追求动作，要根据自己的身体状况、力量、节奏找到最适合自己的。

GO RUN系列

2012年，马拉松传奇人物梅伯·柯菲斯基（Meb Keflezighi）穿着第一代GO RUN创造了马拉松史上的里程碑时刻。2019年斯凯奇推出最新一代GO RUN 7：采用"足心着地"M-strike科技，加快每一步前进的速度，同时升级了HYPER BURST轻质中底材质，重量更轻，同时带来更好的缓震及更快的响应回弹效果。2019年，GO RUN 7 Hyper 在《Outside》发布的"2019年夏季买家指南"中被评为"年度最佳路跑装备"。2020年，斯凯奇运动将推出GORUN Speed Elite跑鞋，将是其在跑鞋市场的又一重大突破。

对话张睿妍

**中国市场部及
店铺发展部副总裁**

2008 年斯凯奇正式进入中国，彼时国际品牌已站稳脚跟，中国本土品牌也在崛起，在这个市场环境下，斯凯奇如何向中国消费者沟通差异化的定位？

2008 年斯凯奇刚进入中国时，入驻在诸多鞋履品牌集合的百货公司鞋区。但我们很快发现了问题：一是百货公司的品牌往往定价偏高，再配合商场搞促销活动降价，这和斯凯奇"明码标价"的定价方式明显不一样；二是源于加州的斯凯奇多数鞋履都是适合当地四季如夏的穿着需求，而中国各地有着不同的气候条件，斯凯奇的产品也出现"水土不服"。

因此斯凯奇决定转向零售，并且联泰充分发挥了自己多年来对中国市场的观察的积累，找到了斯凯奇的"差异点"：产品组合和价格段。在斯凯奇丰富产品线的基础上有挑选地进货，同时保证消费者能以不高于国际品牌的价格买到相同品质的产品。三年内，斯凯奇完成了对货品结构和价格的调整，后来又用一年时间对原本大面积的美国模式零售店铺进行了中国本地化。

进入中国市场的 12 年，斯凯奇既享受过高速发展，也经历了瓶颈期。在这个过程中，品牌的定位和发展策略经历过几次怎样的调整？

刚进入中国市场的那段时期，我们将业务重点是放在产品、产品定位、店铺形象这类基础的策略调整。当时，我们更多思考的是：怎么把美国的成功案例带入中国。从产品的挑选到线下店铺的改造，我们会将实际操作中观察到的中国消费者需求反馈给美国总部，有针对性地做出调整。接下来的几年时间，店铺营业额、企业年收入都保持着双位数的增长。

但 2017 年，市场业态发生了变化，斯凯奇陷入了瓶颈期。我们意识到，为了找到新的增长点，必须去到中国更多城市，做业务下沉。因此，我们开始准备开"超级大店"。斯凯奇的商业模式是企业主要负责品牌管理，而店铺运营则通过在主要城市和

进入中国市场比较早的国际品牌通常选择和经销商合作，经销商会再发展下线，但这意味着尽管它们对品牌、产品的主导能力强，但渠道实际掌握在经销商手上。而斯凯奇的经营理念正好相反，斯凯奇主要负责品牌管理，然后选择有丰富零售经验和人脉的专业经销商负责市场开拓和店铺经营。

经销商合作完成；但当需要走到下沉市场，斯凯奇对经销商的选择更加谨慎，挑选成熟的团队、业内经验丰富的经销商作为战略合作伙伴。

从 2012 年的 GOWALK 健步鞋，到 2014 年的 D' Lites 熊猫鞋，现在 2019 年我们目标要开出更多服务整个家庭（for the family）的大店、将更多产品带入中国，通过升级店铺空间提升消费者的体验。

Athleisure（运动休闲）风潮正劲，您如何理解斯凯奇的产品和品牌定位与这一风潮的关系？

斯凯奇本身就是以女性休闲鞋起家的，直到 2012 年才推出第一款轻量运动鞋，而其他很多国际品牌都是传统意义上的运动品牌，后来才向休闲领域拓展。相较于传统运动品牌强调"运动"，斯凯奇提倡的是"健康乐观的生活"和"积极阳光的生活态度"，更多的是鼓励更多人"去运动"就好。不论是从消费群体还是态度都非常贴近运动休闲的理念。

当越来越多的专业运动品牌（拥有运动场上资源和鞋履科技的绝对优势）都在走向运动休闲的竞争场时，您认为斯凯奇制胜的关键在哪里？

相较于通过专业运动、运动精神领袖的方式来吸引消费者，斯凯奇会更"亲民"。我们的理念是成为日常生活的一部分。虽然消费者可能会受到"运动精神领袖"的影响，但在实际选购商品的过程中，大家仍然会考虑到自身消费能力，以及满足不同场景的穿着需求。

斯凯奇广泛的产品线几乎覆盖了老幼年轻人等全年龄层的受众，然而这几个消费者群体差异巨大。从外部来看，店铺的不同形态似乎是品牌形成差异化沟通的主要途径。这样的沟通策略下，斯凯奇如何进一步构建一个整体一致的品牌形象？

2012 年，斯凯奇推出了 GOWALK 健步鞋，也突破性地开始由产品带动销售，到现在也每年保持斯凯奇最畅销的十款鞋之一。但我们内部调研也发现，健步鞋的主要消费人群是看重舒适度的中年群体，而年轻人比起功能性更看重"表达个性"。斯凯奇开始尝试将产品（健步鞋）年轻化，但因为无法满足年轻人个性表达的需求

> **相较于通过专业运动、运动精神领袖的方式来吸引消费者，斯凯奇会更"亲民"。我们的理念是成为日常生活的一部分。虽然消费者可能会受到"运动精神领袖"的影响，但在实际选购商品的过程中，大家仍然会考虑到自身消费能力，以及满足不同场景的穿着需求。**

始终没能成功，直到2014年D'Lites熊猫鞋的推出才改变了这一状况。

这也造成一个很有意思的现象：不同年龄段的消费者进店时就有目标系列。大店就可以给消费者带来更多产品选择，也更能成为品牌有效的沟通渠道，向消费者展示斯凯奇时尚、运动、休闲等多个核心产品线，在场景中传递斯凯奇"comfort for all, all for comfort（舒适自由，自由舒适）"的理念，即产品的多样性能够覆盖全年龄段的所有消费者，所有系列产品也都能保持斯凯奇最出色的"舒适"性。

"以用户为中心"越来越重要，而不少品牌也通过加大自营店投入、积极布局电商等方式，将尽可能多的消费者数据抓在手里，以便更清晰更有效率地理解需求，提供好的产品和服务。作为一个经销商体系十分庞大的企业，斯凯奇如何通过这个体系更准确更快地感知到用户需求的变化，并采取行动？

进入中国市场比较早的国际品牌通常选择和经销商合作，经销商会再发展下线，但这意味着尽管它们对品牌、产品的主导能力强，但渠道实际掌握在经销商手上。而斯凯奇的经营理念正好相反，斯凯奇主要负责品牌管理，然后选择有丰富零售经验和人脉的专业经销商负责市场开拓和店铺经营。

现在斯凯奇自己能够通过天猫获得线上销售数据，但我们相信数据很快会变成公开的信息资源，所以愿意也会和经销商分享这些资源，帮助这些"专业"的人能够及时对运营策略做出调整。

大约10年前，在街舞文化在中国尚未兴起时，斯凯奇就开始在这个领域耕耘。为什么选择这样一个当时还相对小众的文化？如今享受到了哪些成果？

当时我们负责运动推广的同事是一个街舞爱好者。从他那里了解到，街舞，尤其是霹雳舞，是很小众的文化。有很多舞者可能还只是学生，经济并不宽裕，也没有接受过专业的训练，只凭着对街舞的热爱一直在坚持。这些年轻人挺让我敬佩的，其实他们需要的只是跳舞用的一双鞋子，斯凯奇能帮到这些热爱街舞、刻苦练习的年轻人，是一件很有意义的事。

所以我们也一直坚持对街舞文化的投入，从帮助个人，到举办赛事，再到开设斯凯奇街舞学院，后来还去到全国不同城市巡演，不断为舞者们创造表现的平台，推广街舞文化。

这些年体育界也在发生变化，霹雳舞成了2024年巴黎奥运会预备项目，并成立了国家队。这也已经成了我们的一种精神，所以我们也会持续不断地对街舞进行投入，不仅是为他们提供舒适的鞋子、代表形象的队服，可能我们也会从服饰的功能性上去思考如何更好地服务这些舞者。

爱追真人选秀节目的网友评论："我可能追的不是综艺，是斯凯奇的赞助。"这从侧面体现斯凯奇对年轻人热衷的娱乐内容的关注、选择和决策的效率。在考量是否投入某个大型娱乐内容时，您会问合作方哪几个关键问题？斯凯奇的决策流程又是怎样的？

我们应该是服饰品类赞助综艺的先行者。主要考量维度当然逃不开品牌调性和受众族群的一致性。在具体的执行中，我们更看重将产品巧妙地、潜移默化地进入节目内容，将产品特点、品牌基因都在节目内容中演绎出来。

"从营到销"的转化流程我们也很重视，要做到线上线下整合营销。比如我们会同步在线上线下店铺中做了"节目互动""买明星同款"相关活动，取得了很好的效果。

斯凯奇的决策过程在这方面起到很大作用：为了保证节目的丰富度，节目制作导演组会有各种各样的制作需求，时间也比较紧张，我们的决策就发生在中国总部的办公室里。从设计、布料选择到生产，我们能很快给到节目组反馈，节目在播时期的加单、店铺上货，以及品牌如何配合节目进行宣传，都是很重要的事情，我觉得是斯凯奇的决策方式帮助双方最终达到了"1+1>2"的效果。

代言人，也是斯凯奇塑造"积极、健康"品牌形象的重要途径，您认为品牌与代言人的关系、挑选标准、合作方式跟10年前相比，发生了哪些变化？

因为时代的变化，我们选择代言人的方式也发生了变化，从以前考察明星个人履历、粉丝族群，到现在经过大数据调研明星和品牌的吻合度、粉丝的吻合度。现在粉丝的力量很强大，我们在选择代言人上会谨慎对待。在签订明星代言人之前，我们还会和经纪公司沟通，去了解明星未来路线的规划，同时考察经纪公司的团队是否专业，甚至有时候团队的做事方式或者价值观也会影响到我们的合作。

斯凯奇的门店

斯凯奇 | 85

店铺分布
2008 年（进入中国第一年）的
店铺数量 83 家
快速增长阶段那一年
店铺数量的变化
2015 年：超过 1200 家
2020 年的店铺数量超过

2600 家

品牌旗舰店

  2017 年 10 月，斯凯奇在上海外滩开出了全新的品牌旗舰店。新店位于上海时尚新地标"外滩·中央"商场内，毗邻南京东路，地理位置优越。店内一楼以潮流系列鞋服为主要产品，二楼分为 PERFORMANCE 运动功能区域和 LIFESTYLE 生活风尚区域。店铺外观与外滩·中央的整体新古典主义风格一致，店内一楼的设计也以"潮流感"为主要风格，会将品牌最新的消费者互动活动落地在一楼。斯凯奇希望将外滩中央的品牌旗舰店打造成喜爱时尚，追求潮流，热爱生活的年轻人们的"打卡圣地"。

D'Lites 潮流店

2020 年 4 月 30 日，斯凯奇在上海正大广场正式揭幕了全新升级的 D'Lites 潮流店铺，前卫的装修风格与最新的潮流单品，在 100 多平方米的店铺中给予顾客非同一般的购物体验。全新斯凯奇 D'Lites 潮流店使用了大量的金属及玻璃材质，中性色调的现代风格，突出展示产品的同时，更展现斯凯奇不可分割的音乐、街舞等潮流基因，向大家诠释斯凯奇"坐不住的年轻人"的时尚态度。同时还集结了斯凯奇 D'Lites 全线产品以及斯凯奇时尚潮流线的其他产品线和各联名款，满足年轻人的一站式购物体验。在消费者的购物体验方面，斯凯奇全新 D'Lites 潮流店也做了升级——店铺采用后台鞋类库存系统，让消费者获得更多的礼宾服务体验，仪式感满满；店铺还提供独具个性的定制化服务，消费者可以根据个人喜好在服装上添加个性图案，得到一件专属于自己的产品。

LIFESTYLE 生活风尚店

关注到以"时尚、低碳、有机"为主题的可持续生活方式越来越受到年轻消费者的青睐，斯凯奇 LIFESTYLE 生活风尚店，旨在将这种健康可持续、舒适不乏精致的生活方式传递给消费者。通过 LIFESTYLE 生活风尚店，斯凯奇希望能带领消费者体验"生活加减法"：为生活做一点加法，走得比潮流快一点，让潮流的节奏跟在身后；为生活做一点减法，走得比时间慢一点，让时间慢下，尽情享受生活的精彩。

儿童店

2019 年 10 月，斯凯奇最新儿童概念店正式落户上海迪士尼度假区的迪士

1、3、4. 外滩中央旗舰店。
2、5. 正大广场潮流店。

尼小镇。店铺在装修、产品陈列以及购物体验方面都进行了全方位的童趣升级，绚烂多彩、充满童趣的店铺空间与迪士尼的童话氛围共同为孩童们营造了乐园般的购物体验。

2020年5月1日，斯凯奇全国最大的斯凯奇儿童旗舰店在上海正大广场开业，占地约300平方米，拥有超大的购物空间，网罗了斯凯奇全系列单品，更好地向消费者展示斯凯奇别具一格的孩童鞋服产品。斯凯奇孩童系列覆盖1—12岁全年龄段儿童，店铺还根据不同年龄、不同性别、不同场景需求的特点，划分出了IP专区、亲子专区、鞋品专区、服装专区、幼童专区。

在店铺内，斯凯奇还为孩子设置了科技角和阅读角。科技角展示了来自斯凯奇舒适实验室的科技鞋垫——Memory Foam记忆鞋垫，为双脚发现柔软舒适的设计体验，并经过了儿童的测试与认可，Memory Foam记忆鞋垫技术，造就行走云端的舒适体验。在斯凯奇为儿童精心准备的阅读角，让小朋友在与爸爸妈妈购物的同时，还能享受阅读的乐趣，享受卡通带来的快乐，陪伴孩子们一起探寻未知世界，让全家人能够感受到更优质的购物体验。

超级大店

2019年1月，斯凯奇中国首家超级大店在沈阳星摩尔购物广场举行了隆重的开业仪式。斯凯奇沈阳超级大店已成为现在国内面积最大的斯凯奇品牌店铺，店铺面积达到2982平方米。店铺按照产品系列分为四大陈列区：PERFORMANCE运动功能；LIFESTYLE生活风尚；充满童趣的Kids童品区以及最具潮流特色的时尚区。时尚大气的设计和现代感十足的产品陈列方式令视觉效果更为直观且多样性，充分满足了消费者一站式的购物体验。"家庭"概念也是斯凯奇品牌的一个重要组成部分，无论你是热爱潮流范的年轻人，喜爱卡通元素的儿童，或是想为自己的父母长辈添置一款轻便时尚的运动休闲鞋，都能在斯凯奇店铺找到心仪的款式。作为一个"90后"品牌，2008年进入中国市场的斯凯奇在中国仅仅12个年头，品牌旗下丰富的产品线，能满足各种年龄层消费者的不同需求，但其产品的舒适度和精益求精的品质已经在国内赢得了相当庞大的粉丝群。作为一个土生土长的美国品牌，在沈阳开设全中国最大的店铺，是斯凯奇在中国发展的里程碑事件，也足以表现斯凯奇对于中国市场的信心。

1、2. 正大儿童店。
3. 沈阳星摩尔超级大店。

6

宜家

  20世纪90年代中国出现商品房后，人们才开始意识到比起堆积物品，"家"也可以有它自己的"想法"。1998年，宜家的出现为消费者带来了前所未有的家装思路。对于许多中国年轻人来说，宜家的样板间和《宜家家居指南》是他们对"家"最初想象的重要组成部分。

  作为关注品牌营销的独立媒体，胖鲸团队则深深地为宜家品牌冲突带来的魅力着迷。一方面，宜家通过"家具模块化""扁平化包装""DIY""创新组装"保证低价，"Test Lab"确保品质；另一方面，借助"瑞典品牌联想""民主设计""可持续理念"营造品质感与设计感。

  而这一切，又完美承接着"为大众创造更美好的日常生活"的企业愿景。宜家并不将自己定位为家具零售商，而是人们生活解决方案的提供者。这就不难理解宜家为何投入巨大精力制作《宜家居家生活报告》与《宜家家居指南》，前者已成为世界上最全面的居家生活调查项目之一。2020年，宜家则正式推出"一站式全屋设计"服务，这个瑞典品牌离实现自己的愿景又近了一步。

用户眼中的宜家

很多人逛宜家并没有明确的目的性，但却总会被"家"的氛围吸引。

- 宜家，一个让人满脑子想拥有一个家的地方。
- 和男朋友一起逛宜家会让我幸福感爆棚，在这里我仿佛看到一房两人三餐四季。
- 宜家是我感受家居设计美学和温馨生活方式的不二选择。

但或许，宜家是伪装成家居店的餐厅呢。

- 宜家眼中的宜家：大型设计家具卖场；我们眼中的宜家：餐厅+玩具店。
- 逛宜家谁会错过两块一个的冰激凌呢？
- 宜家食堂什么都看起来很好吃！！土豆泥我爱它一辈子！

虽然不是所有人都清楚宜家的"民主设计"，但大家能切实感受到宜家的"低价"和"设计感"，"性价比之王"才不是说说而已。

- 不管是放书、放鞋，还是做厨具架，毕利书柜全都搞定。
- 为了买个放粗粮米粉的密封罐翻遍淘宝，最后还是在宜家发现最合心意的。
- 公示在网站和产品目录中的家具准确尺寸，对于必须按照准确图纸就位家具的人来说可太友好了。
- 法格里克杯子真的厉害，2001年的时候设计就减少了运输成本，这两年又优化了设计、更节省空间了，甚至杯子底部还新增加了一个方便洗碗机的豁口设计。
- 以不变应外变，通过极有限的标化设计排列组合出成千上万种变化，适应五花八门的空间和使用要求，宜家被我视为另一个"老师"。
- 逛卖场的时候偶遇设计师用软件向顾客展示成果，这就是设计吧。

"有意义的低价格"

"为大众创造更美好的日常生活"是宜家的愿景，宜家的经营理念是"提供种类繁多、美观实用、老百姓买得起的家居用品"，这也决定了"有意义的低价格"是宜家产品的基础属性。

先定价，再设计

宜家的产品设计流程很特殊：在设计产品之前，宜家会先为该产品设定比较低的成本及销售价格。在设定好的价格标准下，由设计师、产品开发人员、采购人员等组成的产品研发团队会充分考虑产品从生产到销售的各个环节，最大限度保证产品的精美度和实用性，找到设计方案的最优解。

模块化设计

家具模块化设计是宜家压缩成本的重要手段。宜家花费 30 年时间建立了通用生产标准：宜家的产品都由不同模块组装而成，从螺丝钉到桌腿都有严格的尺寸规定。消费者可以在宜家卖场中自行挑选模块化产品，再回到家中进行拼接。

平板包装

平板包装帮助宜家提高仓库和运输工具的空间利用率、减少家具在储运过程中的损坏率，降低仓储和物流运输的成本。也正是这种包装方式让宜家在全世界范围内进行生产的规模化布局生产成为可能。

TEST lab

为了实现大规模生产，宜家在内部设立了质量部门与产品研发测试实验室（Test Lab）。Test Lab 独立运营，平均每年完成 1.1 万个测试，目的是为了确保测试样品满足产品将销往国家中的最高标准并符合可持续发展理念。测试完成后，质量部门与供应商都会拿到报告，如果测试失败，这个产品就不能进入下一阶段的研发。

与顾客合作

宜家把顾客也看作合作伙伴：顾客通过产品目录和宜家商场获取产品信息，选定产品后到自选仓库提货。因为多数货品采用"平板包装"，顾客可以方便地将商品运回家，再独立组装"模块化设计"的家具。整个过程中，宜家节省了提供导购、提货、运输、组装服务的成本，为顾客带来"低价格"产品的实际优惠。

全球生产及物流体系

宜家的物流体系以这样的方式运转：供应商将各种产品由世界各地运抵宜家各个中央仓库暂时存放，再从中央仓库分别运往各个商场进行销售。宜家选择供应商最根本的两个准则是发展战略匹配（strategy fit）以及严格的合规要求。除此之外，根据产品运抵中央仓库的成本、每个地区的潜在销售量，以及生产能力、产品质量等方面因素的综合考量，宜家会倾向选择总体成本最低的供应商作为合作伙伴。针对中国地区，宜家实施了"零售选择计划"：本地宜家商场指定畅销产品型号，交由中国的供货商进行生产，完成后直接运往卖场进行销售，大大降低了原来的远距离运输成本。

为大众提供更美好的家

①

《宜家居家生活报告》与《宜家家居指南》

制作过程

《宜家居家生活报告》是宜家每年在某个主题下，针对世界各地人们的家庭生活开展的研究。为了获得对市场趋势的全面了解，宜家是这样执行这项年度调研的：

正式研究开始前，通过行业研究结果和专家访谈预测行业趋势，覆盖社会学、心理学、文科、神经科学和设计等领域；

2019年度报告涉及的全球35个国家/地区、超过

33500

名受访者

与瑞典商业情报机构United Minds合作开展线上调查，采集的样本从2014年度报告涉及的全球8个城市的8292名受访者拓展到2019年度报告涉及的全球35个国家/地区、超过33500名受访者；

2017年宜家就用超过12周的时间和

18

位"家居先锋"展开讨论

深入当地家庭实地取材，从2014年走访8个城市的8个家庭到2019年用超过75个小时的时间深度走访上海、孟买、伦敦、纽约、阿姆斯特丹五个标志城市中的家庭；

2019年用超过

75

个小时的时间深度走访上海、孟买、伦敦、纽约、阿姆斯特丹五个标志城市中的家庭

开展"家居先锋"研讨会，2017年宜家就用超过12周的时间和18位"家居先锋"展开讨论，2019年已经将会议次数增加到2次；

通过社交媒体平台在6周的时间内让8个城市超过

150

名居民参与了线上讨论

2019年，宜家还建立起安全的线上社区，通过社交媒体平台在6周的时间内让8个城市超过150名居民参与了线上讨论，了解真实的社会声音。

《宜家居家生活报告》已成为世界上最全面的居家生活调查项目之一。这份报告也帮助宜家更深入了解全球正在发生的变化（从气候变化到城镇化的兴起），以及这些因素正在如何影响世界各地的居家生活。

《宜家居家生活报告》主要分为两个部分：分享研究和调研的结果，以及结合调研数据带来的行业新洞察，而后者则会延伸成为当年《宜家家居指南》的主题。

主题变迁

2015
体验时刻 (Tasting the Moments)
人们自然而然地被厨房吸引，所以厨房也被称为家庭的心脏。宜家通过研究发现，人们愈发关注食品的兴趣不仅是一种趋势，更在深层地影响着每个人的生活。人们开始关注如何更可持续地生活，怎么吃更健康，怎么把浪费降到最低——人们希望自己选择的生活方式能有益于人类，有益于这个星球。

2017
避开纷争 (Beating the Battles)
居家生活并不总是那么容易。一起生活的人、拥有的物品、享有的空间或居住的社区，都可能成为沮丧的原因。宜家研究表明，无论住在哪里或者如何生活，人们都会面临同样的整理压力，也会由此引发争吵。尽管科技给生活带来了便利，人们却更难在家中获得心灵慰藉。

2019
隐私的力量 (The Power of Privacy)
在当今世界，隐私必不可少，但有时却让人觉得无法得到。在文化发展的同时，我们对居家生活中隐私的期望和体验也在不断发展。宜家的研究表明，隐私不仅仅是一种情感需求，对很多人来说，在家拥有隐私是一种权利。拥有隐私往往与环境有关——我们居住的地方、与我们一起生活的人以及我们在家扮演的角色，这些都是造成隐私落差的因素。

2014
觉醒的世界 (A World Wakes Up)
每个人的早晨是从卧室和浴室开始。宜家的研究表明，前一晚的优质睡眠，以及第二天早晨的出门准备简单轻松，那么人们会因为这样平静的早晨为新一天的行程做好更充分的准备。因此，如何用灵感与想法帮助人们改善睡眠、简化准备过程，成为唤醒每一天的重要因素。

2016
探索居家生活 (What Makes a Home)
"家"是宜家永恒的研究主体。虽然世界各地的家看起来各不相同，但其实它们有很多共同之处。宜家的研究表明，在描述"家"的时候，"可用的空间、家庭的位置、家里的东西以及一起生活的人"已经成为人们最常提及的四个要素。人们正在用这四个要素揭示身份、定义关系、重塑感官，人们对"家"的需求也比以前更灵活。

2018
在家之外 (A New Era of Life at Home)
家不仅仅是一个地方，还是一种感觉。宜家通过研究发现，人们有着与家有关的五种情感需求：隐私、安全、舒适、所有权和归属感。实体的家正在发生变化，人们因为单纯在家中无法满足需求，开始在家之外的空间寻求答案。"家"的界限正在变得模糊，人们的日常生活也正在发生变化。

《宜家家居指南》

2015
每一天，从这里开始
(Where the everyday begins and ends)

2016
从细微处感受生活
(It's the little things that matter)

2017
为每个人设计
(Designed for people, not consumers)

2018
给家更多可能
(Make room for life)

2019
满足家居生活中的不同需求
(Celebrating different needs)

2020
开启一场卧室革命
(Join the sleep movement)

宜家 | 93

②

宜家餐饮

餐饮一直是宜家很重要的战略板块。从第一家宜家卖场开始,"餐饮"这个概念就被引入了。我们未来品牌提名过程中,不少用户都提及了宜家的餐厅和瑞典食品。

究其根源,离不开宜家"为大众创造更美好的日常生活"的企业愿景。在宜家看来,人们买家具并不是因为需要家具,而是因为人们要用家具来搭建"家"这个精神归宿,所以宜家也在源源不断为消费者提供家居解决方案。

"生活"也因此成为宜家发展的核心概念,而食品作为"生活"主题下绕不开的话题,越来越多地被赋予了解压方式、聚会要素的意义。"食品"渗透着宜家对生活的理念,也是宜家向顾客传递生活体验文化的重要板块。

和家居产品一样,宜家餐饮也遵循着"民主设计"理念:

"1元冰激凌"、十几元的"瑞典肉圆套餐"一下子将宜家的"低价"打入了中国消费者心中。实际上,宜家其实并不需要将冰激凌定价为"1元"来带动流量("3元"应该也能收获很多流量),但宜家在全球各个市场都坚持以当地货币的"1元"作为基准定价冰激凌,因为冰激凌已经成为宜家的代表产品,核心代表着宜家"民主理念"5个要素中的"低价"。

无论宜家卖场开到哪座城市,卖场里的餐厅永远是爆满的,因此如何增多餐厅位置数量也一直是宜家开设新卖场时需要考量为问题之一。

宜家对食品材料保持有严格的安全标准、可追溯性;对咖啡豆、肉类都设有可追溯机制,进行产品认证,也持续关注咖啡豆种植者的生活环境,从而保证品牌的可持续发展。

③

宜家商业板块的长期聚焦

宜家相信打造更美好日常生活的核心就在于提供与大多数人相关并能应用于家中的简单秘诀。宜家希望为大多数人日常生活中可能面临的挑战提供解决方案。宜家创始人英格瓦·坎普拉德提出了宜家的长期优先事项，作为开发宜家产品以及创建、展示和交流家居解决方案时的重点领域。它们代表了三个聚焦领域：小空间生活、与孩子一起生活、整理收纳你的生活。

1. 小空间生活
以小空间为前提的生活条件下人们通常希望将他们所有的空间最大化利用起来。空间面积也许很小，但是人们的需求和愿望可以很大。宜家希望帮助人们无论预算多少，都能把小空间（Small Space）变成一个巧妙使用的空间（Smart Space）。

2. 与孩子一起生活
宜家认为家是世界上最重要的地方，孩子是世界上最重要的人。与孩子一起生活的家庭，人们家居的需求会围绕着孩子，并会随着孩子的成长而有所变化。他们都需要一个健康安全的家。

3. 整理收纳你的生活
你有没有经历过心爱的袜子凑不成一双？在家里，寻找、隐藏和整理东西是最常见的问题之一。宜家希望帮助每个人都能打造一个整洁有序的家。也许是通过一些如何整理袜子的小技巧，也许是通过一些存放和收纳物品的创意。毕竟，你的美好一天也许始于看到镜子里赏心悦目的自己——当然也得是穿着心爱的袜子出门的自己。

---

④

一站式全屋设计

常有顾客说："我脑海里有一个理想的家，却不知道怎么实现它。"

在家居搭配和设计上，顾客存在着各种难点和痛点，而宜家的全屋设计服务，就旨在由专业的家居设计师和顾问为顾客在家装过程中扫清各种障碍和后顾之忧。通过全屋设计服务，宜家为顾客提供家居风格设计、空间设计、全屋收纳解决方案、窗帘及灯光氛围设计以及厨房定制设计，也希望用贯穿始终的民主设计理念向更多人传达"生活可以更美好"的生活态度。

与此同时，越来越多人，尤其是年轻一代的消费者对于个性在家中的呈现也有着越来越高的要求。宜家不仅满足于将顾客的需求与供应商的能力联系起来，打造出能够让人们的日常生活更美好的解决方案，更希望在全屋设计的模式下，通过一对一的沟通与定制，更进一步地将解决方案个性化，让每一位顾客的家都能充分体现自己的个性与梦想。

宜家 | 95

民主设计

"为大众创造更美好的日常生活"是宜家的企业愿景,"民主设计"理念是宣传这一愿景的重要工具。除此之外,宜家的营销策略、运营方式都是"民主设计"战略的组成部分。宜家将"民主"的理念渗透进产业链的每一个环节,如从卖场设计到物流配送的"人性化"体验式营销方式。"民主设计"不仅仅是针对产品的设计理念,更是一种"民主设计"的生态体系,在理念的驱动下构建宜家商业体系,再将理念传递到全世界。

设计理念变迁

2013年,宜家的财报第一次提出了"民主设计"理念——为每个人而设计。我们认为优秀的设计应该是美观、实用、优质、可持续和低价的完美结合。我们称之为"民主设计",因为我们相信卓越的家居用品是人人都应享有的。

美观是指每个产品外形的美,也是"家"的美好感觉能延伸到整个生活。宜家每年都会拜访世界各地的家庭,了解人们梦想拥有的居家生活。宜家在探索人们从起床到出门的晨间习惯,到围绕食物展开的生活文化的过程中,用"民主设计"理念引领适应当代的生活方式。

功能不只是每个产品的使用方式,也是这些产品让日常生活更便捷、更有意义。宜家用打造孩子的玩乐空间、合理利用小空间、增加收纳储物功能等家居解决方案,"为大众创造更美好的日常生活"。

优质通常意味着产品使用周期长。人们的生活和饮食方式发生了变化,宜家希望升级换代后的"IKEA 365+"能够继续满足人们"在任何情况下都能够用它们盛放任何种类的食物"的设计初衷——这也是"优质"的另一种解法,普适的产品能给消费者带来"耐用"的体验感。

可持续是指宜家以有益于地球的方式经营。宜家在产品设计过程中使用尽可能多的可再生和回收材料,使用可再生能源,以更少的资源生产更多产品,不断改进提供服务的方式,减少运营产生的废弃物。同时,宜家也利用产品向消费者倡导健康、可持续的生活方式。

宜家在整个产品生产过程中采取多种手段保证**低价**:在产品设计阶段,产品研发团队会和当地工厂的技术专家沟通;生产产品时,宜家创新了"模块化设计"和"平板包装"方法;同时,宜家还和供应商、顾客合作,优化产品运输方式。

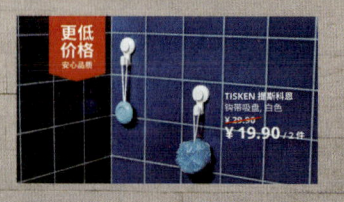

FUNCTION SUSTAINABILITY

QUALITY FORM

LOW PRICE

民主设计日

自 2013 年起,宜家每年都定期举办"民主设计日"。活动当天,宜家会公布来年的重要新品和未来的合作计划,参与者还能在会上率先了解即将上市的系列和产品——"民主设计日"成为宜家集中展示"民主设计"理念的窗口。

2015 食物

"一切从食物开始"是 2015 年"民主设计日"的主题。人们的生活方式发生了变化:"饮食"不仅局限于餐厅,更可能发生在家中任何一个地方,而"厨房"成了家庭互动沟通的重要场景。为了给顾客在烹饪和就餐时带来更好的体验,宜家推出了新"IKEA 365+"系列餐具和玻璃器皿,同时也邀请参会者一起思考解决"食物残渣"的方案。

2016 空间

2016 年宜家的关注重点是为顾客在有限的面积中创造出更大"空间"。不论是独自居住还是家庭合住,在"家"这个空间中人们过着普通的生活。尤其是"客厅",这是人们一天之中停留最长时间的区域。宜家因此推出了从家具到配饰的一系列全新产品,为居住在各种房型中的顾客创造更大的"生活空间"。

2017 趣味

针对年轻人对家居生活的需求变化,宜家 2017 年"民主设计日"到处都是令人意想不到、新奇的设计:有和休闲服饰设计师 Chris Stamp 携手打造的"SPÄNST 斯班特"系列,将轻松休闲的街头文化和体育运动融入家居生活;也有和时尚达人 Bea Åkerlund 联名的"OMEDELBAR 乌米德巴"系列,在宜家风格中融入哥特风情和魅惑元素,让人能轻松面对生活、体验生活乐趣。

2018 可持续

2018 年宜家"民主设计日"将重点放在了"可持续"。宜家公布了三大合作项目:和社会企业 Little Sun 合作,提高对还没用上电的人口的关注,探索可再生能源和离网供电的解决方式;和工业设计师 Stefan Diez 合作,改进传统办公空间,重新定义"更好的工作环境";和 adidas 合作,了解人们在日常工作、生活、运动中的真正需求,探寻生活空间和运动的联系,帮助人们养成更健康的生活方式。

2019 家的构成

2019 年的"民主设计日",宜家希望重塑"家的构成",让声音、气味、图案进入日常生活:宜家和 Sonos 携手推出"SYMFONISK 希姆弗斯"书架和台灯音箱,让人们通过家中的声音和光线营造温暖的氛围;宜家与瑞典香氛品牌 Byredo 携手推出 13 种香味,探索气味对"家"的意义;宜家还携手英国新浪潮设计师 Zandra Rhodes,将全球各地丰富多样的图案文化按照季节纳入家居生活中。

宜家卖场

地理位置

门店选址对零售业来说至关重要。但和传统零售业希望占据城市繁华地段不同，宜家选择将家具卖场开在郊外——这种选址策略和宜家售卖的产品种类"家居用品"密切相关。宜家为商场配备了宽敞的停车场和配套设施，鼓励消费者开车前来商场购物，方便他们将商品"自提"回家。

但随着"新零售"行业的兴起，宜家也在逐步转型：宜家决定在"距离消费者更近"的城市中心开设小型店。2019年3月，第一家宜家小型店在纽约上东区开业。除了选址，小型店的选品也会更贴近周边客群的工作、生活、购物需求。2020年7月，宜家中国第一家小型商场也在上海静安开业。宜家计划在2021年以前，在全球主要城市开设30家小型店。

购物路线

进入宜家商场后，地板上有箭头指引顾客按最佳顺序逛完整个商场。主通道旁边是开放式的展示区，展示区深度不会超过4米，以保证顾客不会走太长的距离。展示区顺序根据顾客习惯制定，以客厅、饭厅、工作室、卧室、厨房、儿童用品和餐厅的顺序排列，有利于向消费者呈现完整的装饰效果。

"样板间"

"样板间"是宜家独特的产品展示形式。为了让顾客获得更深刻真实的购物体验，宜家将各种产品进行组合，设计出不同风格的"样板间"。以普通家庭居室为背景进行产品展示，生动地展现出宜家产品的实际效果。

"价格标签"

在宜家商场内随处可见"价格标签"，这些标签有着明确的分类：白色价签标注产品信息、价格和打折信息；黄色价签，配有粗体黑色标价，强调低价的信息。

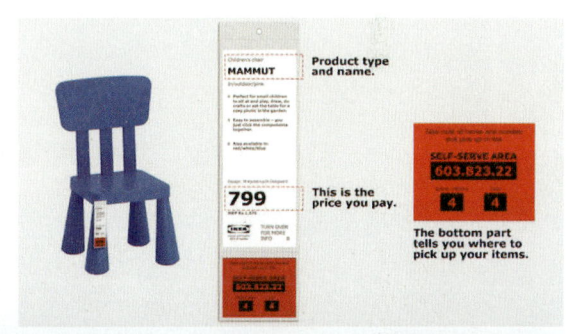

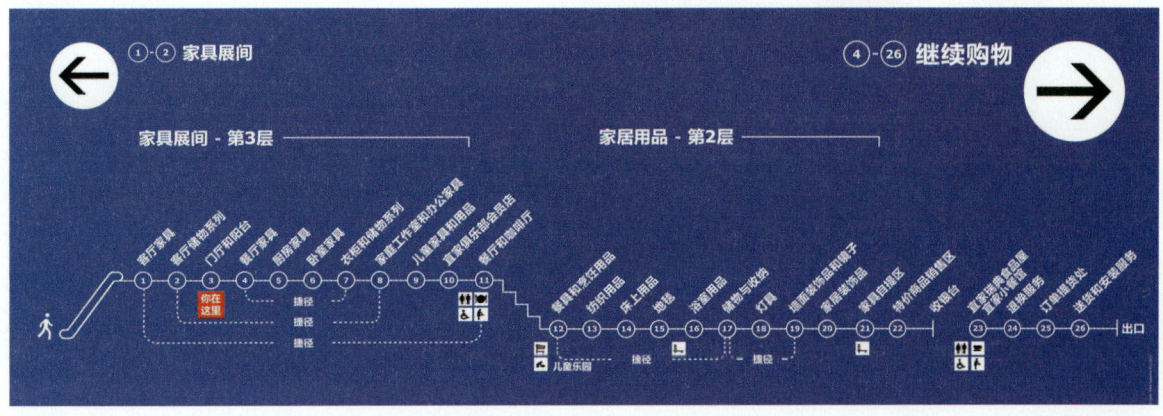

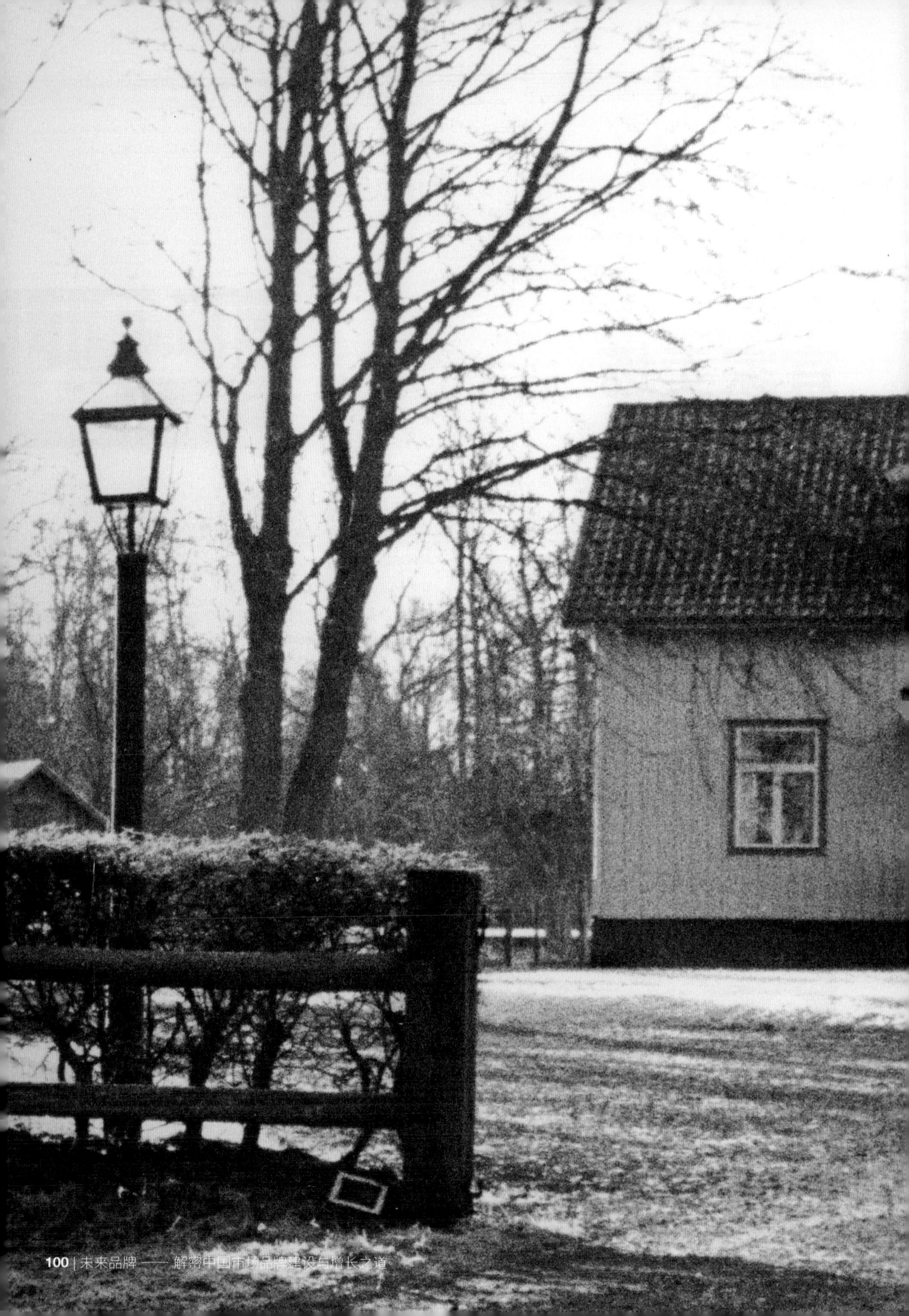

品牌故事

宜家的故事始于 1926 年。Ingvar Kamprad 出生在瑞典南部城市 Småland，在 Agunnaryd 村庄附近的"Elmtaryd"农场长大。还是小孩子的 Ingvar Kamprad 就发现自己可以在 Stockholm 以低廉的价格大批量地购买火柴，再以很低的价格单个出售火柴，获利颇丰。在他 17 岁那年，父亲因为学业奖励了他一笔钱，他就用这笔钱成立了自己的公司——IKEA，取自 Ingvar Kamprad、Elmtaryd、Agunnaryd 的 4 个首字母。今天，宜家已经发展成为一个在全世界 40 个国家或地区拥有商场的大型零售企业。2018 年，宜家零售业务的销售额达到 403 亿欧元，宜家商场访问量达到 9.57 亿人次，在全球范围内雇用超过 20 万名员工。

品牌理念：低价、高质

宜家的"低价格"策略贯穿从产品设计到卖场管理的整个过程：模块化设计方式、不断创新的生产原料和技术、密切合作的供应厂商、扁平化包装、鼓励顾客亲自提货动手组装、全球化产业布局都是宜家"低价格"策略中不可或缺的要素。

另一方面，宜家始终强调产品"高品质"。在低价的前提下，宜家拥有一批优秀的设计师保证产品的实用性和耐用性。作为源于北欧的家具品牌，宜家在设计产品时使用的颜色、材料以及营造出的空间感向消费者展现以"简约、清新、自然"为特点的北欧设计风格。实用主义和现代风格的结合，让宜家的品牌仿佛与精致生活、小资情调联系在一起，在消费者眼中也成了"高品质"的代名词。

宜家餐厅也将"低价格"和"高质量"两个冲突性理念巧妙融合在一起。宜家餐厅以提供著名的低价冰激凌和热狗出名，同时餐厅又提供品类丰富的经典瑞典美食，将宜家"源于瑞典"的品牌身份以潜移默化的方式深刻到消费者脑海中。

> 设计一张可能价格为 1000 美元的办公桌对设计师来说是容易的，但要设计出功能强大且价格为 50 美元的办公桌只有最好的设计师才能做到。把高价当作所有问题的解决办法是平庸的标志。
> ——Ingvar Kamprad

品经过分类，被条理清晰地罗列在目录册中，便于消费者在种类繁多的产品中有针对性地查找；这样一本涵盖所有产品的手册也有效降低了宜家本来需要对单个产品分别传播的成本，提高了传播效率。

为了争夺目标顾客，宜家和主要竞争企业都打起了"价格战"。在不断压低降低价格的同时，家具的质量成了影响消费者决策的潜在因素。1953 年，宜家因此决定在阿姆霍特开设家具展间，将低价产品的功能和质量直观展示给消费者。这种做法在当时以邮购为主的家具行业是一种创新：顾客第一次能够在定购家具之前看到、触摸到这些产品，也会更倾向于选择"物有所值"的宜家产品。

面向大众的低价家具

1951 年，法国提出"舒曼计划"，和多个西欧国家在巴黎共同签署《欧洲煤钢共同体条约》，也就是《巴黎条约》。欧洲煤钢共同体是后来欧共体也是现在欧盟的雏形，《巴黎条约》也真正开启了欧洲一体化，标志着西欧经济合作开始。与此同时，瑞典也进入了经济高速发展的时期，城市不断扩大并向郊区辐射发展。在 1946—1966 年，政府关闭了 5 万个农场，又建造了 100 万套公寓，用来安置那些离开土地的人。这些人购买力不高，但迫切需要廉价的家居用品。

Ingvar Kamprad 看到了这一群体的需求和市场潜力，决定专注于家具行业。当年，他制作出第一本宜家目录册，也就是现在《宜家产品手册》和《宜家家居指南》的雏形。宜家的各个产

重新定位产品，并走向全球

家具展间为宜家引来大批消费者，但同时也遭到了竞争企业的联合抵制。为了避开和其他企业的正面竞争，宜家开始重新思考产品定位：在保持低价的同时，与众不同的、有独特风格的产品能够脱颖而出——宜家决定自己进行家具设计。

同时，宜家的供应商迫于行业压力，集体停止向宜家供货，宜家不得不向国外寻找原材料供应商——这也成为宜家构建全球供应链的契机。但像家具这样大件商品运输成本高昂，而且容易损坏成了新的问题。1956 年，宜家在运输 LÖVET 拉维德桌子前，卸下桌腿再装入运输车中，缩小了整个家具的包装体积，也避免在运输的过程中受到损坏。宜家的"平板包装"和"DIY 组装"理念应运而生，大大降低了全球范围的物流成本。

1. 《2018年信息和数据》插图。
2. 《宜家家居指南》第1期。
3. 第一间宜家家居展厅。
4. 宜家2018年在马德里市中心新开的两家小型商场之一。
5. 新版宜家家居官网和"IKEA宜家家居"App。
6. LÖVET 拉维德桌子。

宜家也开始拓展自己的业务范围：1958年，第一个宜家商场在瑞典阿姆霍特开业；1965年，Kungens Kurva商场在瑞典斯德哥尔摩开业，这家31000平方米的旗舰店也是最大的宜家商场。因为开设线下门店，宜家需要服务的顾客数量明显增加，相应也需要更多员工来处理业务。出于控制成本的角度，宜家决定开放仓库，让顾客自提货物——这也催生了宜家"自助式提货仓库"和"零售卖场"的概念。

1963年，宜家在挪威奥斯陆开办了商场，这是宜家在瑞典以外开办的第一家商场，从此宜家开始了它的全球扩张之路。

转型：离消费者更近

宜家体系主要由两家公司构成，简单来说，一家是负责运营全球宜家商场的Ingka Group（原IKEA Group），另外一家是拥有宜家这个品牌的Inter IKEA。过去，Ingka Group实际上掌管着包括品牌管理、产品开发、供应链以及零售业务在内的所有职能，形成了以主要零售渠道的需求优先的经营思路，也让宜家成为消费者"寻找家居灵感"的首要选择。

但随着电子商务的飞速发展以及购物中心的出现，无论在线上还是线下，宜家与消费者之间的距离越来越远。对于宜家来说，当务之急便是改变依赖单一渠道的经营模式，实现渠道的多元化，重新与消费者建立连接。为了实现这一目标，Ingka Group在2016年将负责产品开发和供应链的主要子公司出售给宜家内务系统公司Inter IKEA，由此Ingka Group转变为单纯的零售商。这一变化意味着宜家的品牌管理、供应链、产品开发与零售业务成功剥离开来，有利于开发新渠道，也打开了宜家与外界合作的可能性。

在对组织架构进行调整后，宜家制定了新的渠道策略，在保持郊区大型卖场为基本战略的基础上，逐步提高线下门店以及线上平台的可达性。宜家正在全球许多城市不断推出小型门店，这些门店会根据所覆盖社区宜家顾客的实际需求以及家庭状况，有重点地提供产品以及服务。同时，这些门店也增加了对"宜家购物助手"小程序、互动体验大屏等数字化工具的运用。为了更好地处理线上订单、加强线上供应以及优化配送服务，宜家对原有的仓库进行了改造，建立起用于处理线上订单的分销中心，还在2017年收购了互联网家政服务平台TaskRabbit，为消费者提供送货上门及家具组装等服务。

同时，为了延续宜家线下购物的体验感和趣味性，宜家在中国选择与微信展开合作：2018年8月底，宜家推出了"IKEA宜家家居快闪店"小程序，在9个月的时间内不定期以主题套装的形式进行产品售卖尝试；在小程序结束运营后，消费者仍然可以通过"宜家俱乐部"公众号进入品牌自营的网上商城购买产品。为了"在2018—2022年期间完成转型"，宜家在2020年加快了中国电商业务的全面部署，"宜家家居"于3月10日正式入驻天猫，"IKEA宜家家居"App也在同一天于各大平台上线，中国地区官网也进行了全面更新。

从组织架构到以渠道，以及数字化作为发展重点，宜家正在循序渐进地开展转型。因为企业由内而生的变革之力，已经开始改变的宜家也定会在未来走得更为稳健。

> 美观的产品为什么只有少数人能享受？一定可以设法以实惠的价格为大众提供设计精巧、功能实用的产品。
> ——Ingvar Kamprad

胖鲸关于宜家转型的深度解析，请移步：https://socialone.com.cn/ikea-trend-2019/。

对话张丽娜

能否简单地介绍一下自己以及在宜家所负责的工作内容？

我现在主要负责宜家中国的商业板块，涉及的业务包括：销售、市场营销、家居零售方向设计（家居陈列及灵感展间、线上线下购物体验设计）、宜家餐饮、线上线下商业战略整合（宜家App、天猫、小程序等线上渠道与线下渠道的整合）、顾客关系（顾客服务、宜家俱乐部等）。宜家中国在线下已进入25个城市，线上覆盖227个城市，商业板块所负责的各个业务方向也会在这些市场里不断推进。

宜家是一个拥有75年历史的全球性家具品牌，也在全世界不同市场走过了不同的经济周期。企业不变的是什么？

宜家品牌历经多时期多市场的检验，仍能深受消费者喜爱，离不开宜家在创立初期就确定的品牌底层商业逻辑：关注大众对"家"的需求，兼顾有意义的低价（高性价比）、丰富的功能、美观的设计，优质的质量和可持续发展。不论消费者行为、家居行业如何变化，消费者对"家"的根本需求都是不变的。

另一方面，宜家一直以来都在深度耕耘线下沉浸式消费体验。宜家对消费者的了解和认知并不是单纯地从零售端出发，而是实现一个从"家"到"家"的循环。从最初设计产品时通过家访了解人在家居生活中的需求，到最后通过宜家产品和解决方案回到家中帮助人们实现他们的需求——宜家在"家"的真实场景下探索用户的真实需求，从而打造出"体验式"的销售模式。

宜家拥有自有卖场的优势，顾客可以在宜家的线下商场里获得关于家的多

宜家中国商业副总裁

种体验，这些体验并不是单纯的停留在试用和购买产品层面。家居生活场景的营造，宜家餐饮和儿童乐园这些体验让宜家商场能成为和亲朋好友出门聚会时的一个好选择。随着宜家线上渠道的发展，我们希望未来消费者可以从各个渠道中获得有关"家"方方面面的丰富体验，甚至包括食品——宜家的"从家到家的闭环式商业体"与现在新零售趋势所追求的商业逻辑本质上是一致的。

从1998年首家宜家商场落户上海开始，宜家进入中国已有22年了。这22年间，宜家在中国的战略有过哪几次重要的调整和转型？

在过去20年间，宜家肯定是做出过很多改变，但如果说到战略层面的转型，应该就是宜家在2018年8月份发布的"未来+"战略。这是宜家在中国市场中的第一次大跨步转型，既涉及企业层面的战略规划、扩张计划、组织架构调整，也从消费者层面对线上线下渠道进行全面升级。

触发这次转型的是什么？

世界在快速变化。科技和数字化正在塑造全新的顾客体验。中国是世界上最先进、最复杂的零售市场之一。它实际上是一个由数百万位各具个性的消费者组成的全渠道的零售市场。顾客对体验有很高的期望。受到顾客行为的启发，线上和线下商业板块的打通、融合成为新的趋势，这也成为宜家开启战略转型的重要因素。我们开始思考如何将用户的体验发挥到极致，为习惯于手机端购物的中国消费者打通线上线下消费场景。

线上板块所能承载的体验丰富程度跟线下差别还是很大，而后者其实是宜家非常具有竞争力的场域。如何在用户迁移到线上后持续保持体验的优势？

这是一个很好的问题。首先在家居行业，我不认为纯线上会替代线下的消费，将来一定是线上线下融合的模式。顾客的决策是在线上线下交互的过程发生的，通过品牌构建的全方位、全感官的体验，顾客在被触动心灵后会自然地和品牌建立联系。在这样的逻辑下，宜家会以线下经验结合线上新技术的方式搭建出属于未来的体验模式。

其次我认为当下中国线上销售模式是会优化更新的。在过去比较长的一段时间里，中国的线上零售销售模式主要以单品卖货模式为主，即平台以搜索为主要功能搭建，用户根据需求进行搜索，在同类产品间进行比价，完成消费。在流量红利消失的背景下，线上零售模式也的确在优化更新中，比如从"从流量红利转向内容红利"，通过内容在品牌和顾客间建立起情感纽带。顾客也会回归到思考生活的本质，探寻自己对生活、对文化的需求。

而这就是宜家沉浸式消费体验的逻辑。在宜家的线下卖场，顾客从未有"买床""买衣柜"这样明确的消费目标，但逛宜家卖场依然可以为顾客带来美好的精神体验——宜家在卖场中为消费者构建了"家"的梦想，因此很多年轻人、情侣都会经常去逛宜家，在那里规划他们的未来生活。

在全球市场，品牌冲突（品质与低价的兼容）是宜家的品牌魅力之一，可在中国，宜家一度被消费者认知为"高端品牌"，这对当时的宜家有何影响？宜家随后做出了哪些应对和调整？

在宜家刚刚进入中国的那个时期，这种认知差异可以说是每个外国品牌，尤其是欧美品牌在进入中国市场时会面临的情况。

在过去的认知中，"家"是储物的地方；20世纪90年代后中国出现了商品房，人

们才开始意识到比起堆积物品，"家"也应该有空间感。但当时的中国市场缺少这方面的资源，导致室内装修不是千篇一律就是各种元素的杂乱堆砌。这时宜家的出现为消费者带来了前所未有的家装思路，这种感官冲击也自然地给消费者留下了"高端品牌"的印象。

同时，因为刚刚进入中国这个新市场，宜家还没能建立起本土供应链，大部分商品仍然主要依靠进口，也因此变相用"高价"给消费者留下了"高端品牌"的印象。但这种品牌定位并非宜家的真实想法，只是时代的特殊性赋予的。因此宜家在中国发展初期将力量集中到如何将品牌定位到"亲民"，成为"为大众（for the many）"，而不是"为少数人（for a few）"。

为了扭转这种认知差异，宜家做出了很多改变：比如为了改变当时以欧美家居为主的呈现方式，宜家选择通过走访中国本地家庭深入了解用户需求。现在宜家产品设计师、展间设计师、卖场设计师每年的重要工作仍然是走进当地家庭去亲自体验。

另一个重要改变就是宜家通过优化供应链的各个环节，将产品价格降下来。宜家有一系列的经典产品，毕利书柜、波昂椅子、拉克桌子……对比这些产品 1998 年刚进入中国的售价，现在的定价比当时有着明显的下降。因为宜家在中国市场加强了供应链布局，将原来在欧洲的产业链搬到了中国，为顾客剔除了运费、关税等附加价格。

尽管宜家尽其所能为消费者压低了价格，但曾经的中国消费者一度对"中国制造"没有信心，导致宜家因为这种本地化供应链的措施而失去"民心"。随着越来越多"大牌"选择在中国设厂，中国消费者不再盲目迷信"进口产品"，开始将注意力放在产品本身，更关注产品的质量、设计、价格——这种思考方式的转变，正体现了包括宜家在内多数企业所遵循的底层商业逻辑。

宜家最近升级了"一站式全屋设计服务"，您自身对 IKEA Design 有怎样的理解？

之前在宜家后台也常常收到"我和宜家之间就差了一个设计师"这样的留言：就算买回全套宜家产品，仍然在家里还原不出宜家样板间的感觉。

尽管我本人不是设计师，但从事相关工作这么长时间后，我对"IKEA Design"也有了点自己的心得：我们常说的宜家风从一开始就被定义为要清晰地展现出产品的宜家特性，并把瑞典文化的根源融入其中。因此宜家所有产品系列的开发、陈列，宜家展间设计都是宜家风的体现。宜家风并不是某种单一的风格，它的构成涉及色彩、材质、氛围、温度等很多元素。宜家常说美是商业的关键。"宜家风"的设计和搭配是具备一定美学基础的，也因此促成了宜家通过设计服务帮助消费者获得完整"宜家风"的家装体验。

尽管现在市面上出现了很多"全屋定制"，但这些服务仍然将重点放在传统的"空间利用""家具尺寸"上面。而宜家希望通过"全屋设计服务"带给消费者的是包括风格、空间、氛围等元素在内

> **在过去比较长的一段时间里，中国的线上零售销售模式主要以单品卖货模式为主，即平台以搜索为主要功能搭建，用户根据需求进行搜索，在同类产品间进行比价，完成消费。**

的整体的个性化设计方案。无论是对设计美学的期待，还是对家的功能性需求，都能通过宜家全屋设计服务得到满足。

在中国，依托于电商平台高速发展的新零售变革比其他国家地区都要来得更猛烈些，不少国际品牌在中国都会意识到一件事："中国市场需要有一套自己的'操作系统'。"2018 年，宜家也宣布转型，宜家中国数字创新中心在上海成立，这个近 200 人的团队，聚焦于 3D 设计服务、移动端解决方案、App 设计与开发、社交媒体、大数据应用、店内客体验等。如今时间过半，请分别谈谈不同领域宜家取得的成果，以及这些成果背后经历了怎样的挑战和抉择过程。

在数字化方面，宜家致力于在各个渠道触点为消费者提供同样优质的购物体验，这包括了运用数字化工具简化线下的购物体验，以及打造更生动便捷的线上购物体验。

在简化线下体验方面，有很多顾客在购买衣柜或者电视柜这样的系统化的复杂家具的时候会有很多困惑，不知道自己应该如何搭配选择。2019 年数字创新中心和宜家零售共同开发了两款数字化工具提升了顾客的线下体验。以增强现实技术为核心的 BESTÅ 贝达设计工具可以通过几块小"积木"的排列组合，让顾客直接在屏幕上看到自己的电视柜组合方案，简单直观地通过摆放"积木"位置调整自己想要的电视柜组合。基于 AI 的 PAX 帕克思设计工具通过了解顾客的喜好和生活习惯为顾客匹配推荐适合他们的衣柜方案。

衣柜和电视柜数字化工具的研发立足宜家产品组合丰富的特点，深度挖掘线下场景的潜力。数字创新团队通过和宜家零售有多年销售经验和设计经验的同事组合跨部门合作的小组，密切合作，化繁为简，将其多年的销售和设计经验融入算法当中，通过大胆猜想，快速试错，小步迭代，不断验证的方式迅速将产品落地。

线上方面，我们刚刚发布了支持购物的宜家 APP，为顾客提供了一个新的与宜家互动并且享受宜家产品和灵感的渠道。

2019 年 9 月，我们还上线了全新的宜家会员中心，覆盖微信小程序端和电脑端。顾客可以便捷地注册成为宜家会员，同时会员中心还整合了多项功能，如：自助查询线上线下的消费记录，领取及使用优惠券，参加网络课堂、预约线下活动及设计服务等，为顾客提供更友好的使用体验。

宜家联名

宜家的联名遵循一个原则：通过联名的产品为寻常的生活提供不寻常的解决方案，而非只为了噱头。

IKEA × HAY

宜家携手丹麦设计公司 HAY 共同打造了"YPPERLIG（伊波利）"系列。该系列选材多样，色彩丰富，且运用了独特的生产技术，包含众多能够满足现代人需求和期望的基本日常用品，充分体现了合作的力量。

Hay 的创始人梅特（Mette）和罗尔夫（Rolf）希望联名系列"产品精巧却低调，品质恒久且愈年精美"。在宜家和 HAY 双方创造力和经验的融合下，打造出了"YPPERLIG"系列——以瑞典语里"优秀"一词命名。

对宜家而言，"这个系列帮助宜家探索了新的材料和生产技术，以获得新颖的创新方式能够实现理想最终产品。"而对 Hay 来说，Hay 在创立阶段也收到宜家设计理念的影响，但此次合作给予 Hay 能在宜家严格把控的供应链和扁平化包装的框架下尝试创新设计的机会，也让 Hay 更直接地感受到：简洁高效的宜家供应链保证了有设计感的宜家产品能兼顾低价。

YPPERLIG 系列除了包括各种家居产品，还对宜家标志性的蓝黄 Frakta 包进行了重新设计。"这是最著名和最常用的宜家产品之一，但没人会把它作为设计对象。在这次联名中，Frakta 包的尺寸被保留下来，但对包的图案和颜色进行了更新。"新款 Frakta 包以白色和绿色纤维编织而成，还配上了绿色的背带，拥有着森林般的生机感。

IKEA × STAMPD

宜家与常驻洛杉矶的时尚设计师 Chris Stamp 携手打造了"SPÄNST 斯班特"系列。该系列从街头时尚和充满活力的生活方式获取灵感,其中包括家具、配饰和储物产品,可以用来在家中存放、展示和收纳一些最爱的物品。

比起和品牌联名创造出庞大的产品,宜家在 2017 年决定以"对居家生活的热情(passion for life at home)"为主题,着眼于简化人们家中收纳系统。因此,宜家第一次和街头品牌联手:宜家寻求联名背后的想法是重新思考更年轻、更有"美商"的消费者会如何在家中整理衣柜和配饰;STAMPD 则希望能通过能让顾客们为家中收纳衣服和鞋履的方式感到自豪。

不论是 STAMPD 的 Louisville Sluggers 还是宜家的 Tchotchke 系列,产品设计理念都是:比起将物品从视线中遮挡起来,用简洁的收纳方式更好地为家中空间注入能量。STAMPD 品牌创始人 Chris Stamp 认为:"时尚和家具是完全不同的东西,但创作过程可能相似的。无论在哪种形式下,设计都可以是解决问题的正确方式。"

从网状衣柜和衣服架、到简约衣架和透明鞋盒,SPÄNST 的每一件产品都能成为顾客在家中表达自我的"工具",其中一款鞋架更是本季代表产品,既能放鞋子也能搁滑板,多酷啊!

IKEA × OFF-WHITE

"MARKERAD（玛克拉德）"系列由宜家与世界知名设计师 Virgil Abloh 共同打造，对时钟、椅子等日常用品进行了创新，赋予它们独树一帜的风格。这一系列旨在帮助人们打造独具个性的家居环境。

如果说 STAMPD 开创了宜家与街头品牌合作的契机，那宜家和 Off-white 创始人 Virgil Abloh 的这次合作就是吸引最多目光的一次联名。因为对双方擅长领域的"充满好奇心"，也愿意尝试做出改变，宜家和 Abloh 以 MARKERAD 联名的方式探索如何以低成本改造千禧一代的居住空间。

"他们（千禧一代）一直在父母的庇护下长大。现在他们终于要离开原生家庭、设计属于自己的空间，而我们正在思考如何将信息传递给他们。"对 Virgil Abloh 来说，"宜家为新思想、新概念提供了广阔的创造土壤，这也为习惯于挑战的他创造了机遇。作为跨越几代人的品牌，Abloh 相信宜家已经形成了自己的品牌内核，所以 MARKERAD 是在"在保留品牌 DNA 的基础上用新方式创造新产品"。

MARKERAD 中多数产品都以经典的宜家家具为蓝本，但经过细微的讽刺细节的修饰，尤其是街头品牌常用的文字口号。印有"SCULPTURE"字样的、牛皮纸材质的 Frakta 包，写着"WET GRASS"的草绿色地毯，都似乎成了精美的艺术品。Abloh 对 MARKERAD 抱有这样的期望："我期待看到这些日常物品进入到人们家中，能够为他们增加'收藏'的情感价值。"

科颜氏

　　不论是可持续发展品牌基因，还是引领"先试后买""口碑营销""注重体验"的理念，看似简单"低调"的科颜氏，在诸多领域都走在前沿。

　　可持续发展议题在最近几年日渐被重视，而科颜氏第二代创始人 Aaron Morse 先生很早就提出："一家有价值的公司或企业，其存在的意义与价值不仅是获取盈利，更重要的是坚持回馈社会，为这个世界带去一份善举。"

　　环境保护是科颜氏自 1851 年创立以来便志在投入的三大慈善领域之一，更重要的是，科颜氏知道如何将品牌的可持续发展形象有效地传达给消费者，至简的绿色包装一直以来就是重要表现，科颜氏通过宣传和讲述方式，重塑了人们对于高端品牌包装的认知。2017 年，科颜氏在中国与天猫平台合作，加入绿色包裹计划，成为所有高端美妆中第一个采用电商无塑化物流的品牌。

用户眼中的科颜氏

科颜氏亚马逊白泥净肤面膜
用户们钟爱的是白泥的功效。
- 敷一会白头就浮出来了,用了几次后黑头明显少多了。
- 适合为皮肤做减法,清洁效果一流,方便清洗。

科颜氏金盏花植萃爽肤水
功效、外观和味道都是金盏花爽肤水受欢迎的原因。
功效
- 每年春天都皮肤不平,今年用了有改善,摸着脸光滑了。
- 黑头几乎看不到,肤色也变白不少。
- 即便是对于头发刷过去都会起小疹的易敏人群,也不会过敏。

外观
- 花瓣好可爱。

味道
- 香甜的感觉可以喝一样。

科颜氏安白瓶焕白精华液
明显功效与使用感受是用户对安白瓶最大的印象。
功效
- 效果良心,痘印比以前淡了好多。
- 用过别的淡斑精华都几乎无效果,直到入了这款,眉心那两颗陈年痘印才真的快消失。

使用
- 滴管式的,使用方便,往痘印上滴两滴抹开就好了。

科颜氏高保湿霜
高保湿霜对肌肤的滋润和呵护得到消费者的广泛认可。
- 吸收得很快,而且吸收完脸摸起来是非常水嫩的感觉。
- 脸上不会反光。
- 适合夏天晚上吹空调的时候涂,绝对不怕脸干。

科颜氏牛油果眼霜
牛油果眼霜的滋润和消肿效果被人们公认。
- 推开之后会反光,可见多滋润。
- 熬夜涂,对眼部消肿有奇效,第二天起床之后眼睛不会肿。

科颜氏氨基椰香洗发啫喱
椰香啫喱也因功效被人们喜爱。
- 用过之后头发顺了很多,而且不那么乱糟糟、毛毛的了。
- 对于毛糙缺水、烫染损伤的头发有效果。

"天然成分"宣称成为美容产品的重要趋势

环保成为全球议题，精致健康的品质生活成为人们的追求，以纯天然/有机为概念的护肤品成为行业趋势。第一财经商业数据中心与东方美谷、如新中国于2019年11月联合发布的《2019东方美谷蓝皮书（化妆品行业）》报告显示：以植物草本原料为核心的天然系护肤品是中国化妆品行业的第一大趋势，天然原料护肤品的线上消费占比逐年增长。

随着消费者对主打"天然""活性""健康"化妆品的关注和追求，"草本养颜"的护肤新理念日益受到追捧，以生物制剂、生物活性提取物、天然植物添加剂作为化妆品原料的技术变革已经成为护肤品研发的重要领域之一。

山茶花
减少皱纹生成/抗敏消炎/美白保湿

植村秀
新琥珀臻萃洁颜油

金缕梅
保湿嫩白/舒缓收敛/抗菌镇静/改善龟裂、晒伤、粉刺/提升肌肤夜间的再生能力

碧欧泉
净肤细致爽肤水

植村秀
金缕梅海洋深层水

理肤泉
痘痘清爽肤水

甘菊
消炎止痒/安抚修护/洁净醒肤/舒缓抗敏

兰蔻
纯净控油抗老化啫喱

碧欧泉
新智慧净白控酶精华

矢车菊
增强毛细血管的抵抗力，治疗皮炎，抑制皮肤过敏/消除自由基，抗氧化，抑制黑色素细胞生成，美白祛斑，缓解衰老

圣芙兰
有机温和花草卸妆水矢车菊卸妆洁肤液

橙花
刺激微循环，促进肌肤再生/促进脂肪分解，减少油脂渗入

圣芙兰
有机橙花水

圣罗兰
弹润丰盈面霜

花卉

科颜氏 | 111

咖啡果
抗氧化 / 抵御紫外线 / 减少自由基对皮肤的伤害 / 血管收缩剂

碧欧泉
绿薄荷眼霜

欧莱雅
复颜抗皱紧致滋润眼霜

葡萄籽
美白祛斑 / 强抗氧化能力（是维他命 E 的 50 倍）/ 延缓老化 / 预防动脉硬化

巴黎欧莱雅
清润葡萄籽水乳护肤品

蜂蜜
使皮肤细腻红润 / 延缓皮肤细胞衰老 / 减轻皱纹

赫莲娜
悦活新生修护精华露

植村秀
晶萃溢采系列

圣芙兰
至尊蜂蜜营养净肤露

石榴
富含矿物质，以及红石榴多酚和花青两大抗氧化成份 / 迅速补充肌肤所失水份，令肤质更为明亮柔润

欧莱雅
清润红石榴鲜粹面膜

橄榄
缓和皮肤过敏 / 消除自由基，促进胶原蛋白的合成 / 抗氧化，预防皱纹，减缓衰老 / 保湿 / 促进毛发生长

修丽可
植萃舒缓修护精华面膜

生姜
抑制皮肤癣菌 / 增强皮肤活性 / 抗氧化抗衰老 / 促进头发生长 / 保湿和抑制臭味

修丽可
海洋菁萃保湿霜

果实

112 | 未来品牌 —— 解密中国市场品牌建设与增长之道

仙人掌
滋养皮肤／清除、抑制自由基／美白

圣罗兰
夜皇后精华

熊果
美白祛斑／保湿柔软／祛皱消炎／抑制酪氨酸酶的活性，阻断黑色素的形成

修丽可
色修精华

积雪草
促进真皮层中胶原蛋白的形成／紧致表皮与真皮连接部分／解决皮肤松弛现象／使皮肤光滑有弹性

科颜氏
积雪草修复霜

欧莱雅
复原积雪草系列

芦荟
滋润皮肤，刺激性少，用后舒适／改善皮肤粗糙、面部皱纹、疤痕、雀斑、痤疮等

卡尼尔
天然保湿芦荟洁面凝胶

绿茶
有效成分茶多酚具抗氧化作用／帮助肌肤对抗细菌／消除炎症

欧莱雅
绿茶精粹洗护系列

卡尼尔
绿茶保湿平衡镇定祛痘面膜

植村秀
绿茶新肌洁颜油

海藻
富含寡肽（生长因子EGF）／可促进破损皮肤的愈合和新生

碧欧泉
活泉润透卸妆乳

碧欧泉
蓝源系列

草本植物

科颜氏 | 113

科颜氏与天然成分

自 1851 年创立至今，科颜氏秉承药房起家的严谨态度，全心专注于产品研发以及有效成分的运用，为顾客提供护肤、护发全面解决方案。科颜氏不以植物的外形、颜色为选择依据，而仅挑选对身体肌肤有用的成分制造产品。同时，科颜氏产品尽量保持原料的本真气味与颜色，尽量避免添加如人工色素与人工香料等对功效没有意义的额外成分，保证能够被肌肤无负担地吸收。一直以来，科颜氏传承着这样"匠心"精神，推出无数备受推崇的明星单品。

亚马逊白泥——

科颜氏亚马逊白泥净肤面膜

作为独家净肤成分之一的亚马逊白泥，富含 5 种天然矿物盐，更因途经最丰富生物物种的雨林，成为最富含矿物质和微量元素的白泥；其中含有的丰富矿物微量元素的电解质，能够调理油脂分泌，帮助肌肤水油平衡。不仅如此，经 6400 千米流域冲刷以及千年的沉淀的亚马逊白泥也因此形成了规整而呈多孔层状的分子结构，其超强的吸附力可以轻松吸附毛孔中的多余油脂及黑头闭口。

金盏花 —— 科颜氏金盏花爽肤水

金盏花爽肤水被用于舒缓肌肤、调理肤质。自 20 世纪 60 年代诞生以来就风靡全球，瓶中的花朵都是真实而完整的，并通过手工采摘和手工放入瓶中。

金盏花与生俱来的药用价值极为丰富，含有丰富的矿物质磷和维生素 C 等，所以，它也是功效强大的药草，能治疗皮肤的疾病及创伤，具有消炎、杀菌抗霉、收敛、防溃烂的效果，并减轻晒伤、烧烫伤带来的不适等，促进肌肤的清洁柔软。

在科颜氏的金盏花田中，工人们会在八月日晒最充分的时段将金盏花摘下。这些金盏花在种植过程中没有使用过杀虫剂，其上娇嫩的花瓣全经手工摘取和自然风干。这些花瓣在科颜氏的手中被缓慢地融入芦荟基底中，并开始慢慢融化，花瓣本身的植物精粹随时间释出，将整罐爽肤水浸染成金黄色。在加工完毕后，花座与花梗被送回科颜氏金盏花田，并被撒入土中，回归自然。

橄榄——科颜氏高保湿霜

科颜氏高保湿霜中蕴含橄榄提取物"Squalane（角鲨烷）"，是和冰川保护蛋白并列高保湿霜中的最佳秘密武器。

鲨鱼甘油中的角鲨烷于1906年被发现，不仅能修复破损的天然皮脂膜，还能加速其他活性成分向皮肤中渗透，一直以来被广泛应用于护肤品配方中。如今，科颜氏为了避免鲨鱼惨遭屠戮，已从橄榄中发现可提取的植物角鲨烷，使提取过程更天然无害。

白桦、牡丹根、甜橙——科颜氏新集焕白均衡亮肤淡斑精华液

主要成分1：玻色因（白桦菁萃）

作为欧莱雅专利成分——玻色因萃取自欧洲白桦木，系一种糖蛋白聚合物，可帮助其他有效成分吸收的作用；可以促进玻尿酸分泌，修护皮肤细胞活性；促进连接表皮层与真皮层胶原蛋白生成。
实验表明，玻色因可令肌肤光泽度、下垂度、细纹得到改善，胶原蛋白的纤维含量也得到增加。有效修护肌底及屏障脆弱的肌肤，防止黑色素聚集，加速色斑淡化，让肌肤水润透亮、净透肌肤。

主要成分2：牡丹根提取物

牡丹根皮提取物能抑制细胞内O2-自由基产生，能使皮肤增白，将皮肤中沉积色素还原褪色、中药中的抗氧化剂，保护肌肤免受自由基侵害，加倍抑制黑色素生成，肌肤净透无瑕。

主要成分3：透明维C

透明维C（Activated-C：3-o-乙基抗坏血酸）是维生素C的衍生物，在保留维生素C生物活性的同时具有更好的稳定性和渗透性。它可以卓效抑制黑色素细胞活性并刺激胶原蛋白生成，同时具有明确的抗氧化作用。使用蕴含透明维C护肤产品，能够安心温和地提亮肤色，改善肌肤暗沉黄气。持续使用，对色素沉着（黑色痘印、色斑）也有明显的淡化效果。

牛油果 —— 科颜氏牛油果眼霜

牛油果树果脂是一种天然油脂，具有保湿功效，可以使肌肤恢复柔嫩，改善干性肌肤外观。

樟脑、薄荷醇 —— 科颜氏蓝色草本净肤水

樟脑涂于皮肤有温和的刺激及防腐作用，轻涂可产生类似薄荷的清凉感，有止痛止痒及局部轻度的麻醉作用，可明显促进烟酰胺对皮肤的渗透，并与薄荷醇有协同作用。

薄荷醇为薄荷叶和茎中提的提取物，能够起到清凉止痒的作用，能瞬间收缩毛孔，带给肌肤清凉舒爽感受。

椰子油 —— 科颜氏氨基椰香洗发啫喱

椰子油对头发的作用是，保护头发及保持头发水分，椰子油可帮助保持头发强壮，对抗真菌，保护头皮免受头皮屑和虱子困扰，椰子油含有的维生素E、维生素K和铁为头发提供营养来源，用椰子油按摩头皮，可刺激头部血液循环。

116 | 未来品牌 —— 解密中国市场品牌建设与增长之道

品牌故事

从纽约一间名为"科颜氏"的传统店铺,到风靡全球的护肤潮牌,诞生于1851年的科颜氏,在横跨三个世纪的发展历程中始终延续着世代传承的优良品质,凭借其在医药与护肤领域的独到经验,成长为享誉世界的肌肤和头发护理品牌。

1851年,梨树角上,从社区药房起家的百年老店

1851年,一棵被誉为"纽约最年长的生命"的梨树竖立在纽约曼哈顿第三大岛和第十三街街角。它不仅见证了美国自南北战争以来的风风雨雨,也见证了毗邻的科颜氏旗舰店近170年来的发展历程。

那一年,科颜氏作为社区药房在梨树角落地生根,其所有者约翰·科颜(John Kiehl)先生作为药剂师,根据不同情况为纽约客调配相应的治疗精油及由自然成分提炼制成的药膏。药膏十分有效,通过口耳相传,很快科颜氏的好口碑就不胫而走,名扬整个纽约东区。

70年后的1921年,俄裔犹太学徒欧文·摩斯(Irving Morse)买下并继承了店铺,保留了"科颜氏"的老字号,将其发展为家族企业。毕业于哥伦比亚大学药理学专业的他积极拓展业务,发展了包含药品、草药、精油、蜂蜜等各类商品,并且开始售卖第一批贴着科颜氏标签的产品——以药典配方为基础,使用植物萃取成分,用药剂师常用的避光有色玻璃瓶做包装。欧文·摩斯先生不仅延续了"对症

下药"地为每一位客户调制或推荐个性化产品的药房传统，还在每个产品上附加了产品成分、功效、使用方法等信息。产品信息透明化使用户对所接触的商品更加了解和放心。除此之外，他还邀请顾客们对感兴趣的产品进行试用，以便找到最适合之选，对产品益处的体验使顾客对于购买行为更加坚定。欧文·摩斯先生无疑是具有商业化头脑的：他不仅懂得为自有产品贴上品牌标签，使科颜氏的产品走出社区，获得更大知名度，还深谙"赋能顾客""先给予再收获"的道理。

又过了40年，欧文·摩斯先生将店铺交给了儿子艾伦·摩斯（Aaron Morse）。同样毕业于哥伦比亚医学院的艾伦将摩斯家族的医药传统和"一切从客户体验出发"的理念传承下来并发扬光大。他成立了一家制药公司——摩斯实验室，这家公司在当时是美国最早的青霉素生产商和独家供应商之一。坐落在韦弗利广场的摩斯实验室为治疗辐射烧伤开发了一款特别的芦荟霜，并在一些重大科学配方的研发中都发挥了重要的作用，如第一例氟化物疗法，这也进一步奠定了科颜氏专业性的根基。

后来，科颜氏也开始联合医药专业人士，利用最前沿的科技萃取草本植物中的天然、温和成分，持续开发卓效产品。金盏花爽肤水、蓝色草本净肤水、科颜氏1号润唇膏等今日仍旧畅销的经典产品都诞生于这一时期。

除了产品方面，艾伦·摩斯先生在各个细节用心呵护顾客在店铺中的体验，他期望所有踏进第三大道科颜氏店里的人都能享受游览店铺的时光。有一次，他发现一对夫妻进入科颜氏店里时，男士似乎对于美容产品提不起兴趣。于是，他决定在店中展出自己心爱的收藏——哈雷古董摩托车，使男士也能获得游览店铺的乐趣。不仅如此，艾伦·摩斯还考虑到了儿童，他将简易的医学书籍、社区照片摆放在店铺中取悦小孩子们，甚至引发孩子们对于医学的兴趣。作为一家摆放着人体骨骼模型和哈雷古董摩托车的"药妆店"，科颜氏的独一无二不断吸引着人们到店一探究竟。当人们走进店铺，墙上的照片又在述说科颜氏作为社区药房的历史、艾伦·摩斯在第二次世界大战中做飞行员的经历、摩斯实验室所做出的卓越贡献等故事，引

对页：当年的科颜氏旗舰店
1. 科颜氏医药团队。
2. 飞机模型代表着艾伦·摩斯先生曾为第二次世界大战飞行员的经历。
3. 摩斯家族第三代传人——佳美·摩斯和丈夫克劳斯·基德格尔。

人入胜，充满乐趣。摆放着的收藏品的展示从 1978 年一直延续到 1990 年。到今天，哈雷摩托车和骨头先生成为科颜氏的标志性物品。而营造有趣的店铺环境，为顾客打造沉浸式体验的巧思一直沿袭至今。

艾伦·摩斯先生不仅为传统草药注入现代科研的力量，创造了高品质有功效的化妆品，研发了对社会意义重大的药品；同时他还敏锐捕捉人们的需求，提供具有人性温度的客户服务体验。艾伦·摩斯在科颜氏立下了典范，奠定了品牌服务哲学的根基，让后人有所遵循，直到 1995 年去世之前，他都是科颜氏最热忱的品牌顾问。

1989 年，艾伦·摩斯先生的女儿佳美·摩斯（Jami Morse Heidegger）出任科颜氏董事长及总裁，与丈夫克劳斯·基德格尔（Klaus Heidegger）在忠于科颜氏传统理念的同时，继续发展和扩张产品线。毕业于哈佛大学的佳美不仅是一位前滑雪选手，还曾经是奥地利国家滑雪队以及其他欧洲滑雪选手和奥林匹克运动员的健身教练。热爱运动、对美丽有着持续追求的她也为科颜氏烙上了属于自己的印记。接手科颜氏后，佳美与作为前奥地利世界杯滑雪冠军的丈夫携手，为运动爱好者研发了全方位运动产品线，研制了可以在极寒或者酷热等严苛的环境中保护探索者皮肤的产品。

同时，她也醉心公益，希望将美好生活带给更多的人。1997 年，科颜氏推出手部护理特别版产品，开启了慈善项目与产品发布并行的先河。从那时开始，科颜氏每年都会联合名人推出限量版产品，并将部分产品的销售利润用于支持公益组织，包含儿童关爱、环境保护以及艾滋防护三个方向，将企业对每一位个体客户的呵护扩大为对社会的回馈。在佳美的带领下，远在"企业社会责任"这个词被行业讨论之前，回馈社会便成了科颜氏长久以来的使命。

传统草本与现代医药科技相结合的产品、人性化的客户体验、创造美好生活的品牌理念、回馈社会的责任感，这些宝贵的资产，通过一代代人的传承与添砖加瓦，最终塑造了今天的科颜氏。

科颜氏 | 119

被欧莱雅收购，从纽约走向世界，以差异化定位与创新营销建立口碑

科颜氏在佳美的带领下受到越来越多人的喜爱，直到某一天，佳美发现科颜氏的体量已经不足以为日渐庞大的用户群体提供始终如一的服务了。一直坚持家族运营的佳美，经过深思熟虑之后，还是决定将科颜氏交给更加懂得商业化运作的美妆界巨头欧莱雅集团。被欧莱雅收购后，科颜氏于2001年在旧金山成立了第二家专卖店，之后逐渐进军欧亚大陆，开启了国际化道路。

科颜氏进入新市场后的定位从性价比之选向高端品牌偏移：其在欧亚市场上的产品定价比在美国本土高出约1/3。但这并不妨碍科颜氏广受欢迎。从2009到2014年，进入中国短短5年时间中，科颜氏的在华社交影响力一度排名第四，紧跟雅诗兰黛、巴黎欧莱雅、迪奥等大牌。

这样的成功与其差异化的品牌定位和品牌形象、精准且创意性的市场营销策略息息相关。进入中国市场时，欧莱雅没有将科颜氏归在包括薇姿、理肤泉的活性健康化妆品部，而是将其与兰蔻、阿玛尼、植村秀、赫莲娜等分在高端化妆品部门。

巧妙的安排侧面展现了科颜氏的品牌定位：面向"80后""90后"等年轻群体的高性价比的高档护肤品牌。

明确消费群体后，科颜氏通过前期调研挖掘用户需求，有针对性地推出主打清洁控油的产品。在品牌建设方面，科颜氏通过不请代言人、只邀请明星参加慈善活动或者艺术联名的方式发布新品，善用网络意见领袖，通过口碑影响用户心智。同时，人体骨骼、白大褂制服、药房柜台化的产品陈列等元素和方式为科颜氏的专柜与门店营造了独特的、区别于千篇一律的传统大牌的品牌形象，让人耳目一新。科颜氏虽然2009年才进入中国市场，但在短短五年内高速发展，于2015年跻身全品类十大品牌。

积极调整，加大营销投入、铺设线上渠道，以最好的姿态去消费者所在的地方

然而，2015—2016年，科颜氏遭遇了一个相对的瓶颈期，原因在于，一方面，在当时的中国，流量经济和粉丝经济愈演愈烈，品牌们纷纷请当红小生代言，借粉丝力量拉动销售。只做口碑宣传的科颜氏不可避免地受一些影响，被流量挤占营销空间；另一方面，彼时正值电商蓬勃发展时期，百货商场受到挑战，越来越多的人选择在淘宝以及天猫商城购物，但由于当时线上商家还未统一市场规范化，科颜氏对开辟线上销售渠道持谨慎态度。

在此背景下，科颜氏积极转变，做出了营销策略和营销渠道两方面的调整。一方面，科颜氏开始有原则地选择与品牌价值观相符的明星合作，并配合举办高质量的线下活动比如科颜氏咖啡馆与地球实验室，使科颜氏再次走进人们的视野，并加深群众对科颜氏"天然、专业"的品牌形象的认知。另一方面，科颜氏积极铺设和运营线上渠道，不只是简单入驻天猫商城（2017年4月），科颜氏在线上也力求呵护用户的品牌体验。这首先表现在，科颜氏将线上和线下数据打通，比对和分析不同渠道消费者信息，了解不同渠道的消费者偏好、需求等信息，有的放矢地进行精细化运营。其次，科颜氏与阿里合作描摹了四种用户画像，并以之为依据投其所好，为不同类型用户打造相应的包装风格。积极调整之后的科颜氏复归高速增长态势。

以"差异化定位、个性化的品牌形象以及针对性的创意口碑营销"为剑，科颜氏得以在短短几年内成功打开新兴中国市场，创造了销量及消费者口碑方面的上升奇迹。当受到流量的冲击，科颜氏顺应时代发展潮流，在保留科颜氏品牌本身的精神、理念、风格和温度的前提下，做出营销策略与销售渠道两个层面的积极调整。保持传统也与时俱进，科颜氏坚持着以人为本的品牌内核，以回馈社会为己任，从容迎接着一个又一个百年。

对页：哈雷古董摩托车。
本页：照片墙述说着科颜氏作为百年老店的悠久历史。

医药世家

创始人约翰·科颜
19世纪的药剂师，根据需要为纽约客调配药水及其他由自然成分提炼而成的药膏。因产品功效显著，科颜氏逐渐在社区中建立起口碑。

欧文·摩斯
1921年，毕业于哥伦比亚大学药理学专业的犹太学徒欧文买下了科颜氏的药房。他不仅将药房业务拓展至茶叶、药草、精油、蜂蜜等商品，还开始售卖第一批贴着科颜氏标签的产品——风格上以药典上的配方为基础，使用植物萃取成分，用药剂师常用的避光有色玻璃瓶做包装。

艾伦·摩斯
欧文的儿子艾伦自小于店里长大，同样毕业于哥伦比亚大学药理学专业。他不仅将草本与医药相结合的优良传统传承下来，不断开发各类高效美容品，丰富科颜氏的服务范围，更是运用自己的专业知识为社会做贡献。
第二次世界大战期间，他曾作为美国战机飞行员，在新墨西哥驻扎期间发现了美洲的第一种氟化物疗法。接管科颜氏之后，他建立摩斯实验室致力于医药研究。

摩斯实验室（Morse Laboratories）
摩斯实验室研发了至今仍被广泛使用的抗菌素——青霉素、用于治疗二战士兵辐射烧伤的特效芦荟霜，引领了对抗结核病的化学成分仪器的研制。
为表彰科颜氏团队对社会做出的卓越贡献及对研发高品质产品的执着追求，截至2016年，唯一由美国政府资助的博物馆机构史密森学会将117件科颜氏产品和配方收录为永久典藏。
2003年11月12日，纽约市长更发布官方声明，将这一天定为"科颜氏日"，自此，科颜氏也成了全球第一个拥有自己节日的美容品牌。

科颜氏 × 哥伦比亚／哈佛医学院
科颜氏摩斯家族先后两代传人都毕业于哥伦比亚大学药理学院，这也使得科颜氏在与哥伦比亚大学，哈佛大学医学院等业内顶尖科研力量的合作顺理成章。凭借专业医师团队深入而广泛的行业经验，科颜氏不仅在第一时间获悉消费者最关注的皮肤问题，同时也把握最新的研发科技，及时提出各种皮肤问题的解决方案。2005年，科颜氏联合哥伦比亚医学院的皮肤学专家，研发出"皮肤专家系列"，针对不同皮肤问题提供了一系列卓效的解决方案。强大的发现与萃取能力，离不开科颜氏身后强大的研发团队孜孜不倦的探索与尝试，而与全球精英的紧密合作也使科颜氏始终走在美容界创新科技的前列。

门店与体验

1

2

1、2. 人体骨骼、白大褂制服和化学烧杯代表着科颜氏从药房起家，结合尖端科技的发展历程。
3. 骨头先生。
4. 古董药柜式的小抽屉也宣告着科颜氏社区药房的出身。
5. 医师袍。

门店设计

在科颜氏今日的门店，独特有趣的元素共同营造了一个浪漫经典的社区：骨头先生、医师袍、研磨草药的器具、新鲜植物、地球仪、化学仪器、直升版画、纽约砖墙……每一个看似简单的元素都来源于这家百年老店的历史积淀，向人们缓缓叙说着一路走来的故事。

药房式抽屉

4

不只是有趣，更是历史

骨头先生

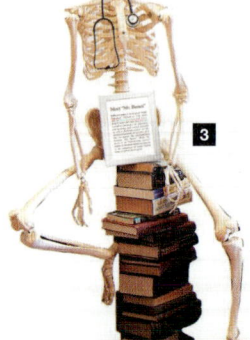

近170年来，科颜氏的每一家门店里都保留着"骨头先生"的模型。它不仅是科颜氏医药背景的象征之一，更体现了科颜氏家族对顾客体验的重视。

20世纪60年代，摩斯家族的第二代传人艾伦·摩斯先生希望将科颜氏店铺打造为社区聚会场所，为每一位走进店铺的顾客提供最好的体验。他在店中摆放了一些生物学书籍和人体骨骼，称其为"骨头先生"，以引起孩子们的兴趣。

医师袍

医师袍作为科颜氏品牌元素之一也已有百年的历史。

它最初作为调制草药配方时保持整洁形象之用，之后逐渐成为顾客心中的特殊符号，代表科颜氏久负盛名的医药科学成就。

时至今日，医师袍依然是科颜氏客户服务代表的统一着装。

3

5

点点滴滴只为最好的客户体验

不断创造新鲜体验

地球实验室

2017年11月22日，科颜氏以"自然精研"为灵感，将艾伦·摩斯先生钟爱的复古飞机打造成一座巨大的地球实验室，展示了多种产品的灵感来源。从冰川到热带沙漠再到金盏花田，这场模拟的"环球地理环境考察"充满趣味地传达了科颜氏天然成分与医药科技相结合的特点，以及勇于冒险探索的品牌个性。

客户服务代表（KCR）和科颜氏学院（Kiehl's Academy）

除了引人入胜、充满文化内涵的店铺环境，科颜氏更加注重人的交流互动。身着医师袍的顾客服务代表们（KCR, Kiehl's Customer Representative）用热情的微笑、专业的素养，为顾客打造最温馨的到店体验。

为了保证顾客得到始终如一的专业服务，科颜氏于2018年成立了科颜氏学院，为KCR提供系统化的入职培训、职场进阶学习以及互动交流的机会。

• 学院不仅提供较为基础的知识课程——科颜氏的历史与传统、产品配方成分与功效、服务守则，更为KCR们提供了一个解锁更多学习内容、成为某一垂直领域专家甚至成为线上主播服务更广顾客的机会。

• 不仅是线下的面对面培训以及门店的实战演练，KCR们还可以登录KCR App访问完备的线上培训课程，获取各类学习资源。

• 科颜氏学院还为全球KCR们提供了一个联结彼此、自由交流的平台。在这个社区，他们可以分享自己在科颜氏的故事、展示项目成就，以及与全球KCR共同庆祝他们的成功，在平等包容的科颜氏社区找到归属感。

科颜氏学院以尊重、教育与服务为理念，致力于使每一位KCR都得到最充分的发展，从而为顾客提供最专业的服务。

颜氏咖啡馆

2017年末，科颜氏咖啡店（Kiehl's Cafe）在北京三里屯太古里亮相，从店内陈列，到饮品选择，无不诉说着品牌特点。直到今天，科颜氏咖啡店依旧是年轻潮人的聚集地，以包容的社区理念欢迎着四方宾客。

1. 供科颜氏爱好者们分享爱犬照片的"狗狗墙"。
2. 专为男士开辟的产品试用区。
3. 地球实验室。
4. 环球地理环境考察。
5. 活动一角。
6. 科颜氏咖啡馆外观。

对话李琳

科颜氏（中国）品牌总经理

作为品牌总经理，您在公司的角色是什么？您带领的团队的角色又是什么？

我主要负责品牌建设、生意运营和团队组织。

您的个人追求与现在科颜氏，以及在科颜氏所做的事，有何重合的地方？

每一个品牌对美的诠释都有不同的维度，这种诠释是品牌背景和文化的折射。那么，科颜氏的文化与我个人高度重合的主要有两点：探索精神和品牌的社会责任感。

您最喜爱的三款科颜氏的产品是什么？

我在科颜氏很多门店的照片墙上都有抒发自己对安白瓶、高保湿霜和氨基椰香洗护系列的喜爱。（笑）

作为一个有 169 年历史的经典品牌，科颜氏是文化风潮和社会变迁的见证者。在发展过程中，生意和品牌层面，有哪些是不变的？

支撑科颜氏历经 169 年的时间而弥坚的，首先是它的品牌使命。科颜氏始终致力于公益慈善，不管在世界上的哪一家科颜氏门店，科颜氏人都有着相同的回馈社会的品牌价值观并以此为傲。其次是品牌的专业精神。科颜氏以药房起家，几代创始人都有药理学背景，始终聚焦功效，不会做花里胡哨的包装以吸引顾客。最后，科颜氏是一个以人为本的品牌。科颜氏内部相互尊重的氛围浓重，团队凝聚力很强。我们的 KCR（顾客代表，Kiehl's Customer Representatives）是一个很好的体现——对于科颜氏来说，他们不是门店的售卖员，而是我们面对客户的代表。

变化的部分呢？

在坚守品牌价值、精神、理念的前提下，科颜氏积极拥抱新兴事物为这个历史悠久的品牌不断注入生机。比较典型的例子是科颜氏在数字化营销、消费者服务、运营这三个层面都取得的长足的进步。

还有一点，可能消费者不会直观地看到，但是我们做得非常好的是中台的搭建。科颜氏一进入中国就建立了用户池（customer pool），串联比对各个渠道的消费者信息。这使我们对消费者的浏览、购买、兴趣等行为更加了解，从而有的放矢地去做品牌建设与运营。

科颜氏在许多领域都十分具有先锋精神，不论是可持续发展品牌基因，还是引领"先试后买""口碑营销""注重体验"的理念。您认为是企业中的什么因素造就孕育了这种"先锋性"？

确实如此，这背后其实展现了科颜氏当时的创始人就有以人为本的思维方式。我想，那个时候他们肯定都不是营销专家，不知道"consumer centric"（以用户为中心）这种专业术语，但是在强烈的共情心下，他们确实是在做着"以消费者为核心"的事。包括在 2018 年，我们也发布了"Made Better 再造·更美"项目，强调可持续发展，在原材料、开采方式、包装、回馈社会等各个层面落实环保可持续。这些都是因为科颜氏会站在人的角度去思考。

胖鲸《未来品牌（2020）》中，另一个 TOP 10 品牌——耐克，最近几年放弃了"只签约职业体育明星，不签约娱乐明星"的原则。一度也不使用明星代言的科颜氏，也做出了调整。您如何看待这一现象？

一方面，在商业发展的过程中，除了坚持品牌理念、价值和精神，商业相关数字也是品牌所必须要考虑的现实问题。品牌的增长、能够影响消费者的人群数量等，这些都是品牌得以存续的基础。

另一方面，我不赞同给任何一种人群贴标签的做法。娱乐明星一定不能代表品牌精神吗？科颜氏一直以来就与明星有很好的合作。2008 年，科颜氏与布莱德·皮特推出第一个 100% 可降解的绿色产品——科颜氏芦荟洁肤沐浴啫喱，也因此收获了第一张 "Cradle to Cradle（从摇篮到摇篮）"产品证书，这项荣誉证明了我们的可降解沐浴啫喱的配方对环境的影响是最小的，而在循环再利用上是可以提供最多的养分的。那与此同时，艾莉西亚·凯斯（Alicia Keys）、约翰·传奇（John Legend）等众多大家耳熟能详的艺人也都是我们的品牌好友，通过他们的力量分享他们挚爱的产品给到消费者。包括著名的波普艺家安迪·沃霍尔（Andy Warhol），也因为他热爱蓝色草本净肤水，为我们创作了波普画作，至今仍在科颜氏店铺中有所展示。所以科颜氏与明星一直以来都有良好的合作，今天也不排斥合作，但是一定是建立在真实使用产品、与品牌价值观相匹配的原则基础上的合作。

科颜氏进入中国已有11年，无论从消费者、媒介环境，还是竞争格局来看，都是变化非常大的11年。您认为对品牌影响最大的变化来自哪里？

品牌建设不可避免地要受到大环境的影响。千禧一代消费者喜好的变化以及媒介沟通环境的变化都是世界共通的，但对于中国来说独有的是消费渠道的变化。作为新的销售渠道，活跃于不同平台的消费者知识和需求都有差异，这要求品牌更加全面了解消费者以及其不同需求，这也是我们所面临的最大的挑战。

进入中国市场后，科颜氏既享受过高速发展，也经历了瓶颈期。在这个过程中，科颜氏的定位和发展策略经历过几次怎样的调整？

调整当然有的，做生意肯定不会一帆风顺。

2009—2015年是科颜氏高速发展的时期，2016—2017年是一个转折点。科颜氏不是做传统媒体宣传的品牌，在广大人群中的知名度不高。我们的第一个争论是，要不要做大规模的品牌宣传。之后我们就加大了数字化的品牌宣传。

第二个争论是，要不要入驻天猫商城。当时线上的商家质量参差不齐，人们对于线上购物的印象还停留在"只是为了图便宜"的阶段上，所以我们担心线上渠道会影响消费者体验。但最后，我们还是认为一切以消费者为核心：如果大量消费者选择了线上，那么我们就要去消费者去的地方，以最好的姿态、最好的服务迎接消费者。2017年4月，科颜氏正式入驻天猫商城。即使是在线上，科颜氏也尽力做到差异化和有所贡献。

线上做到差异化的具体体现是什么？

首先，科颜氏的线上商城从店铺设计、客服名字等都保留了科颜氏风格。当时，科颜氏与阿里合作描绘了用户画像——以兴趣标签代表了四类人群：冒险、有爱、乐活、科技。我们请了专门的设计师为四类不同的用户人群设计了相应的礼盒包装和图案，把握每一个与消费者沟通和交流的小细节。

其次，科颜氏是最早在官方旗舰店开设粉丝号的品牌之一，通过运营将线上变成与粉丝用户互动交流的阵地。

最后，科颜氏也本着"不仅是赚取利润，更要有所回报"的品牌精神，践行简易的绿色包装。科颜氏是首个使用绿色包裹的天猫美妆品牌 ——这意味着无塑化包装在所有产品上的应用，取而代之的是森林管理委员会（FSC）认证的可持续纸张生产而成的包装盒。

在社交网络还没有出现时，科颜氏就已经引领了"口碑营销"这一实践，并成为品牌与消费者沟通的重要手段。而中国社交网站和垂直平台如火如荼的发展，一时间，"口碑"变成了一种被普遍使用的沟通方式，而部分品牌与意见领袖共谋的虚假操作也从某种程度上伤害了消费者的"口碑"的信任。您如何看待和应对这一现象？

如果口碑营销到今天仍旧是一种消费者所认可的模式，那么我们不应该说消费者是不对的。不能因为有部分失败实践而放弃这个途径。我们会严格把关所合作的意见领袖（KOL）。数据之外，我们非常看重他们本身的形象，对于曾经有过欺骗行为的、口碑差的意见领袖采取零容忍的态度。如果有意见领袖曾经通过做哗众取宠的测评，影响了人们对真实产品的判断，那么即使他的数据很好，我们也不会采用。

在您看来，在中国市场，"一个品牌是可持续发展与否"对购买决策的影响有多大？科颜氏如何更有效的与中国消费者沟通"可持续发展"这件事？

现阶段，这对消费者购买决策的影响确实不够大，但这是品牌责任的一部分。

我一直认为，一件事情不是因为看到希望才去做，而是我们相信做了它，才产生了希望。全球范围内，人们对于可持续发展的关注越来越高，只是还没有落实到具体的消费层面。科颜氏在做的，是在过度包装严重的美妆行业中，身体力行去践行我们的价值和理念。我们不会等到一个做法已经在事实上很能影响购买决策才去做；当我们认为这对于人们的生活很重要时，我们就会行动，哪怕比别人花更多的资源。

在"美好消费"理念的引领下，科颜氏的产品、服务体验、供应链、品牌建设上会有哪些值得期待的变化？

在产品上，我们会延续不伤害当地生态环境的方式开采天然原材料的做法；在包装上，也将继续使用绿色的无塑化包装、坚持使用可持续纸张生产的包装盒；在服务上，我们会提供给消费者更加全面的体验：科颜氏很多店铺都取得了"能源与环境设计先锋"认证（LEED certificate），这意味着建造和运营过程中的低耗能和低碳排放。我们目前也正在尝试建立零废弃物店铺。

同时，电子化肌肤检测工具也会迎来2.0版本，目前我们有可以检测肌肤含水量和屏障的电子仪器，将来会有检测更多维度的仪器。供应链方面，欧莱雅的很多工厂在生产的过程中已经实现了零碳排放，在运输过程中也施行低碳运输，超过的部分需要申请碳排额度。

Made Better
再造·更美

始于1851年，拥有167年历史的科颜氏自创始以来，除了坚持为消费者提供天然萃取的卓效护肤产品与时髦复古的护肤理念外，还一直致力于回馈社会、坚持不懈地投身公益事业。在产品上，科颜氏坚持以公平贸易和尊重自然的模式收获原料，帮助原料产地的居民获得更好的生活，也承诺实行环保开发与可持续开采；在包装上，科颜氏坚持简洁环保的理念，最大限度地应用可回收材料，不做任何过度包装；此外，科颜氏还全力支持公益项目，在2011年创立了"爱·循环"全球慈善平台，号召消费者关注科颜氏所重点关注的公益领域——弱势儿童关爱与环境保护，连续多年捐助"扬帆计划"儿童公益项目、熊猫栖息地社区保护等公益项目。

2018年，科颜氏正式开启Made Better全球公益运动，通过在原料、包装、生产、回收和回馈社会五个方面的不懈努力，致力于让世界更美。

萃取于自然的原材料
科颜氏精选萃取自天然的原料，开发出适合各种肤质的卓效产品。
目前，95%的科颜氏产品含有至少1种萃取于自然的原材料。
到2020年，科颜氏承诺将有超过98%的产品含有至少3种萃取于自然的原材料。

可持续的收获方式
科颜氏与原料产地的居民共同努力，坚持采用可持续的开采方式，造福社区和世界。
目前，36%的科颜氏产品含有至少1种以可持续方式开采的原材料。
到2020年，科颜氏承诺将有超过50%的产品含有至少1种以可持续方式开采的原材料。

对环境负责的生产过程
科颜氏以减少浪费、使用回收材料作为产品包装设计的第一要旨。
自2005年来，科颜氏已经减少了：
82%的二氧化碳排放量，
21%的耗水量，
36%的废物排放量。
到2020年，科颜氏承诺将在美国工厂减少60%的二氧化碳排放量、耗水量和废物排放量。

可回收包装
科颜氏致力于回收消费者使用后的产品空瓶，并在线下门店设立回收箱，鼓励消费者参与到空瓶回收项目中。
到2020年，科颜氏承诺将回收至少30%消费者使用后的产品空瓶。

白泥开采 —— 保护当地生态环境

在采集亚马逊白泥的过程中，科颜氏的开发商与亚马孙流域的民众建立起了亲密的公平贸易伙伴关系，承诺整个开采过程不对当地环境造成任何破坏，并确保亚马孙流域能持续供应这天然的"神奇泥土"。

在正式挖掘之前，当地人会小心翼翼地将表层泥土移向他处，这些表层的有机土壤是当地无数动植物赖以生存的天然植被，悉心保护生命之源。为保证开采地生态环境不遭到任何破化，当地人会将事先移走的表层有机泥土再度移回原处，并经由施肥灌溉，确保这片珍贵的植被依然能持续孕育植物。

1. 取泥。
2. 晒泥。

> 一家有价值的公司或企业，其存在的意义与价值不仅是获取盈利，更重要的是坚持回馈社会，为这个世界带去一份善举。
> ——科颜氏第二代传人 艾伦·摩斯先生

积极投身公益事业

科颜氏坚持以回馈社会为己任，通过创立"爱·循环"全球慈善平台，号召消费者关注弱势儿童关爱与环境保护等公益领域。目前，科颜氏已经为全球公益项目捐赠了超过1,500万美元。

空瓶回收

科颜氏积极履行企业传统。科颜氏产品所用瓶身都由高比例的环保材料制造，且旗下所有门店都提供空瓶回收服务，鼓励消费者将用完的科颜氏空瓶送回店内，通过循环再造减少对环境的污染。

2018年11月，科颜氏携手泰瑞环保（TerraCycle）启动"空瓶再造"计划，以先进手段，将科颜氏产品的空瓶收集、运输、清洗、再生，并使用再生塑料再造公益设施，服务弱势群体。此次合作项目大约回收500000件科颜氏空瓶，估计减少大约17600千克的碳排放温室气体。

绿色门店

作为中国市场上首家得到"能源与环境设计先锋"认证奖项（LEED Certificate）的化妆品品牌，科颜氏店铺的墙体使用可再生材料砌筑而成；店门口设立"绿色梨树角"，以改善店铺内外空气质量；店铺完工后，还要进行彻底的内部空气优化

将手上的科颜氏包装废品带到指定门店。

科颜氏门店会安排物流运至泰瑞环保。

泰瑞环保会将废品再生成新产品。

可循环包装

早在2017年，科颜氏就尝试将绿色能量带到电商购物生态，号召所有消费者关注物流运输环节中的包装浪费问题并提出"简单选择·重要改变"（Simple Choice · Big Change）的绿色价值观：在选择物流包装时，避免不可降解的塑料材料生产的包装盒，尽可能选择森林管理委员会（FSC）认证的可持续纸张生产的包装盒。

对话张大川

《女性时装日报 WWD》中文版副总裁 / 首席内容官

能否简单地介绍您自己？

我是奥地利人，最开始任职于联合国工业合作发展组织，致力于推动全球范围内的可持续发展。之后我被派遣到中国参与了包括东北滑雪产业、长江三角洲等项目在内的区域规划工作。工作期间，因为一个偶然的机会，我结识了洪晃，进入了媒体领域。之后我相继成为时尚杂志《世界都市 ilook》《虹 Madame Figaro》等媒体主编、《睿 Financial Times》内容总监，现任职于《女性时装日报 Women's Wear Daily》。

《女性时装日报》是一家时尚奢侈品领域的垂直媒体，它不是只关心宣传某个品牌并拉动消费，而是关注整个时尚产业的发展。

从大众对"可持续发展"的理解、接受度和消费决策影响力来看，中国和全球有怎样的不同？

可持续发展理念很早就流行于国际，20 年前，欧洲市场上已经出现了许多有机食品。这个理念在中国的传播相对较晚，但在今天也已经得到普遍关注。到今天，全球消费者已经达成了一个共识：保护环境迫在眉睫；但同时，人们也不知道自己能够做什么。

没有人反对可持续发展理念，但落到实际消费行为，是另一回事。即便有一部分人已经开始践行这个理念，比如说购买有机食品，但往往他们也是一年之中旅行最多的群体。消费者往往没有那么理性，会严格地以理念指导一切消费行为；人们很难摆脱对于习惯和便利的依赖、也很难不受情感的驱使。

但毫无疑问，在影响消费决策的四个主要因素（品牌、质量、时尚、可持续理念）中，可持续发展的理念所占比重一定是逐渐增加的。在这一点上，新一代年轻人走在我们前面。他们的低碳观念、低碳行为和低碳知识都无与伦比的超前。

有一次我和家人在为沙滩游整理行李时，我习惯性地拿了几个塑料袋子。我六岁的孩子看到后质问："为什么把塑料袋子带去沙滩？"，然后把它换成了一种由甘蔗做成的新材料包装袋。我们不能低估倡导持续发展理念所能带来的影响。在此教育环境下成长起来的年轻人们从心底里认可可持续发展理念，并且会更加全面彻底地在生活中践行理念。

在全球范围内，消费者积极参与可持续发展的倡议行为中，有哪些令您印象深刻的例子？

可持续发展不仅是通过节能减排等方式使人类的生产方式、生活方式与地球承载能力保持平衡；它的最终落脚点是人类社会。这意味着更广阔意义上的社会责任——包括创造一个"关注边缘群体、赋权女性"的友好人文环境。

在全球掀起可持续发展理念的大浪潮中，企业承担着引导人们做出可持续消费决策的责任。相比于提出一句空泛的口号，企业更需要赋权于消费者，为他们提供一个机会，使其能够切身参与建设一个更加可持续发展的地球。

迪赛（DIESEL）的创意再生（DIESEL UPCYCLING FOR）系列就是一个很好的例子。这个系列将既有产品、回收材料以及库存商品，以"旧料重组"的设计手法升级再造，转化为全新创意单品。在有效控制原材料消耗、能源使用的同时，更可减少空气与水污染，以及温室气体排放。

在企业可持续发展的尝试中，有哪些令您印象深刻？

奥地利特种面料生产商 Lenzing（兰精集团）推出了一种新型环保粘胶纤维"Eco Vero"，作为传统粘胶的替代品，能大大降低对环境的影响。由此，我们也能看出技术变革对于可持续发展议程的影响之深远。

正如三十年前的人类想象不到，是电动车大幅减轻了空气污染。现在的我们也想象不到未来什么是可持续发展得以广泛实现的"答案"。

您如何看待科颜氏在可持续发展领域的作为？

科颜氏不仅一直在原材料、包装、门店、公益慈善等各方面践行可持续发展理念，更重要的是，它知道如何将致力于可持续发展的品牌形象恰如其分地传达给消费者。

科颜氏很早就采用了至简的绿色包装，并通过宣传和讲述方式，重塑人们对于高端品牌包装的认知。

包括 2019 年，科颜氏与约翰·传奇（John Legend）合作推出科颜氏亚马逊白泥净肤面膜 Made Better 限量版，加深了人们对白泥这款产品背后，品牌致力于可持续发展的印象——包括原材料开采、生态保护和回馈当地社区。

由此，顾客会有一种"假如无论如何，购买都是一种消耗行为，那么我可以通过消费特定品牌的产品，为可持续发展做出贡献"的感觉。

所以说，企业的可持续发展行为以及对行为的讲述同等重要。

"漂绿"（Greenwashing）这个议题最近在中国市场也被讨论起来，您如何看待这个问题？

企业对于自身可持续发展行为的宣传与讲述一定是以其实际行动为前提的。

同时，理论知识指导实践——不论是个人，还是企业，践行可持续发展理念都是一个持续探索的过程。之前动物皮毛制品广受诟病，所以企业研发采用了人造皮草；然而近年来，人们才发现，人造皮草的难以降解，实际上导致了更大的环保问题。随着相关知识的增加，人们/企业越来越知道"何为真正的环保实践"。

企业在可持续发展上比较容易落入哪些误区？

第一，企业必须意识到，若要真正贯彻可持续发展理念，就不能将其视为是一个部门的责任，而要在公司战略层面上做整体规划。可持续发展理念的落实对资金和技术的要求很高。比如说，以更为环保的方式去处理垃圾往往需要高价格高技术含量的设备。所以，只有将可持续发展理念上升到公司核心战略层面，相关负责人才能调动更多资源，将理念落地实践。

第二，某些企业可能把公司在可持续发展方面的努力误认为是"做慈善"（只有投入，没有回报），其实不然。可持续发展理念的践行最终将服务于商业利益。在人类命运共同体成为全球共识的大环境下，当企业承担了更大的社会责任，良好的品牌形象会得到消费者的认可和情感倾斜，从而成为企业在产品日益同质化的市场上强有力的竞争力。

> 有一次我和家人在为沙滩游整理行李时，我习惯性地拿了几个塑料袋子。我六岁的孩子看到后质问："为什么把塑料袋子带去沙滩？"，然后把它换成了一种由甘蔗做成的新材料包装袋。我们不能低估倡导持续发展理念所能带来的影响。

科颜氏与当代艺术

艺术联名

早在 19 世纪 60 年代，科颜氏就已成为饱富盛名的波普艺术家安迪·沃霍尔（Andy Warhol）的青睐，32 盎司的蓝色草本净肤水就是他成为顾科颜氏旗舰店常客的重要原因，也正是因为他的这份热爱，随后他也为这款单品创作了波普艺术作品并陈列于科颜氏的店铺，这也奠定了科颜氏支持当代艺术的基础。

自 2009 年，科颜氏也在每年颇具节日气氛的圣诞与不同风格的艺术家进行跨界合作并推出节日限量款产品。而这样与艺术的跨界，科颜氏也使得原本仅有少数人可以欣赏、拥有的艺术作品今天能走到更多消费者的生活当中并成为他们生活的一部分。

安迪·沃霍尔（Andy Warhol）为科颜氏创作的波普艺术作品

2009 科颜氏 × 美国波普艺术家卡沃斯（KAWS）

2010 科颜氏 × 美国波普艺术家杰夫·昆斯（Jeff Koons）

2011 科颜氏 × 美国波普艺术家杰夫·昆斯（Jeff Koons）

2012 科颜氏 × 美国涂鸦艺术家肯尼·沙佛（Kenny Scharf）

2013 科颜氏 × 美国涂鸦艺术家艾瑞克·哈兹（Eric Haze）

2014 科颜氏 × 国际平面艺术家克雷格（Craig）和卡尔（Karl）

2015 科颜氏 × 当代波普艺术大师彼得·马克斯（Peter Max）

2016 科颜氏 × 当代波普艺术大师杰里米维尔（Jeremyville）

2017 科颜氏 × 英国插画艺术家凯特·莫罗斯（Kate Moross）

2018 科颜氏 × 美国插画艺术家安德鲁·班纳克（Andrew Bannecker）

2019 科颜氏 × 芬兰当代艺术家珍妮·雷威尔（Janine Rewell）

8

优衣库

  不论是作为一门生意还是一个品牌，优衣库都是许多企业的榜样。1949 年，柳井正出生在山口县的一个"服装世家"。父亲曾在山口县的工业城宇部市经营一家小型的名为"小郡商事"的 VAN 经销门店。1985 年 5 月，柳井正在广岛开设了一家大型的基本款休闲服饰店"独一无二的服装"（Unique Clothing Warehouse），力求以高性价比贩卖男女皆可穿的基本款商品。在今后的几十年，优衣库在重视用户体验的理念下，不断通过技术革新创造更优质的产品，并实现全球布局。多年后，VAN 的创始人、日本时尚之父石津谦介（1911—2005）在人生尾声时曾造访一家优衣库门店，他告诉儿子石津祥介："这就是我想做的！"

  然而柳井正的野心从来不止于此，他不仅要让顾客爱上优衣库的产品，还要爱上这个品牌。所以我们并不惊讶 UT 从一件 T 恤进化为了自我表达的载体，全球流行文化的盛宴；我们也不难理解优衣库一次又一次与设计师合作高质量的联名款；优衣库 2013 年提出的"LifeWear（服适人生）"品牌理念也是那么顺理成章。

  正如优衣库一直在通过全方位的体验告诉我们的：它并不是快时尚，而是一个推崇高质量、创新和改善生活的生活方式品牌。

顾客眼中的优衣库

柔软质感、吸汗速干、保暖性能，优衣库将每件产品当作自己的作品，给消费者带来品质与价格兼备的产品。

- 穿了优衣库 HEATTECH 是可以直面哈尔滨冷空气且不哆嗦的程度。
- 优衣库 U 系列的休闲西装实穿又上镜，柔软轻薄的面料太适合深圳的春夏了。
- 想把优衣库的百褶裙改短，裁缝爷爷说直接改不行，百褶裙尾需要专门熨烫。
- 优衣库 T 恤舒服到可以直接当家居服穿。

"百搭"是消费者面对优衣库最常提及的形容词，优衣库也在潜移默化地将这份"LifeWear"的穿衣风格和品牌理念影响着更多消费者。

- 习惯买优衣库的最大好处就是百搭，不用去费心搭配，每一件都很适合通勤。
- 没有 logo 的纯色外观百搭，平价而不牺牲质量的高性价比，优衣库有让人沉迷的魔力。
- 优衣库的联名 UT 都太好看了，这个夏天的 T 恤就锁定你家了！
- 喜欢逛优衣库的原因之一是能从店内的模特身上学到搭配，整体感觉舒服但又有自己的风格。

优衣库的核心产品

HEATTECH 温暖内衣能带来轻盈贴身，舒适温暖的穿着感。即使在温度变化的情况下，也不会因遇冷而受寒。

优衣库 AIRism 体感调适面料舒爽内衣系列，面料接触冷感、轻盈透气，兼具顺滑舒爽的肌肤触感，重新定义轻简舒适美学，是一年四季全家人都适宜穿着的理想内衣之选。

5 大核心产品

- HEATTECH 温暖内衣系列
- 优衣库 AIRism 舒爽内衣系列
- Ultra Light Down 高级轻型羽绒系列
- 针织衫系列
- UT

作为世界文创桥梁，**优衣库 UT 系列**精选全球千种流行文化，2020 年更有高达模型 40 周年、奥特英雄、宝可梦、新世纪福音战士等合作系列全新上市，唤醒热血记忆，开启生活创造力。

时尚舒适，自然之美。以 **Knit 针织系列**为代表，融合了高质标准的"全成型"技术，通过精准计算得到三维立体且无缝的优美廓形，带来全新质感与优雅的穿着体验。优衣库打造多款针织系列，"纤维宝石"美利奴针织衫带来缤纷秋冬色彩，优质羊仔毛针织衫时尚有型，100% 天然羊绒针织衫柔滑细腻。

优衣库用独特技术实现了令人惊叹的轻量化，同时采用了保暖效果出众的优质羽绒，使轻量保暖两不误。高级轻型羽绒服还配有持久防水加工、附带收纳袋的便携式设计，轻暖、便携、多彩、超实用，便于轻松应对各种生活场合。

优衣库 | 133

品牌故事

起点：低价的休闲服

1949年，柳井正出身于一个"服装世家"。家族中有不少人在经营服装店，包括他的父亲：父亲柳井等在他出生的同一年创办了男装店"小郡商事"，主要经营西服。1972年，柳井正接手了这家男士服装店。当时"小郡商事"已由一家个体商店发展成为拥有600万日元资金的"小郡商事株式会社"，公司有了一家年销售额1亿日元左右的男士服装店和一家销售休闲服的VAN店。柳井正比较两家店的销售情况后发现：虽然西服毛利高但总体需求不高，只能销售给20岁以上的男士，购买定价偏低的休闲服的顾客却没有年龄和性别的限定——他隐约感觉到休闲服市场的发展潜力。

20世纪80年代，美国诞生了一批像LIMITED、GAP这样单靠卖衣服，一年销售额就可以达到数千亿日元甚至超过万亿日元的服装品牌连锁店。为了了解时尚趋势，柳井正会去海外实地查看这些商店，也因此借机参观过美国的大学生活协会：学生按照自己的需要取用商品，店里没有也不需要店员接待他们。这种销售形式引起了他的注意，后来这种站在客户立场上设计的"自助服务"方式也逐渐发展成为优衣库"HELP YOURSELF"的经营宗旨。

> **1984**
> 6月2日优衣库
> 一号店正式开张

能不能用自助式服务的销售方式，提供时髦且低价的休闲服呢？柳井正脑海中想要的店铺形象慢慢清晰起来：开设一家"任何时候能选到衣服的巨大的仓库"。柳井正将店名定为"UNICLO CLOTHING WAREHOUSE"，在广岛市中心附近的小巷租下了300多平方米的二层店面。1984年6月2日早上6点，优衣库一号店正式开张。

扩张：Made for All

优衣库一号店获得了巨大的成功，因此第二年又在下关市郊外开设了二号店。和一号店不同的是，这家郊外店常常会吸引举家前来的顾客群体，优衣库意识到休闲服已经成为比较大众化的市场需求，因此将目标群体调整为无年龄差别、无性别差异、能够应对任何年龄层和任何身份地位的顾客。同时，优衣库从二号店的销售情况中发现：比起流行时尚的服装，日常生活中可以穿用的基本款服更受顾客欢迎，质量好的服装需求量尤其大。所以对于商品的销售重点，优衣库也调整到时尚色彩不浓的基本款服装上。

当时的普遍情况是：店铺一般会将商品的生产全权委托给厂家，如果商品单价低，厂家因为没有额外的利润就会偷懒应对，因此以"低价"为前提的商品品质往往都不够理想。但优衣库迫切地想要提升"品质"：在服装零售业都在纷纷寻求上市的热潮中，优衣库也开始希望以这种方式做大业绩，增加交易的总量，从而赢得厂家和商社的信任，提升产品质量。

1991年，公司直营的优衣库门店有16家，男士西服店和女士服装店有6家，加盟的优衣库店有7家，加起来总共已经有29家。为了公司的快速拓展，柳井正做出了改变公司命运的决定："小郡商事"正式更名为"Fast Retailing（迅销）"，优衣库正式拓展全国连锁业，每年开30多家店，3年后达到100家，尽快实现公司上市的目的。公司名称的变更也明确了优衣库的品牌定位："迅销"，迅速捕捉顾客的需求，迅速把顾客的需求商品化，迅速摆上店铺销售——优衣库将目标定位在快时尚市场。此后，迅销经过一系列关联公司清理、重建企业组织和业务体系、拓展连锁规模，终于在1994年7月14日在广岛证券交易所上市。1999年2月，迅销又在东京证券交易所成功上市。

ABC改革与"摇粒绒衫"

企业上市保证了充足的资金支持，优衣库开始在国内范围内扩张。1994年4月，关东地区的第一家优衣库在千叶市绿区开张。此后四年间，优衣库在关东地区开设多家店铺，但销售一直很低迷：在关东人眼中，优衣库是一家

> **1994**
> 关东地区的第一
> 家优衣库在千叶
> 市绿区开张

"从关西地区过来的打折店"，比起"实惠"，他们更相信"便宜没好货"，尤其当他们第一次购物买到的却是质量不好的商品。现有的生产模式从本质上无法保证产品质量，优衣库开始寻求改变。

美国服装零售巨头GAP的生产模式为优衣库提供了思路：GAP企业内部负责产品设计，由专人在生产现场负责管理跟踪，保证产品价廉物美，强大的终端采集、物流配送系统又有利于快速调整设计、生产。理论上这种生产模式很可靠，但当时没有一家日本公司愿意这样去做，优衣库决定改变这种"常理"：优衣库成立产品开发团队，委托海外厂家进行生产，

自己参与生产和质量管理，再在日本国内进行销售。

1994年12月，优衣库在纽约成立设计子公司。第二年产出的首批商品投入市场，但因为分处三地的企划、设计、生产沟通不畅，色彩不够鲜艳的单色调产品不被市场接受，这一系列产品全军覆没。柳井正开始思考，建立能够快速反应的沟通机制和信息反馈机制对快时尚品牌而言非常重要。1998年6月开始，迅销推行了著名的"ALL BETTER CHANGE（ABC改革）"，将业务集中到东京原宿事务所，对从最初的商品规划到最终的商品销售进行体制革新，优化企业内部沟通体系和运营管理体制。

这次ABC改革直接促成了1998年10月的摇粒绒衫销售热潮，以及11月的原宿店成功开张。1997年之前，优衣库就曾卖过摇粒绒衫，但销量平平。为了生产出"价格便宜但质量好的摇粒绒衫"，优衣库的生产管理者和中国工厂经营者开始着手共同研究，最终将生产流程确定为：从日本纤维厂商东丽购买原料，在印度尼西亚纺成丝，然后在中国进行纺织、染色和缝制。通过数百万件摇粒绒衫的大批生产，这种曾经的户外专用服得以定价为每件1900日元。仅1998年的冬天，优衣库就卖出了超过200万件摇粒绒衫，第二年卖出了850万件，2000年卖出了2600万件，后来也成了优衣库最热销的商品。

创新产品，走出困境

"低价的基础款"一度为优衣库创造了高销售额，但在越来越强调个性的时代，人们也逐渐对"随时可能和别人撞衫"的优衣库服装不再积极。2002年，优衣库的销售额出现大幅度下滑。为了走出困境，优衣库采取了很多策略，UT也是在这个时候诞生的。

2004年，优衣库发起了Uniqlo T-shirt Project，也就是现在常说的UT。当时的T恤印刷的多是普通印花和优衣库品牌logo，"廉价T恤"没能吸引到顾客。2006年，柳井正请来日本知名设计师佐藤可士和担任优衣库的艺术总监。他重新设计了品牌logo，为优衣库重塑了品牌形象，同时接下了UT的改造任务。佐藤可士和认为，T恤是创造个性图案的绝佳媒介，所以UT售卖的不是T恤而是印花代表的文化符号。他以"More than just a T-shirt"为口号，在原宿开设了"UT概念店"。

2004 优衣库发起了Uniqlo T-shirt Project，也就是现在常说的UT

店里的T恤都是装在透明罐头里进行售卖，这种前卫的售卖方式迅速引发热潮。2014年，日本潮流教父NIGO成为UT的创意总监后，UT更是从"文化衫"进阶为"潮流单品"。

经历过摇粒绒衫热潮，柳井正决定继续在科技层面研发新产品。2002年，优衣库设计研究室（现R&D中心）成立。优衣库与日本东丽公司在2003年推出HEATTECH秋冬系列。凭借超细纤维的舒适高科技面料以及超强的保温性能，HEATTECH系列迅速成了优衣库秋冬季服装销售的主力明星产品。HEATTECH系列产品每年还会进行"微创新"：2004新增了抗菌功能，2005年又增加了保湿效果……优衣库还和东丽公司合作推出过AIRism面料，以速干吸汗的特性应对梅雨季节的闷热潮湿。AIRism现在已经被应用在多款男装及女装产品中，每年在也不断进行技术改良：让微纤维更细，提升面料透气性，增加除菌保湿性能……优衣库正在用科技手段拓宽产品体验的边界。

LifeWear服适人生，重新定义快时尚

优衣库一直遵循从自身制衣商角度出发设定的"Made For All"和"改变衣服，改变常识，改变世界"理念来改进产品，为消费者带来更好的服装。但优衣库也开始从消费者、顾客的角度思考：如何在服装的创新中为人们的生活带来温度、轻便、设计和舒适。因此，优衣库在2013年提出了"LifeWear"品牌理念。

在确定的理念下，优衣库开始着手优化品牌的经营管理：优衣库首次采用展览的形式释出2013年秋冬新系列，在展会中陈列最能体现LifeWear理念的HEATTECH、ULTRA LIGHT DOWN、摇粒绒和羊绒等系列产品，直观向参会者展现承载LifeWear理念的实体产品。2016年春夏系列展览会中，优衣库还以不同的生活场景为背景，将新产品以不同主题的形式在模特身上展示，为消费者将服装融入日常生活提供思路。

2016 优衣推出首个LifeWear全球品牌运动

2016年，优衣推出首个LifeWear全球品牌运动。优衣库在18个国家和地区投放了一支名为"Why we get dressed?"的短片，以一名男子跑过广场遇到形形色色的人们为画面，向人们发问：你每天为什么穿衣服？通过LifeWear，优衣库希望让消费者改变"调整生活以适应服装"的思维，转向"调整服装以适应生活"。

优衣库还推出了《LifeWear服适人生》品牌册，由前《POPEYE》主编、现迅销集团创意总监木下孝浩担任主编，以丰富多彩的内容和简约时尚的视觉呈现展示了优衣库服装与日常生活的完美融合，更直观地传递了"LifeWear"的理念。

优衣库正在用一场渐进式的革命，改变人们对服装的想法和生活方式。

> 公司名称的变更也明确了优衣库的品牌定位："迅销"，迅速捕捉顾客的需求，迅速把顾客的需求商品化，迅速摆上店铺销售——优衣库将目标定位在快时尚市场。

《LifeWear 服适人生》

LifeWear 是什么？[1]
让所有人的生活更加丰富多彩的服装。
它具有美学的合理性，简单、高品质且追求细节的完美。
是基于生活需求而设计并不断发展不断进化的休闲服装。

基于生活需求而设计的服装，
是追求细节完美的服装。
它是简单且完成度高的服装零部件，
它是不断思变，不断进化的服装。
为所有人打造的高品质服装。

Issue 01 | 2019 Fall & Winter

2019年8月23日，优衣库推出第一期《LifeWear 服适人生》品牌册，由前《POPEYE》主编、现迅销集团创意总监木下孝浩担任主编，向消费者传递优衣库对服装的思考。这本杂志以"源自功能的美学"为主题，主要涉及洛杉矶市民的时尚态度、优衣库全球品牌大使费德勒的30个问答、Uniqlo U 等系列2019秋冬季新品资讯等内容。

以8位生活在洛杉矶的人们为出发点，优衣库展示了以"源自功能的美学"为设计理念的服装适应他们在不同行业的工作、不同的生活轨迹，让生活更加丰富多彩。

经典摇粒绒25年的轨迹： 1994年发售的第一款摇粒绒半拉链套头衫到2019年最新款，优衣库摇粒绒已经历经25年。虽然这款产品外观差别不大，但细节中处处可见优衣库为实现考究设计与功能美学而反复检验的设计变化。

你好，罗杰： Roger Federer 如今担任着优衣库全球品牌大使。优衣库向这位优秀的职业网球运动员提出30个问题，向读者展现罗杰与"服适人生"的高度契合。

Issue 02 | 2020 Spring & Summer

2020年2月14日，优衣库发行第二期《LifeWear 服适人生》品牌册，以"服适宜居之城"为主题，探索世界各地的人们如何以日常生活的服装丰富生活，也就是 LifeWear 的意义所在。这本杂志讲述了7位东京居民的生活和他们的 LifeWear，并以不同城市为背景，探讨城市、人与服装之间的关系。

[封面] 走在哈克尼区（2016）： 当代艺术家 Julian Opie 在他伦敦东区的工作室外拍摄了几位路人，将照片艺术化处理并拼贴在一幅画面中，用熙熙攘攘的城市人群呈现出"服饰宜居之城"的主题。

东京生活： 优衣库用7位不同经历、不同职业、不同兴趣的东京居民，为读者展现优衣库便利性和实用性相结合的服装与这7位不同生活轨迹的人们日常生活的完美适配性。

宜居之城 哥本哈根： 作为全球最宜居的城市之一，哥本哈根向来把"舒适性"放在首位。优衣库通过分享哥本哈根具备可持续性的美食、出行、城市规划、生活方式等方面，探索"宜居"对于服装的意义。

东京城市指南： 优衣库与全球性杂志《MONOCLE》共同创作了这份东京城市指南，为读者展现了东京御徒町与浅草、银座、原宿、新宿四个地区完全不同的风貌。

[1] http://www.uniqlo.com/lifewear/cn/a

> "为了将优衣库打造成真正的全球品牌，信息编辑能力比以往任何时候都来得重要。木下孝浩此前通过在《POPEYE》的工作与世界达成了联结，现在他加入优衣库，我希望他能塑造并向全球传递出日本的优点，也将世界的优秀面传递给日本人民。"
>
> ——优衣库创始人、迅销集团董事会主席柳井正

木下孝浩

《LifeWear 服适人生》杂志背后的操盘手木下孝浩（Takahiro Kinoshita）大有来头：生于 1968 年，1997 年加入杂志行业，出任《BRUTUS》杂志的副主编和时尚主笔，2012 年出任日本殿堂级潮流杂志《POPEYE》的主编。在当年杂志销量逐渐走低的大环境下，《POPEYE》却能够在木下孝浩的手中起死回生：《POPEYE》的销量从 2012 年谷底的每季 7 万本增长至 2017 年的每季 12 万本，读者群体也以男性群体逐渐辐射至无关男女、不分老少的全民阅读刊物。

2018 年 5 月，木下孝浩以执行董事身份加入迅销集团，负责优衣库整体的创意传讯工作，具体包括：信息传递、品牌化、市场营销、门店传讯和产品设计。

《LifeWear 服适人生》杂志就是木下孝浩帮助优衣库构建品牌力的重要载体。他将当年赋予《POPEYE》"简约活泼的版面编排，看似随性但讲究细节"的精神，也带到了这本杂志中，为优衣库注入了新的品味基因。

《POPEYE》杂志

20 世纪 70 年代的日本处于经济腾飞的时期，当时的人们极度渴望精神层面的享受、亟待尝试外来的新鲜事物，一批以美式文化为主打的杂志在这一时期兴起了。

《POPEYE》创刊于 1976 年。杂志名"POPEYE"既是创刊号封面人物美国漫画经典形象"大力水手"的名字，也以"POP EYE"代指杂志要作为日本人发现流行文化的眼睛，为他们建立时尚生活的风向标。

杂志还有一句口号：Magazine for City Boys。那些热爱运动和生活、受女性欢迎的年轻男性形象就是 POPEYE 定义的"City Boys"，因此杂志内容也主要围绕：如何快乐地生活在都市，做一名合格的"City Boy"。因此在杂志创立初期，内容主要介绍美国西海岸年轻男孩的生活方式和穿着搭配，希望为当时的年轻人提供不同生活方式作为参考。

但 2012 年木下孝浩加入《POPEYE》后，却对"City Boy"进行了重新定义：不论外表，而是绅士礼貌又有上进心的男生。不管年龄几何、身处何处，只要拥有对流行敏感、追求好品味的生活、保持自己的价值观的精神，谁都可以是 City Boy。因此《POPEYE》里开始出现各式各样的城市男孩们：纽约的年轻室内设计师，原宿的三十岁说唱歌手，伦敦的金融系大学生，年过半百的爱尔兰酒窖主人……尽管他们的文化背景和生活状态都不同，但都能够自在愉快地享受人生，他们都是"City Boy"的代表。

这次变革也成为《POPEYE》转型成为面向全民的潮流杂志刊物的起点：刚踏入社会的年轻男孩们可以在此寻找属于自己的时尚风格和生活方式，而中年绅士们也可以在享受杂志的好品味的同时保持年轻的心态。

> 一本优秀的杂志是即使过了十年后，再看也不会感到过时，《POPEYE》做到了。
>
> ——《MONOCLE》主编 Tyler Brule

一件T恤如何成为自我表达的载体，全球流行文化的盛宴

UT系列款式外观基本固定，但图案印花设计可以根据跨界主题不断改变，成为优衣库激励人们以UT为载体进行自我表达的方式，而UT系列也因此成为优衣库最能承载品牌文化的产品之一。如果说高质量的设计师合作款是优衣库拓展海外市场的先发手段，那么UT和各种类型IP展开跨界合作，其中涉及Disney、KAWS、Marvel等热门IP，就是优衣库拉近品牌与不同文化背景下的消费者之间距离的下一步重要战略。迅销集团全球创意总裁John Jay在媒体采访中的一句话很好地解释了UT在优衣库海外拓展中的作用："我的关注点不在广告，而是联结（connections），包括发现当地文化之间的关联性、当今的流行文化等。这种了解不应该浮于表面，而是付出努力，真正深入了解文化。"

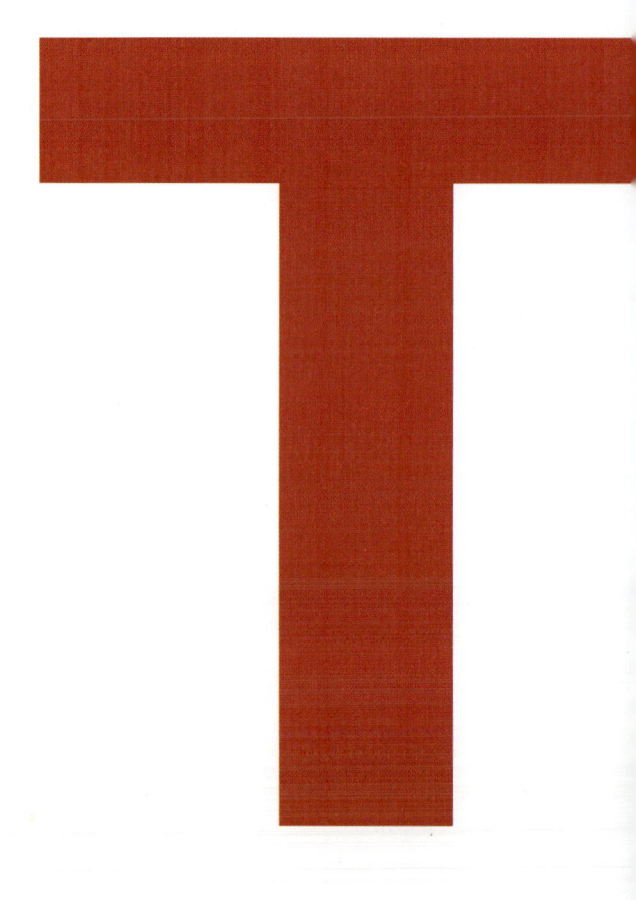

优衣库怎么定义 UT

对于你来说文化意味着什么？
WHAT DOES "CULTURE" MEAN TO YOU?

作家、插画家蒂芙尼·库珀（Tiffany Cooper）：
文化隶属于每一个时代。
"Culture belongs to each successive generation."

现代艺术画廊"NANZUKA"画廊经营者南冢真史（Shinji Nanzuka）：
文化，正是人之为人的证据。
"Culture is proof that humans are human."

艺术家、安迪沃霍尔基金会（Andy Warhol Foundation）授权总监迈克尔·代顿·赫尔曼（Michael Dayton Hermann）：
文化使你清楚地意识到自己是谁。
"Culture is who we are."

当代艺术家丹尼尔·阿尔轩（Daniel Arsham）：
文化是定义自己的方式。
"Culture is what we define ourselves by."

平面设计师吉田 Yuni（Yuni Yoshida）：
文化就是输入与输出。
"Culture is input and output."

迪奥男装部门珠宝设计总监 YOON：
文化是志趣相投的人的时代反映。
"Culture is reflection of the times with like-minded people." [1]

[1] https://www.uniqlo.cn/ut-magazine-s11.html

设计理念阐释

仿佛历经时间侵蚀的徕卡相机、耐克乔丹运动鞋、精灵宝可梦的皮卡丘……进入丹尼尔·阿尔轩（Daniel Arsham）宽阔挑空、如仓库般的工作室，来访者会立刻被这些作品吸引住视线。这就是丹尼尔代表性的"Fictional Archeology（虚拟考古）"风格，艺术界、时尚界都被这位设计师的独特风格迷住了。

"在一千多年以后的未来世界里，我们今天使用的产品，比如照相机和手机，将成为那个时候的考古史料。在这间工作室里存在的物品，就是基于这个想法而诞生的作品。这些当代产品在经过碳化或晶化处理后，看起来彷佛像是件古老的物品，也就是说，这里出现了'时间混乱'，这些作品全部来自未来世界。"

而这次，UT 邀请到这位炙手可热的设计师展开合作，不仅是在 UT 联名款式中运用到他的作品，而是这位设计师亲身参与到这个项目中。"不管是通过雕刻这种实物呈现，还是我的想法本身，我想尝试做的事情就是'将人从日常生活中抽离出来'。"

丹尼尔一共推出 7 款联名 UT。"我在创作时，首先会从素描开始。虽然雕刻的时候也是同样从画草图开始，然后再做 3D 立体图形，但是原稿一般不会向外公开。本次我们决定将平时只在团队内部公开的私人原稿使用在这次 T 恤的设计上。"经过虚拟考古处理的宝可梦 logo、训练师小智等形象就以素描的形态印在 T 恤上。

谈及为什么会和 UT 合作，丹尼尔认为自己和 UT 在文化符号的选择上有着相似的理念。"在艺术创作中，我一直在寻找能被全世界公认的标志性形象。因为当在未来回顾现在时，当今时代的辉煌就可以通过全球性的标志得以展现。这次的合作也很好的说明了这一点，我所使用的正是由日本创造出的世界共通的文化。"

> 在一千多年以后的未来世界里，我们今天使用的产品，比如照相机和手机，将成为那个时候的考古史料。在这间工作室里存在的物品，就是基于这个想法而诞生的作品。这些当代产品在经过碳化或晶化处理后，看起来彷佛像是件古老的物品，也就是说，这里出现了"时间混乱"，这些作品全部来自未来世界。

不管是街头广告还是艺术作品，设计师吉田 Yuni 的作品总会让观众沉浸在犹如立体绘画般的视觉冲击。这些作品总给人一种奇妙的不协调感，引起人们进一步观察她的作品"是用什么制作的？""如何拍摄的？"这种不协调感也成为吉田 Yuni 的特点：不是虚幻的像素点，是真实的物品组成了吉田 Yuni 手下的图案。

"我的作品常常被认为天马行空，不过实际上我却喜欢'有限制的创作'。我常常思考，在一定的限制中我能够传达多少信息？我能够挑战极限到何种程度？正因为如此，我对有限制规定的广告世界很感兴趣。比起幻想，我更喜欢现实的东西。"

吉田 Yuni 为联名 UT 创作的 HELLO KITTY 的图案，也正是将水果、鲜花、冰淇淋等实物巧妙融合后所拍摄成的作品。"水果和鲜花是我经常使用的元素。虽然是静物，但也有生命，我喜欢那种新鲜水灵的感觉。" KITTY 的面部、蝴蝶结、胡须等是由鲜花和树叶制成，脚的部分使用面包制成，花瓶是为这次拍摄特别设计的。

讲究细节的特质在这次作品中也得到完美体现。吉田 Yuni 和 UT 联名系列的主题是"购物市场"，因此她选择用写实的手法制作了从 A 到 Z 的每个字母，组成这些字母的元素看上去就像是会加到 HELLO KITTY 购物袋中的商品。虽然最终图案在照片基础上进行了艺术化处理，但如"L"中牛奶的阴影和吸管的角度、"U"中丝带的线条等细节都被完美保留了下来。正是吉田 Yuni 对于细节的讲究，才构成了能给观众留下深刻印象的作品。

> **我的作品常常被认为天马行空，不过实际上我却喜欢"有限制的创作"。我常常思考，在一定的限制中我能够传达多少信息？我能够挑战极限到何种程度？正因为如此，我对有限制规定的广告世界很感兴趣。比起幻想，我更喜欢现实的东西。**

彼得·萨维尔（Peter Saville）被称为平面设计大师，同时也在英国文化中占据着重要地位。值得一提的是，他为后朋克音乐中最具代表性的传奇乐队 Joy Division（快乐分裂）的唱片"Unknown Pleasures"所设计的封面，是一件世界公认的好作品。"如果只是拿曾经的旧档来随便设计 T 恤，那真是太无聊了！"他将过去的艺术品和字体排印进行重新改编设计成合作系列的 T 恤图案。

"艺术全民化（Art for All）"——优衣库从 2013 年开始便以此为口号，与纽约现代艺术博物馆缔结合作关系。为了能让所有人都接触到艺术，纽约现代艺术博物馆每周五 17 点 30 分至 21 点都会举办"优衣库免费周五夜"（UNIQLO Free Friday Nights），同时还将馆藏作品引入 UT 的设计中，制作出能够在生活中将艺术穿在身上的合作系列 T 恤。

《机动战士高达》的高达模型 2020 年迎来了发售 40 周年。高达模型在动画片《机动战士高达》开播 1 年后首次发售，是根据片中机械战士同比例缩小的塑胶模型。动画片重播时人气暴增，因为当时没有网络，大家就纷纷通过制作高达模型来证明"我是粉丝"。之后，高达系列推出了无数与之相关的动画片、电影和网剧等作品，并在每段故事开始时，就同步进行新的高达模型的企划工作。

1971 年，全世界第一个杯型方便面——**合味道方便面（CUP NOODLE）**诞生了。合味道销售至今 49 年，全球累积销量超过 450 亿杯，并且已在全世界 80 多个国家和地区上市。合味道方便面的口味已经远超百种，仍然保持每年推出约 10 种新口味，创造出意想不到的味道。所属的日清集团还在通过令人惊喜的广告活动持续吸引世人眼球。1973 年的电视广告中"与常识说再见以后，我获得了通往自由的车票"这句歌词也是常年销量领先的"合味道方便面"所信奉的哲学，自发售之初至今未变。

消费者自我表达

Flynn Mc Garry

年仅21岁的弗林·麦克格（Flynn Mc Garry）已经是纽约地区的明星主厨兼餐厅老板。两年前他在纽约下东区开设了餐厅"Gem"，以蔬菜为主却滋味醇厚的料理、美轮美奂的餐厅装潢正在吸引源源不断的顾客。

弗林的主厨之路从十多年前就已经萌芽：10岁，他就通过名厨烹饪书籍和网上料理视频自学烹饪，从11岁起就尝试给父母做成套的高级料理；14岁，他花了两年时间在纽约的"Eleven Madison Park"等著名餐厅里做主厨助理；高中毕业后，他就已经在纽约开自己的快闪餐厅，正式成了一名厨师。

"餐饮的有趣之处，是可以联接所有的要素。自从有了餐厅以后，食物就不用说了，店内的装潢设计、工作人员的着装、背景音乐的播放，所有要素都要考虑注意。餐厅是打造自我理想形象的场所，顾客一踏入餐厅，就能体验到我营造出的理想空间。餐厅就宛若是我的画布一样。"

在弗林16岁时，他在北欧居住了一年。以当地文化为主，他还广泛接触了欧洲、美国、日本、墨西哥等不同地区的文化，最终形成了他特有的文化内涵。在他的餐厅中可以看到多样文化融合的痕迹："目前店内采用了西班牙赤土陶器、日本木材、意大利制造灯具、丹麦风格金属等各类素材，虽然它们似乎完全不同，但是同时又有着某种共同点。这就像我平时烹饪料理一样。比如我在做一道意大利饺子的汤品中，会使用到烟熏口味的美味高汤。"十多年料理生涯后，弗林也正在此以外拓展自己的兴趣。

有人问弗林"生活中不可缺少的东西是什么？"弗林回答道："白色T恤！""我每天必穿的其实就是优衣库的白色T恤。我衣橱抽屉里全都是！"

Kassandra身穿一件印有20世纪美国代表性艺术家让·米切尔·巴斯奎特（Jean-Michel Basquiat）作品的T恤。

在纽约，陶器作品因为简单的形式和恰好的留白广受创作者和消费者的欢迎。创作者们惯于用杯盘碗碟等常见日用品来体现自己的创意想法，但越来越多的年轻创作者们开始探索如何能在造型题材和雕刻方面将作品不断升华——Kassandra Thatcher就是其中之一。

她出生并从小长于20世纪繁华又前卫的纽约街区。"小时候就有许多喜欢男扮女装的朋友，他们是我生活的一部分，对他们我没有任何偏见。"Kassandra觉得自我表现就如同呼吸一般是理所当然的事情。

"我一直有在跳舞，所以在雕塑创作时会充分考虑到肢体动作和姿势等。有段时间我不清楚自己为什么着迷于身体，但是我很快就意识到，身体及其动作就是我拥有的'语言'。与拥有共同语言的人相互沟通，相互理解是件非常重要的事。"父母都是平面设计师，这样的成长经历影响她将视觉性元素视为形成沟通的重要武器。

"我常常着迷于通过视觉来说故事这种艺术方法。陶瓷的雕刻艺术正是如此。摄影记者会通过照片来传递信息，也是一个很好的例子。视觉性的东西一目了然，因此容易与人分享，也容易引起巨大的反响。正如有时候人们会借由UT上的图案与他人进行对话一样，这些艺术和文化正是通过视觉性的呈现，来取得与人的对话。"

Kassandra Thatcher

UT 大事记

2003
优衣库推出以"让 T 恤更加自由和有趣"的 Uniqlo T-shirt Project。

2004
优衣库邀请新锐设计品牌、著名设计院校学生、不同行业企业参与 Uniqlo T-shirt Project 的 T 恤印花设计。

2005
Uniqlo T-shirt Project 以"让 T 恤更加自由、有趣（Tシャツを、もっと自由に、面白く）"为主题，面向社会征集设计大赛作品。优衣库一共收到了来自世界各地的 17704 份参赛作品，最终选出其中 60 件制成商品进行售卖。

2007
佐藤可士和担任优衣库纽约首家全球旗舰店的创意指导。2007 年，佐藤可士和将 Uniqlo T-shirt Project 重新定义为仅售卖 T 恤的品牌"UT"。

4 月 28 日，UT STORE HARAJUKU 在原宿开业。这家 T 恤专门店以"未来的 T 恤便利店"作为概念，将最新款 T 恤装在瓶中进行售卖与陈列展示。

2009
2009 年，优衣库将 UT 的概念词定为"MEGA CULTURE"，寓意：多种文化融合共同创造一种 MEGA CULTURE。UT 随后推出一系列产品，以日本游戏和动漫等日本文化作为印花内容，引发全世界的关注。

2014
街头时尚先锋 NIGO 被任命为 UT 第一位创意总监，以"THE NEW MODEL T"为新品牌理念，强调"真实的身体"和"真实的流行文化"。

4 月，优衣库和全球知名音乐制作人兼音乐家 Pharrell Williams 合作推出"i am OTHER" UT 系列。5 月，优衣库推出名为"UTme！"的新应用程序，顾客可以通过应用制作原创 T 恤，UT 也从"选择 T 恤"转向"制作 T 恤"。

2015
UTme！新增 UTme！Market 功能，顾客可以在应用程序上出售自己设计的 T 恤。

2020
优衣库发布《UT2020 世界文创先锋册》，通过采访特辑和时尚大片，揭开 UT 背后的故事。

2006 年，日本设计师佐藤可士和在优衣库纽约 SOHO 旗舰店推出 JAPANESE POP CULTURE PROJECT，由 34 名代表日本的艺术家、摄影家、漫画家、音乐家等共同参与策划，商品一经面世即售罄——这就是 UT 诞生的开端。当时优衣库已经通过开设这家旗舰店在纽约走红，而这个项目却也成为优衣库后续保障消费热度的重要手段。这个项目的成功是 T 恤能够作为信息的载体的佐证，也为人们创建了"T 恤是一种流行文化"的认知。

优衣库正式萌生了"打造世界第一 T 恤品牌"的想法，佐藤可士和继续受聘担任项目创意总监。UT，优衣库的 T 恤，简单好记的名字是品牌成功的第一步。佐藤可士和进一步重新设计了 T 恤的贩售及购买方式，将 UT 定位为新的东京特产、原宿特产，还希望开设一家 T 恤专卖店作为东京新的旅游朝圣地、原宿的新地标。

2007 年 4 月，第一家 UT 专卖店开业，将原来的优衣库原宿店改建为 UT STORE HARAJUKU。商店以"未来便利店"为理念打造而成，除了采用优衣库一贯的红白两色，更在基调中加入了具有未来感的银色。店内以与饮品货柜相似的形式进行瓶装 T 恤陈列，顾客可以在货架上查看商品吊牌，也可以通过电脑触摸屏查询具体某款 T 恤位于具体货架的位置。从货架中取走一个瓶式包装 T 恤时，下一个会从后方自动补上，陈列结构与便利店的饮料专柜相同。与传统不同的购物方式，能让顾客享受到如购买饮料般的新鲜购衣体验。

2012 年，UT STORE 在优衣库全球旗舰店银座店开业之际被搬到店内 11 楼。2013 年，UT POP-UP！TYO 以快闪店的形式开设在东急东横线涩谷站旧址之上，这也成为优衣库全球最大的 UT STORE 分店。UT POP-UP!TYO 占地约 660 平方米，店内展示并销售上千种 T 恤，车站月台的选址、类似建筑工地式的构架、丰富多样的 T 恤选择，这家 UT STORE 带给顾客的仍是前所未有的购物体验。

而 2020 年春天，UT 又回到了位于原宿站前的综合设施 WITH HARAJUKU 内的优衣库原宿店内。店铺也从曾经的"未来便利店"概念升级为"UT 博物馆"，T 恤不再是普通商品而是便于购买的艺术品。同时，这家店还汇集着世界上各种流行文化元素。优衣库希望顾客无论什么时候来到 UT STORE 都能找到自己喜欢的 T 恤，正如人们可以在书店或唱片店偶遇自己心爱的那个"它"。以回归原宿为契机，优衣库也希望顾客能够感受到 UT 正在不断发展的步伐。

UT STORE

优衣库 | 143

UT
MAGAZINE
2020

《UT Magazine 2020》于 2020 年 2 月 28 日率先在日本优衣库商店发行。4 月 10 日起，中文版《UT 世界文创先锋册》品牌册的纸质版也在中国优衣库各大门店供顾客免费取阅。同时，优衣库官网、掌上旗舰店及小程序也同步提供数字阅读版本。这是优衣库首次将 UT 文化以纸质介质展现，帮助人们更深刻了解全球范围内 UT 的文化主题和创作者。

一直以来，优衣库将 UT 视为"一种信息的载体"，认为"穿着印有自己喜欢的乐队或是自己热爱的艺术家的 T 恤，将会传递出你的喜好，表达出你是怎样的人。通过 T 恤来认识一个人，是件非常有趣的事情"。

"WEAR YOUR WORLD"—— UT 的独家口号便是诞生自这样的想法。挑选并穿上自己喜欢的 UT，不管是穿着这件 T 恤的人，还是看到这件 T 恤的人，都有可能通过这件衣服接触到一种全新的文化。而在《UT2020 世界文创先锋册》中，顾客可以找到"这件 UT 蕴含了怎样的文创艺术？""是由何人打造？""每一件 UT 的背后又发生着怎样有趣的故事？"这些问题的答案。

在首页的特辑中，优衣库针对"WHAT DOES 'CULTURE' MEAN TO YOU?（'文化'对于你意味着什么？）"这个主题，采访了与 UT 合作过的多位设计师及艺术家，并且拍摄了一组日常生活中的时尚大片。

在《UT2020 世界文创先锋册》中，

顾客可以找到"这件 UT 蕴含了怎样的文创艺术?""是由何人打造?"这些问题的答案。

联名——
有质感的
生活方式品牌

> 优衣库并不是快时尚品牌，而是一个推崇高质量、创新和改善生活的生活方式品牌。
> ——优衣库欧洲首席执行官 Berndt Hauptkorn

源自日本的优衣库进行海外扩张时并不容易，而高质量的设计师合作款就是优衣库打开欧美市场大门的重要敲门砖。不同于其他品牌，优衣库在选择设计师的方向上更为清晰明确，也更为长久稳定。优衣库从 2014 年与 Ines de la Fressange 推出了首个设计师合作系列，之后又和 Christophe Lemaire、Jonathan Anderson、Marimekko 品牌推出过多季合作系列。这些设计师合作系列延续了优衣库 LifeWear 的品牌理念，不盲目于追求流行款式或者跟随潮流，而是专注于提供创新、适合大众与高品质的服饰。优衣库正在用和自己相近理念的设计师合作款为自己"LifeWear（服适人生）"的品牌定位和形象加码。

UNIQLO × INES DE LA FRESSANGE

Ines de la Fressange 是巴黎的时尚偶像，她浑然天成的优雅是法国式摩登时髦的典范。Ines 认为真正意义上的奢华是"每位女性每天都想穿着的服装"，优衣库因为"超越传统奢华，为未来而生"的理念与她相应相知，由此感受到了未来服装的无限可能。为了让每位女性得到朝思暮想能够时刻陪伴她们的日常衣物，优衣库与 Ines de la Fressange 合作推出 LifeWear 系列，融合 Ines 设计美学和法式时髦，历久弥新，一直受到人们的喜爱。

UNIQLO U

法国时装品牌 Lemaire 由前爱马仕创意总监 Christophe Lemaire 与 Sarah-Linh Tran 创立，以简约优雅的品牌风格誉享全球。优衣库与两位设计师合作推出的 UNIQLO AND LEMAIRE 系列（2015年秋冬系列和2016年春夏系列）大获时尚界好评。

2016 年 6 月，优衣库任命 Christophe Lemaire 为新成立的优衣库巴黎研发中心及全新的 Uniqlo U 系列艺术总监。Uniqlo U 系列延续了优衣库"LifeWear 服适人生"理念，Christophe Lemaire 及其巴黎团队不断探索新型面料和时尚剪裁，重塑日常穿着单品，打造兼具匠心质感设计和简约摩登风格的优质服装。

UNIQLO × JW ANDERSON

Jonathan Anderson 是来自北爱尔兰的设计师。2008 年，他创立同名品牌，现在已经被公认为是伦敦颇具创新和前瞻精神的品牌。"两个背景截然不同的品牌如何能够在一起创造令人兴奋的系列永远是非常有趣的。"优衣库与 JW Anderson 合作推出的 LifeWear 系列将 JW Anderson 设计的英国传统元素融入进优衣库舒适的日常设计中，用这位设计师独特的风格重新诠释既经典又实用的服装。

UNIQLO × Marimekko

芬兰设计品牌 Marimekko 成立于 1951 年，以原创印花和缤纷色彩闻名遐迩。Marimekko 结合时装、手袋、配饰以及室内装饰等产品系列，倡导快乐生活、乐享人生的品牌哲学。优衣库与 Marimekko 合作带来的限量系列融合了 Marimekko 标志性的大胆印花与优衣库经典廓形，为成人、儿童、婴幼儿带来自信、愉悦的穿着体验。

科技——
创新面料[1]

2006 年 3 月，UNIQLO CO., LTD. 与 Toray Industries, Inc. 签订了全面的采购和供应协议，建立战略合作伙伴关系。自此，两家企业跨越了材料制造商与 SPA（制造和零售）之间的边界，建立从材料研发阶段到最终产品销售的整套产品开发系统，致力于合作改善消费者的生活。

优衣库几大功能性商品，都是试图通过对穿衣价值的重新设定，让一件单品的功能性，舒适感和设计感充分融合，彼此共振。这也是为什么，与其他"迁就"时尚变迁的快时尚品牌相比，优衣库的时尚不是速朽的，在优衣库的品牌理念里，时尚是剔除一切冗余的设计，是服装与每个人身体的真实关系。

HEATTECH 面料

在以基础款为主导的品类当中，纯棉针织衣裤系列是秋冬季的必备款。为了提升保暖性，织物往往做得又厚又重，根本谈不上美观，但美观的产品又不能满足起保暖需求。"如何让针织衣系列既保暖又轻薄"在很长一段时间内都是无解的难题，直到优衣库和东丽合作研发出了 HEATTECH 面料。

HEATTECH 面料由四种纤维（人造丝、丙烯酸、聚酯和聚氨酯）以复杂的结构编织而成，这些纤维能够迅速吸收水分、将温度锁定在空隙间，使得面料具备出色的发热、保暖、吸湿排汗和可拉伸性等优点。

Ultra Light Down

为了把人们从冬季臃肿的服饰中解放出来，优衣库还和东丽联合研发出一种特制混纺材料面料，为消费者带来轻盈又不减温度的 Ultra Light Down 高级轻型羽绒服。除了轻薄柔软的面料外，Ultra Light Down 还减少了传统羽绒服为填空羽绒而设计的面料内胆，采用精巧的热压胶条工艺解决绒丝溢出问题，既减轻羽绒服总体质量又让温暖更进一步。

DRY-EX 面料

习惯于空调的都市现代人们走在夏日正午的街头仍然会被汗水困扰。DRY-EX 速干面料就是为解决因出汗导致的黏腻感而生：利用针织立体环圈穿插的特殊纤维编织工艺，DRY-EX 面料与皮肤之间能够保持大量空隙，轻松将汗液和水汽导出，从而达到吸汗透气和保持干爽的功能。

得益于这种新型面料，兼具延展性和贴身感的 DRY-EX 系列不仅适用于运动场景，也成为打破"运动""休闲""商务"各场景间界线的钥匙——DRY-EX 系列拓展了人们对"轻运动"的理念认知。

AIRism 面料

日本梅雨季节湿热难耐的天气，是优衣库开发 AIRism 面料的初衷。由东丽公司特殊设计的聚酯细纤维制作而成的 AIRism 强化了面料细腻光滑的属性，纤细的纤维能最大限度地减少面料可能吸收的水分，从而加快热量向外扩散的速度，提升了面料吸热排汗的性能。在不断的产品迭代中，AIRism 在基础的速干冷感特性基础上，增加了除臭抗菌等功能——穿上 AIRism，肌肤与面料间就形成了能维持一定温度、湿度的"微气候系统"，为穿着者提供凉爽舒适的穿着体验。

[1] https://www.toray.com/partnership/uniqlo/.

优衣库 | 147

东丽

优衣库背后"纺科巨头"东丽公司推尖端服装研发实验室

2003年,东丽和优衣库合作投资创建了"次世代原料开发团队",由两家企业双方的员工所组成,并在同一年推出了HETTECH技术——这也成为东丽与优衣库近20年合作关系的开端。2006年,东丽还和优衣库结成战略合作关系,构建由面料开始到最终成品销售的一体化商品开发体制。

东丽在1983年就自主建立了第一代TECHNORAMA实验室,而在展开与优衣库的合作后,东丽于2008年在中国南通建立了第二代TECHNORAMA实验室,负责联合研发科技面料"HEATTECH"和"AIRism"。2018年,东丽再一次公布了旗下尖端服装研发实验室:气候模拟实验室TECHNORAMA GIII。

这间投资高达10亿日元的实验室位于东丽在日本滋贺县大津市的濑田工厂内部,建筑空间940平方米。实验室设有3间人工气象室,可随意调整温度、湿度、风速风力、降雨、日射等多个气象因素,还能模拟极圈的极端天气,同时配备动作分析系统的动作捕捉、3D人体扫描、无线温度计、无线湿度计、心肺心电和排汗测量等多种设备。此外,实验室还设有纺织面料图书馆,配备过往面料设计图等资料的数据库:从纤维物理性质、面料设计相关信息,到面料外观、试穿的模拟装置,一应俱全。

东丽株式会社

东丽株式会社(Toray Industries, Inc.)成立于1926年,是世界著名的以有机合成、高分子化学、生物化学为核心技术的高科技跨国企业。这家创建于90多年前的纤维制造企业,在"用创新的理念、技术和产品为社会创造新的价值"的企业宗旨下,为波音787飞机、奔驰汽车、奥运会游泳冠军设计制造了众多领域中如游泳衣、医疗产品、服装面料等各种创新产品。

> " 实验室设有3间人工气象室,可随意调整温度、湿度、风速风力、降雨、日射等多个气象因素,还能模拟极圈的极端天气,同时配备动作分析系统的动作捕捉、3D人体扫描、无线温度计、无线湿度计、心肺心电和排汗测量等多种设备。"

迪士尼

每个人心中都有自己的迪士尼，也没有人会否认它用心娱乐的宗旨。通过一个个精彩的故事，迪士尼为全世界的消费者构建了无数个"触动心灵的时刻"。在每个品牌都无限渴望打动人心的好故事和大IP的时代，迪士尼创造和积累的"财富"令人艳羡。

迪士尼是IP创造与运营的典范。作为以内容为核心的公司，迪士尼对一个IP的塑造离不开一场长达120分钟的（动画）影片。发人深思的故事、震撼人心的音乐、制作精良并不断随着技术发展而突破的画面，奠定了IP的基础；而衍生品和乐园的业务则为消费者提供了更触手可及和全方位的体验。这一切，都让迪士尼的故事永远与时俱进，历久弥新。

用户眼中的迪士尼

无数人被迪士尼电影滋养长大，被音乐和画面震撼，被抚摸和温暖内心最柔软之处。

- 永远忘不了第一次看《狮子王》的时候的震撼，忘不了《海底总动员》带来的乐趣和那首超好听的主题曲。
- 一位单亲家庭里长大的孩子表示，深深理解《机器人总动员》的孤独感，以及《玩具总动员》里面从小和自己的玩具相濡以沫的依靠感——满眼都是孤独。都是自己和自己玩的故事。
- 很多时候，那些寄托感情的东西，往往不是自己的父母。
- 迪士尼、皮克斯让人对爱情、家庭、友谊、自由、勇气、诚实等事物或优秀的品格有向往。
- 多少人都因为《飞屋环游记》，又相信了爱情？
- 动画里包含的让人感动、感叹和惊喜的东西太多了，几乎每部都会让人感叹背后创作者们对周围生活的洞察力和对未知生活的想象力，还有塑造角色的能力，觉得自己内心一部分的自由、活力和好奇心都来自于这些动画片。

直到成人，迪士尼故事所带来的欢乐与感动依旧深植于人们心中，甚至与某一段时光紧紧相连，成为人生的一部分。

- 长大后第一次重看《花木兰》流着眼泪怀念爷爷。
- 去了一次乐园，看了游行和表演，眼泪差点掉了。
- 跟着巡游队伍走，碰巧就一直在听《飞跃海洋》（Beyond the sea，《海底总动员》插曲）……走着走着突然就想流泪了。
- 即使到了 100 岁也会喜欢迪士尼的。
- 原来迪士尼的种种早已深入"我"心，满满回忆和幸福感。
- 长大了虽不再执拗地相信世上有精灵小仙女以及厉害的魔法，可是还是坚信这世界还是温暖美好的，还是坚信只要心存美好不断努力，终会有奇迹出现。
- 感谢所有给童年带来温暖快乐的电影和音乐。
- 迪士尼帮我实现了整个青春期脑中孕育的浪漫幻想。

也因这种感动和认可，人们纷纷表示想与迪士尼有更多联系。

- 以后要是能进入迪士尼工作该多好啊。
- 希望以后有机会可以参观迪士尼工作室，以及将来给自己的孩子买一套完整的迪士尼经典动画然后和他一起看。
- 小时候看完想学画画，长大后就去迪士尼设计人物。没学成画画学了小提琴，好吧，去给动画配乐！

媒体眼中的迪士尼

华特·迪士尼公司刚刚宣布其流媒体服务 Disney+ 拥有超过 5000 万用户。该服务在不到 5 个月前推出，截至 2 月 3 日，已经拥有 2860 万用户。

——《迪士尼旗下流媒体平台 DISNEY+ 拥有超过 5000 万订户》
科技博客（TECH CRUNCH），2020 年 4 月 9 日

离任的鲍勃·艾格（Bob Iger）为何如此重要？在 15 年任期内，他靠大举并购带领盈利平平的迪士尼逐步成长为全球最强大的内容和科技巨头之一，更在奈飞和亚马逊等数字新贵的夹击中突围。他不仅有收购皮克斯、漫威、卢卡斯影业等强大厂牌的雄心，更有通过充分授权、坚持"内容为王"壮大 IP 的文化基因。

——《迪士尼如何打造内容 IP 帝国？》
《经济学人》2020 年 3 月 6 日

迪士尼表示，它希望更好地将 Hulu 与其直接面向消费者的业务整合，这是朝着实现其国际野心迈出的第一步。

——《迪士尼计划于 2021 年在全球推出流媒体平台 Hulu》
科技博客（TECH CRUNCH），2020 年 2 月 5 日

这个榜单的评分系统倾向于平行打分，也就是在 9 个得分领域里，连竞争对手都会为它由衷打高分的公司……迪士尼也和苹果一样，都在其中 8 个领域排名前十。

——《2020 年<财富>全球最受赞赏公司榜单揭晓》
财富中文网，2020 年 1 月 22 日

收入的增加可能主要来自于收购福克斯带来的好处，包括高质量内容的增加、更高的订阅者数量、工作室收入的增加，以及流媒体播放器 Hulu 30% 的股份的增加。

此外，附属机构收入的增加、公园和度假村业务的强劲表现、院线销量的增加、赞助收入的增加，都将在 2019 年促进迪士尼收入的增长。

——《总收入激增 100 亿美元，迪士尼是怎么办到的？》
福布斯中国，2019 年 10 月 9 日

从星际大战到皮克斯电影，迪士尼正一炮而红。这似乎是一种新的商业模式，但实际上，首席执行官罗伯特·艾格借鉴了沃尔特·迪士尼本人将近一个世纪前开始使用的策略……平衡的艺术、创新的遗产。

——《迪士尼如何将古老的故事变成票房黄金》
CNN 美国有线电视新闻网，2018 年 10 月 3 日

品牌故事

"一切始于一只老鼠!"—— 米奇的诞生开启迪士尼王国

20世纪初,美国密苏里州的一个农场里,小男孩华特·迪士尼热衷于在干活之际,与小动物对话,并将其画在各个角落。从小便以其丰富的想象力构建起一个奇妙世界的华特,长大之后创立了迪士尼,将欢乐和美好带给更多的人。

在无声黑白电影的20世纪20年代,卡通影片只是放在电影正式开演前串场,华特·迪士尼早年就是以拍这类卡通短片的独立工作室起家的。

1927年,华特创建了第一个颇受欢迎的卡通人物——"幸运兔"奥斯华。正当他兴致勃勃地赶赴纽约,欲与发行人洽谈版权续约事宜时,却被告知:发行人已经买通并撬走了他几乎所有的幕后人员,奥斯华的版权实际已不在华特手中。眼看事业将要有起色,现实却给他迎头一击,华特复归一无所有。他痛定思痛,在短暂沉沦之后,便振奋精神从头再来。

幸运兔没有为华特带来幸运,但却孕育了米奇这一经典动画形象的诞生,为之后迪士尼的动画王国打下了重要的地基。华特的性格特征明显投射在米奇身上,正如他本人对这一角色的评价那样:米奇是一位好先生,从不害人。他常身陷困境,但最后总能化险为夷,而且面带笑容。米奇是华特本人的翻版,是他对困境的回应,而乐观的米奇也使华特的事业转危为安。

事实上,直到米奇系列动画第三部《汽船威利》,影史上第一部有声卡通影片,这只老鼠形象才得到人们的广泛喜爱,华特也得以体会到名利双收的感受。新兴技术可以为人们带来新奇体验,在此认知以及华特本身开创精神的推动下,他致力于将最前沿的技术应用于电影制作当中,以求带给观众最好的观影体验——从研制彩色颜料推出第一部彩色动画《花与树》,到发明需要12个人合力才能运转的巨型摄影机以呈现出《白雪公主》中更加立体的景深效果,再到在《幻想曲》的制作中使用世界最早的立体音响……除此之外,他还开创了世界上第一家迪士尼主题公园与未来世界中心。

与其说华特是一个优秀的动画师,不如说他是一个大胆的梦想家和冒险者,永远在各个领域为人们带来惊喜,不限形式地使梦想照进现实。

成也萧何,败也萧何 —— 迪士尼的商业拓展与内容萎缩

然而一个天才的梦想家却不属于成功商人之流。虽然华特以其才华与创新不断为动画影业注入新血,然而制作精良、成本高昂的动画却令迪士尼片厂的财务情况始终颇为难堪。作为公司内容的创意来源,华特于1966年去世后,迪士尼便面临创意枯竭的窘局。整个20世纪70年代,这家以卓越的动画电影而闻名的公司再未创造出令人惊叹的作品。

公司管理层面,迪士尼也受到内忧外患的双重夹击。20世纪70年代中后期面世的家用录像机,作为一种全新的观影渠道,对电影公司的传统渠道策略形成了威胁。20世纪80年代中期,美国娱乐界被一股并购热趋势横扫,时代与华纳、新力与哥伦比亚纷纷合并,以横跨各形态媒体的经营方式来扩大影响力。然而,迪士尼内部的派系之争却愈演愈烈,当时的企业执行官,华特·迪士尼的女婿,罗恩·米勒(Ron Miller)删减创意部门,将经营重心转向不动产的投资。此举背离华特以创意和内容为核心的初衷,遭到了华特的侄子罗伊·迪士尼(Roy Disney)的强烈反对。之后罗恩被迫辞职,罗伊请来职业企业经理人迈克尔·艾斯纳(Michael Eisner)接管公司。

1927年 华特创建幸运兔奥斯华 → 1928年 推出米奇系列动画第三部《汽船威利》,影史上第一部有声卡通影片 → 1937年 推出彩色动画《白雪公主》 → 1940年 推出《幻想曲》 → 1966年 华特·迪士尼去世

艾斯纳将之前迪士尼出于多方考量而坚守的一些原则和束缚抛之脑后，以商业思维大刀阔斧地进行改革。

他抛开前人"过于泛滥的迪士尼形象可能损害品牌形象"的顾虑，不仅将迪士尼的品牌特许权出售给各种周边厂商，疯狂扩张周边商品在市面上的比重，渗入普通民众生活的方方面面；还将电影录像带从80美元一盘大幅降价到30美元，并且投入巨资宣传，使得家庭录影带成为当时的一大收入支柱。同时，艾斯纳提高迪士尼乐园的门票价格，将之前华特口中"不会有第二家"的迪士尼乐园开到东京和巴黎，为主题公园增加包括酒店、餐厅、迪士尼专卖店在内的各种配套设施，以此留住游客更多的时间进行消费。

除此之外，艾斯纳也将迪士尼对梦想的创建和守护扩大为对全部群体文娱生活的关注。他成立试金石电影公司，专门发行成人向的电影。更为重要的是，在艾斯纳的带领下，迪士尼于1995年花费160亿美元将美国广播公司ABC电视台、ESPN有限体育频道等公司纳入囊中。迪士尼通过掌握内容分发渠道获得更多话语权，避免了诸如吉卜力工作室、PDI太平洋数字影像工作室（Pacific Data Images）等优秀动画工作室难以为继的局面。同时，伴随着21世纪以来体育赛事的兴起，ESPN成长为体育赛事直播龙头并逐渐成为迪士尼的收入支柱；直到今天，有线网络业务的营收每年可贡献迪士尼超过1/3的现金流。

然而，商业的开拓与发展是以内容IP为核心的。但随着老一代画师的退休，坐了几十年冷板凳的二线动画师对工作室的接管，迪士尼的动画师团队的层级制度日渐分明，许多年轻有才的动画师因此得不到重视。而艾斯纳对短期利益的关注也使其对于动画技术的研发创新缺乏耐心。

1983年，年轻但才华横溢的动画师约翰·拉塞特（John Lasseter）惊叹于《电子世界争霸战》中大量电脑动画产生的炫酷场景，向上司建议制作一部名为《电器小英雄》的动画片，尝试将电脑技术与传统手绘相结合的动画形式。然而，习惯于小动物和公主故事的迪士尼无法理解一部以台灯和烤面包机为主角的动画片，以手绘技术起家并壮大的背景也使其对于约翰所描绘的技术结合手绘的动画未来采取封闭态度。于是，未等约翰的作品完工，迪士尼就终止了与约翰的合作。

然而，约翰这样优秀的动画师和创意师正是当时在大力研发电脑动画技术的卢卡斯影业所需要的。在创造一部完全由电脑动画技术制作的动画影片的大胆想法的驱动下，约翰与伙伴艾德·卡特姆（Edwin Earl Catmull）从卢卡斯影业离开，由乔布斯投资，创立皮克斯。1995年，皮克斯推出了史上第一部完全用电脑制作的电影《玩具总动员》，成为美国动画2D时代和3D时代的转折点。之后皮克斯持续发力，屡创佳绩，之后推出的《虫虫危机》《玩具总动员2》都获得市场及业内肯定。

当看到皮克斯推出的一系列电脑制作的动画大获成功，而迪士尼的传统手绘作品反响平平之后，之前不愿投入成本开发新技术的艾斯纳，态度发生大转变，竟得出了手绘作品没有未来的论断，甚至于2004年决定关闭传统手绘动画片厂，全都投入电脑动画制作。皮克斯的一众动画家们从小受手绘动画的滋养，听闻此消息十分痛心，他们了然问题不仅仅在形式，而是创意与内容。皮克斯对于此决策的反对使得皮克斯与迪士尼之间的合作越来越僵。而迪士尼创作团队中的几大画师先后跳槽皮克斯，这也让迪士尼与皮克斯之间本来就脆弱的关系更加

| 1982年 东京开设迪士尼乐园 | 1983年 华特·迪士尼女婿罗恩·米勒接任CEO | 1984年 迈克尔·艾斯纳接管华特·迪士尼 | 1986年 史蒂夫·乔布斯与约翰·拉塞特创立皮克斯动画 | 1992年 巴黎迪士尼开幕 | 1995年 购入ABC电视台、ESPN频道 |

如履薄冰。

除此之外，以得力下属杰弗瑞·卡森伯格（Jeffrey Katzenberg）出走创立梦工厂为标志性事件，傲慢专制、贪恋权力的艾斯纳在迪士尼内部早已不得人心。最终，20 年前将艾斯纳引进迪士尼的罗伊，于 2004 年，亲自发起决议，辞退艾斯纳，之后罗伯特·艾格接任总裁一职。

内容商业两头抓，迪士尼终于迎来一位平衡大师

刚上任的艾格参加香港迪士尼乐园的剪彩活动时，发现游行车上的卡通人偶还是几十年前那些经典的动画形象。他深刻意识到迪士尼发展的核心正是这些广受喜爱的动画形象，即 IP，而近十年来，迪士尼动画本部都未曾创作出深入人心的 IP。新世纪时代，受欢迎的角色出自皮克斯、漫威、卢卡斯。

为了重新壮大迪士尼的 IP 库，在迪士尼与皮克斯交恶之际，艾格主动向乔布斯示好，并参观皮克斯，以平等、尊重、包容的态度寻求并购，并完全接受乔布斯所开出的远高于市值的报价。赢得乔布斯的信任也间接推动了迪士尼对于漫威影业（Marvel）、卢卡斯影业（Lucas Film）的收购。除了积极吸纳新时代的 IP，艾格还致力于复兴迪士尼动画。并购之后，他指派皮克斯灵魂人物约翰担任所有迪士尼动画的总监，引入皮克斯的智囊团体系，改变了迪士尼陈腐的工作机制，将团队中"行政主导模式"逐渐改革为"创作者主导模式"，通过充分交流最大限度地开发团队的集体智慧。此大胆创举也使得迪士尼动画本部再度创作出如《魔发奇缘》《冰雪奇缘》等优秀的动画作品，再续迪士尼经典公主系列。

2006 年以来的 6 年中，艾格的 3 次并购与人才管理体系的调整大幅扩充了迪士尼的角色经营体系，不仅进一步满足了迪士尼儿童和女性受众，更将迪士尼角色形象延伸至全年龄段，使迪士尼品牌价值、内容和动漫形象进一步丰富和提升，同时优势内容又促进了迪士尼平台价值的进一步提升。

同时，致力于丰富内容的艾格并没有放松对迪士尼商业版图的拓展。从选址到开园，他花费 18 年全程跟进上海迪士尼乐园的建设。中国民众蓬勃的消费力以及对于迪士尼的喜爱，推动上海迪士尼在开业后 15 个月便收回成本，开始赢利。

除此之外，艾格也注意到观影渠道再次改变的时代趋势：流媒体取代了有线电视。作为回应，艾格于 2017 年买下一家专注于在线平台开发的公司 BAM Tech，2019 年通过收购 21 世纪福克斯，间接控制了流媒体 Hulu。相继面世的流平台 ESPN+、Disney+、Hulu 正成为迪士尼的新兴吸金渠道。

在"艾格时代"，内容版图的扩充与商业世界的开拓齐头并进，同时对于流媒体的流行趋势，迪士尼虽反应稍显迟缓，但最终迎头赶上。至此，迪士尼坐拥全球优质 IP 阵容、电影发行网络、电视网络与流媒体平台、处于制霸地位的主题公园、全球品牌授权体系等品牌资产。梦之王国的建立以深入人心的 IP 为核心，通过把握内容分发渠道获得更多话语权，而发达的衍生品业务与独一无二的迪士尼乐园不仅为消费者提供了更为亲近的品牌体验，也在创造巨额利润的同时实现了商业闭环，使迪士尼的游行马车生生不息，驶向未来。

| 1998 年东京开设海上迪士尼乐园 | 2004 年罗伯特·艾格接任总裁 | 2006 年并购皮克斯动画 | 2008 年并购漫威 | 2012 年并购卢卡斯影业 | 2016 年上海迪士尼乐园开幕 |

迪士尼商业体系——
内容型企业
如何完成商业闭环

IP 推动轮次收入的迪士尼文化产业链 —— 通过创作优质内容（动画影片）引发用户共鸣、与用户建立情感联结，获取票房收入；其次，将内容通过媒体网络渠道进行二次分发，并出版一系列音像产品，通过订阅以及广告服务完成第二轮创收；接着，主题公园将顾客在线上的"梦幻"体验延续到线下，实现又一轮创收；最后是通过品牌授权与品牌自营商店实现内容变现。

内容创造 / 打造 IP
- 音乐
- 故事
- 画面

引发用户共鸣、与用户建立情感联结

迪士尼商业体系

分发渠道
- 有线传媒
  - Disney 电视频道
  - Freeform 有线网络
  - ESPN 体育频道
  - ABC 电视台
- 流媒体
  - ESPN+
  - Disney+
  - Hulu

内容变现 / 商业拓展
- 品牌自营
- 衍生商品
- 授权体系

线下延展
- 主题公园

延续品牌体验，提升品牌价值

迪士尼 | 155

迪士尼营收结构

衍生品与互动媒体 13%
影视娱乐 15%
迪士尼乐园与度假村 37%
媒体网络 35%

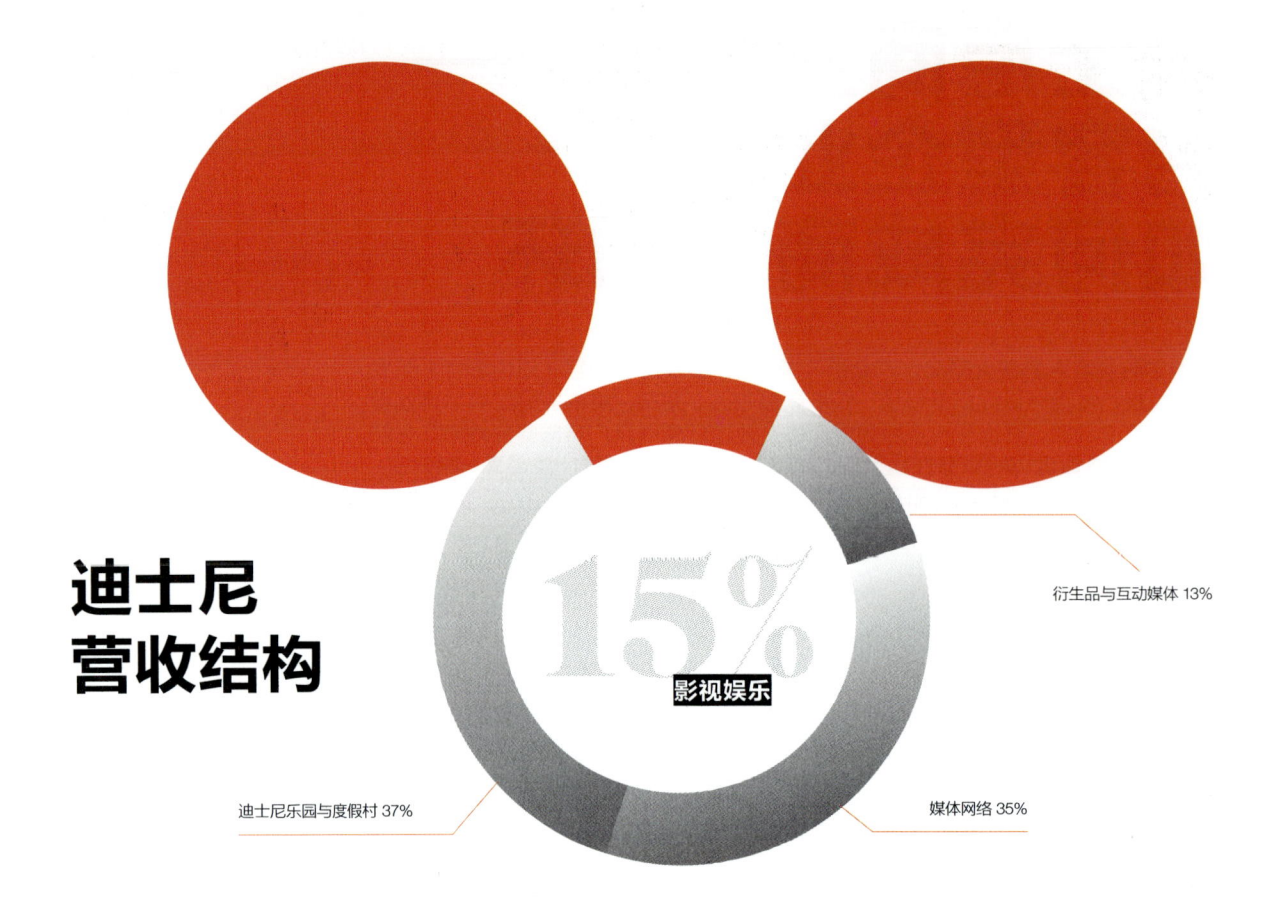

迪士尼的营收结构中，虽然影视娱乐（属于产业链前端的内容创作）只占 15%，但却是其他创收项目的"根"。

从观众的角度来讲，人们被动画打动，出于对动画形象的喜爱才会珍藏光盘、订阅频道/流媒体、参观主题公园和购买衍生品。对于迪士尼来说，庞大且优质的 IP 内容库，像是活水一般，支撑其他项目发展成为坚实的收入来源，使其庞大的商业帝国运行起来。

同时，在以内容为驱动做商业拓展/变现的过程中，迪士尼乐园不仅成了重要的收入支柱，还将其荧幕梦境还原于现实中，将受众在线上的美好体验延续到线下，提供了更加完善的品牌体验，巩固了与受众的情感联结。迪士尼主题公园的独特之处在于其"表演公司"的自我定位：员工通过角色扮演为顾客建立了"真实的童话梦境"，营造了独一无二的欢乐氛围。

而各类精致用心的衍生品使品牌及其 IP 离消费者更近，为用户提供了全方位的、始终如一的温馨品牌体验。

迪士尼基于内容联结用户情感，多层次、多元化、跨产业地对内容价值进行多样化的变现，将内容产业以一种突破产业边界的融合方式急速扩展开来。但是，不论是动画影片，还是主题乐园和衍生品，从始至终，迪士尼都是因为深刻联结了用户的情感，守护了用户体验，完成"造梦"之后，才盘活了整个商业体系。而联结用户情感，正是一个 IP 获得成功的关键。

何谓 IP？

IP（Intellectual Property），是一种无形财产或者精神财富，是创造性的智力劳动所创造的劳动成果。

对于版权类 IP 来说（另一类是工业产权类 IP，如专利和商标），具有辨识度的外形与引发共鸣的故事是其成为 IP 的关键。举例来说，在一部动画电影中，主要的动画形象随着故事情节的发展而逐渐丰满。而由于故事和内核打动人心，形象也受到喜爱，甚至成为一个符号。这意味着，即使人们在非电影相关场景中看到这个形象，也会自然联想起电影中的故事、情感与主题意义。

可见，辨识度、共鸣度、联接力是打造 IP 的必要条件。从 IP 能带来的价值来衡量，知名度、美誉度、忠诚度、持久度是四个可纳入考虑的因素。又因其以内容为基础，并不依托实体产品而存在的特点，IP 可通过跨界经营实现变现。

资料来源：迪士尼 2019 年度财报。
迪士尼的营收结构包括媒体网络、迪士尼乐园度假村、影视娱乐、衍生品及互动媒体四个主要板块，其财报显示，2019 年全年，四部分的营收占比分别为 35%、37%、15%、13%。

迪士尼动画

迪士尼是 IP 创造与运营的典范。作为以内容为核心的公司，迪士尼对一个 IP 的塑造离不开一场长达 120 分钟的动画电影。发人深思的故事内核、震撼人心的音乐、制作精良的画面相结合，才使迪士尼电影和 IP 具有了打动人心的力量以及巨大商业价值。从 20 世纪二三十年代到今天的 100 年间，迪士尼的故事、音乐、画面一直处于不断进化之中，以最精良的制作吸引人们的眼球，最贴合时代主题的故事内核贴近用户，引发共鸣，从而成功打造不可替代、无法磨灭、永不过时的著名符号，建立起品牌的无形资产。

故事

迪士尼本部所出品动画电影（包含与皮克斯合作出品的动画电影）的迭代与其公司的发展历程紧密相连，三代领导人主导下的公司稳定期正对应着迪士尼动画的三次黄金时代。同时，其故事内核与 IP 内涵也随着社会浪潮的变迁而不断调整。

第 #1 阶段 经典动画阶段

华特·迪士尼在世时，创造了包括米老鼠、小熊维尼、迪士尼公主系列等在内的一众经典 IP。这些可爱的卡通形象往往具有鲜明的性格特征，会遇到一些总会解决的小问题，角色之间简单有趣的互动足以使儿童们捧腹大笑。20 世纪六七十年代，第二次世界大战结束不久，美国经济刚从经济危机中缓缓苏醒，迪士尼所建立的童话王国为美国人民带来了希望与欢乐，一时之间深受欢迎。

然而，早期的迪士尼形象略带标签化：完美的米奇、憨厚的维尼、楚楚动人的白雪公主……充满童趣的另一面是"角色形象过于单薄、故事内核浮于表面"，如果说纯真的童话故事在动荡不安的战争年代满足了人们对于"希望"和"美好"的渴求；那么，当和平成为主旋律，经济开始高速发展，人们期待更加丰富立体的影视形象，以及更加贴合新时代的故事主题。

第 #2 阶段 迪士尼动画复兴时期的经典 IP

华特·迪士尼于 1966 年去世之后，迪士尼动画工作室陷入了一段青黄不接的历史时期。直到 20 世纪八九十年代，从加州艺术学院毕业进入迪士尼的新一代年轻动画师逐渐成长之后，迪士尼动画才探索出将歌舞与剧情紧密结合的表现手法，从而迎来了其复兴时期。此间诞生了迪士尼 20 世纪 90 年代的四大经典动画电影——《小美人鱼》《美女与野兽》《阿拉丁》和《狮子王》。极具感染力的音乐和舞蹈渲染了故事情节与情感，为观众带来了独特的享受。这些迪士尼歌舞动画片的巅峰作品，甚至被改编为百老汇音乐剧，在世界各地出演。

比起 20 世纪六七十年代追求简单快乐的动画形象，这些角色增添了一抹觉醒意识——爱丽儿为了爱割舍声音，贝儿拯救了被诅咒的王子，茉莉渴望自由，而辛巴通过承担责任，完成了成长和蜕变。这样的设定更加贴合时代的发展与观念的进步。

迪士尼：公主的进化 https://socialone.com.cn/ocs-disneyprincess/。

第 #3 阶段 皮克斯系列

皮克斯系列动画电影在故事与技术两方面实现了对传统迪士尼动画的颠覆。叙事上来讲，从前单一形象贯穿全片的主人公，在皮克斯故事中，会随着剧情的发展而成长，正义与邪恶不再泾渭分明，个体的两面性被承认，角色的"自我探索与成长"成为新的主题。在新时代的个人主义背景下，这样的主题更加打动人心，甚至引发思考。技术上，皮克斯引领了电脑制图（Computer Graphics, CG）技术，通过电脑技术模拟人体动作，使动画形象更加饱满立体。

皮克斯第一部动画长片——1995 年《玩具总动员》。胡迪作为小男孩安迪心爱的玩具，霸占着他的爱。然而，新玩具巴斯光年的到来却撼动了胡迪的地位。感到被冷落的胡迪，开始百般刁难巴斯光年。然而，在影片最后，胡迪接受了"外来威胁"者的存在，并与其和平相处。《玩具总动员》的突破之处在人物形象上，不同于过去的迪士尼经典动画中的非黑即白，并不完美的主人公更加贴近真实，展现了人性的多样、复杂以及可改变；同时，主题上并非论证正义与邪恶，而是探讨关系与相处，这样的理念也在人类社会日益分裂的当下仍旧毫不过时。

音乐

迪士尼电影中，音乐与故事、画面紧密贴合，旋律配合人物动作，歌词呼应角色心境，起到渲染气氛、刻画人物、推动剧情的重要作用。具有超强感染力，让观众不禁伴随旋律起舞，与动画中人物同欢乐、共悲伤[1]。

迪士尼音乐的沉浸感与感染力

每次听 A Whole New World（《一个全新的世界》）都有一种坐在魔毯飞行的感觉。

——《阿拉丁》主题曲

听着 Let It Go（《放手吧》）感觉自己的超能力觉醒了，有一种造一座宫殿的冲动！

——《冰雪奇缘》主题曲

眼睛望着宿舍阳台门外的天，却被 Under the Stars（《星空下》）带到一望无垠的大草原上，有一种天旋地转的感觉。

——《狮子王》主题曲

迪士尼音乐给人以艺术享受

Down in New Orleans（《在新奥尔良》）满足所有蓝调爵士爱好者。

——《公主与青蛙》配乐

迪士尼音乐给难过的人以鼓励

每次很难过的时候就自己给自己唱, no matter how your heart is grieving（不管你心里有多悲伤）。

——《仙履奇缘》主题曲 A Dream is A Wish Your Heart Makes（《梦就是你心中的愿望》）

I See The Light（《我看见了灯光》）暖得让人想哭。

——《魔发奇缘》主题曲

迪士尼音乐给压力大的人们以快乐

悠闲的感觉！一开始唱 Bare Necessities（《生活必需品》）生活中压力就全没（哭），真是一只快乐的熊，我也想做一只快乐的熊。

——《森林王子》主题曲

迪士尼音乐给人以哲思

风本身是没有颜色的，风的颜色就是它经历时的颜色，它经过森林，它就是绿色，经过天空，就是蓝色。You can paint with all the colors of the wind ——你要像风一般，有各种丰富的经历（要懂得尊重各种生命、崇敬自然），你才拥有这世界。

——《风中奇缘》主题曲 Colors of the Wind（《风的颜色》）

---

[1] 以下评论摘自网易云音乐个人评论。

> **不仅屡屡摘得奥斯卡最佳原创歌曲 / 音乐奖，迪士尼音乐更得到观众的认可。**

迪士尼音乐从最初试验性的探索，到最后成为电影的"灵魂"，经历了漫长的发展历程。

致力于将欢乐带给人们的华特·迪士尼不断探索各种形式，以提供给观众最新奇和沉浸的体验。而音乐，从一开始就是迪士尼动画的重要组成部分之一。

贯穿整个20世纪30年代，以音乐带动剧情的《糊涂交响乐》系列便是最初的体现——没有明显的故事主轴，音乐就是整部动画的灵魂。人物性格不再受限于单一角色，剧本不必为某一角色而写，而配乐也由最初使用已有音乐渐渐转变为为影片和画面量身定做。

最初，各式各样的配乐被《糊涂交响乐》所采用——古典乐、传统民谣、歌剧式旋律和流行音乐。《骷髅之舞》中挪威音乐家葛利格（Edvard Grieg）的音乐赋予人类骷髅跳舞的画面生命力。当影片出现流浪狗关在收容所的景象时，就播出标题为《牢狱者之歌》（The Prisoner's Song）的歌曲旋律，观众听到旋律看到标题时便能领会其中的乐趣。

渐渐地，为了使歌词与剧情，旋律与画面更加贴合，华特开始为《糊涂交响乐》制作原创音乐，影片也在更清晰的情节基础上加入歌词和对话。真正使华特意识到音乐的巨大影响力是1933年卡通《三只小猪》的主题歌《谁害怕大灰狼呢》（Who's Afraid of the Big Bad Wolf）的流行。这首歌随着影片上映风行一时，在人心不安的经济大萧条时期给了人们重新振作的希望，成为人人都朗朗上口、全国的乐队都会演奏的畅销歌曲。之后，不满足于卡通歌曲和歌唱式对白，迪士尼在影片中注入开始更多精心制作的原创歌曲，认真打入音乐市场。

《幻想曲》就是一部融合了华特诸多实验性创新的作品。将动画艺术与古典音乐完美结合的《幻想曲》被誉为"既可以用来听的动画，更可以用来看的古典音乐作品"。

到了20世纪80年代末期，随着电影市场主流更替，百老汇式的歌舞片逐渐失去光环，迪士尼电影也因此遭遇瓶颈。直到《小美人鱼》制作时，迪士尼与两位音乐剧创作家亚伦·孟肯（Alan Menken）和霍华·爱许曼（Howard Ashman）共同商讨，才真正找到关键：歌曲音乐与剧情的统整性——剧情与音乐不应先分开作业最后才凑在一起，而应在整个制作过程中紧密结合。

调整制作流程后的第一部作品《小美人鱼》将歌舞与剧情紧密结合，最大化歌舞的感染力和冲击感。这奠定了迪士尼电影的未来走向，为迪士尼百老汇式的歌舞电影带来新生。从《小美人鱼》开始，《美女与野兽》《阿拉丁》《狮子王》多部迪士尼作品因反响热烈而被改编为百老汇音乐剧，在全球各地献演并大获成功。而后几乎所有迪士尼动画电影都创造了流行一时的经典歌曲，甚至流传着"迪士尼的影片不一定好看，但歌曲一定有保障"的夸张说法。

画面

关于迪士尼的画面，网络上有这样一种表述——先听到音乐，未观看电影的人为迪士尼音乐所震撼之余，也会'不无骄傲'地想动画不可能重现人脑中自由想象出的场景。然而，他们之后却发现动画片的效果，比想象有过之而无不及——迪士尼确实直接实现了儿童脑中的幻想。

迪士尼的画面有着"注重三维空间与写实逼真"的特色，迪士尼画师致力于从现实中汲取灵感，创作灵动的动画形象与美轮美奂的动画场景。

迪士尼动画注重三度空间表现和写实的传统可以追溯到第一部公主电影——1937年的《白雪公主》。当时，华特·迪士尼对于早期过于卡通的白雪公主草稿十分不满，于是画师便尝试请真人扮演白雪公主拍摄一段影像，再让画师模仿人物的形态动作，这使得画师们笔下白雪公主的形象顿时生动起来。由此，华特才对人物设计点了头。

此后，"邀请真人演绎动画形象，为动画师提供参考"成了迪士尼的传统，这也奠定了迪士尼对"贴近真实"的不懈追求。到今天，迪士尼的画师们还在实地采风的基础上，通过重构与加工，构建动画中十分"写实"的虚拟场景。

除此之外，为了呈现动画中的景深和律动效果，让动画超越二维层面，华特·迪士尼甚至专门为这部电影发明制造了一台需要十几个人合力才能运行的多平面摄影机。《白雪公主》大获成功后，迪士尼的后辈们也传承了此一优良传统：通过不断提升技术，实现最逼真的艺术效果。

迪士尼不断创新技术以满足艺术创作的需求，传达最优的视听体验。

2013年的《冰雪奇缘》中，技术人员设计出各种算法，允许了制作人员创作出成千上万的雪片，并让雪片彼此黏结，或是在风中飘荡，或是滚成雪球急速滑落，使得电影里的每一处冬天景象都更加真实。

2014年，为了打造一个无比精准又庞大的现代化大都市，迪士尼制作团队耗时2年专为《超能陆战队》开发全新的渲染工具Hyperion，以实现光线最接近自然状态的样子。迷人的城市夜景、大白和小宏夕阳下飞行的光影等都得益于这款工具的技术支持。

2016年，迪士尼为了《海洋奇缘》升级了流体引擎Splash，从而制作出无限逼真的海水效果——浅水区和深水区的波纹相区别，连晃动后水中产生的气泡也清晰可见。这部电影还启用了引擎Quicksilver计算机来模拟角色奔跑中头发的运动。

2016年，迪士尼对毛发渲染算法的改进，使渲染速度提高了10倍，成为《疯狂动物城》中大量毛发渲染的基础。

2018年的《无敌破坏王2》中，迪士尼对软件的改写大大增强了数据处理的能力及速度，大幅增加屏幕上所能呈现的内容。镜头呈现最广的一个场景能容纳数百万个不同的角色，每个小人物都有丰富的表情和细致的服装造型。对软件的革新使今日两天内完成的渲染数据量，相当于普通电脑5000万小时的数据处理量。

2019年，迪士尼通过CGI（Computer Generated Imagery，计算机生成图像）技术拍摄没有真狮子、效果却极其逼真的《狮子王》。

迪士尼代表着写实类动画的天花板。以"逼真"为导向的角色和场景设计已有悠久的历史，技术革新又支撑着美轮美奂的场景与画面呈现，与音乐和剧情一起，将观众带往美好的童话世界。

团队

今日再次崛起的迪士尼动画离不开，2006年迪士尼与皮克斯兼并后，所带来的一系列体制上的变革。皮克斯的主创人员之一约翰·莱斯特引进了story trust（智囊团）的创作机制，将以前以管理人员为主导的动画工作室转变为以创作人员为主导，鼓励充分自由地探讨和争论作品，在彼此灵魂的碰撞中产出最卓越的动画电影。

迪士尼主题公园

Disneyland will never be completed, as long as there is imagination left in the world.
只要幻想存在于这个世界，迪士尼乐园就永远不会完工。
——华特·迪士尼

与时俱进的故事内核、震撼人心的歌舞、精良的画面制作使迪士尼动画电影具有打动人心、联结观众情感的力量。然而，华特·迪士尼并不满足于只在影片中造梦，还将荧幕中的童话世界搬运到现实世界中，带给用户全方位的梦幻体验。1955年，加州迪士尼主题公园开园，之后五家迪士尼乐园陆续在美欧亚三个大洲的5个城市开园（奥兰多、巴黎、东京、香港、上海）。直到今天，迪士尼乐园已经成为迪士尼的重要收入来源之一，每年稳定贡献其总营收的30%，并处于稳定增长之中。

迪士尼主题公园通过丰富经典的动画IP吸引游客，通过"演员式"的员工服务提供独一无二的沉浸式体验，因其不可复制性而掌握议价权。

即使迪士尼乐园门票近年来不断上调，但迪士尼爱好者们对此并不敏感，迪士尼的到访游客不降反增。同时，迪士尼乐园的营收波动和其他业务的营收波动不成正比，也就是说无论别的业务上一年是否下滑，乐园业务依然能获得增长。即使那些从未看过迪士尼动画的人，也会觉得乐园游充满了欢乐。可以说，迪士尼乐园是内容型企业做线下延展最成功的例子之一。

重温动画经典

迪士尼乐园是以迪士尼动画为内容依托搭建而成的。迪士尼乐园中，熟悉的动画形象与场景唤起人们的记忆，提供了"内容现实化"的奇妙体验。

上海迪士尼乐园的园区之一梦幻世界就充满了迪士尼动画电影中的元素。游客可以在"晶彩奇航"的蜿蜒漂流中找到自己熟悉的迪士尼故事，可以乘着"七个小矮人矿山车"在矿洞隧道中欢腾穿梭，或是在"小飞侠天空奇遇"坐着飞船横越伦敦的天空，还可以伴着小熊维尼探索百亩森林，和爱丽丝一起在梦游仙境迷宫中穿行。

迪士尼乐园在动画元素的选择上十分注重本土化，会充分考虑当地人民熟悉和偏好的动画形象，确保乐园中能唤醒游客的记忆与情感。

上海迪士尼项目刚开工时，《星球大战》系列还未被并购进入迪士尼大家庭，但到后来建设期间，当时的CEO艾格极力主张将"星战"元素加入乐园，以给游客独特的体验。

在上海迪士尼筹备的最后阶段，2016年热映的迪士尼动画电影《疯狂动物城》也作为新的重要元素加入乐园。在花车巡游队伍的结尾处，或是在绚烂的"点亮奇梦"夜景灯光秀中，观众都有机会与兔子朱迪、狐狸尼克相遇。

另一个例子是，当初开建上海迪士尼时，设计中的林间剧场曾有别的演出计划，但后来动画电影《冰雪奇缘》风靡全球，演出计划即被改为"冰雪奇缘欢唱盛会"。

参与与互动

迪士尼乐园绝不仅仅是动画元素的堆砌、或是科技特效的展示，真正使那些对迪士尼动画不那么感兴趣的人也能尽情享受乐园的原因，是完美的沉浸感与参与感。不管是声势浩大的游园活动中的角色们，还是各个景点的工作人员们，所有人脸上都洋溢着微笑、热情与友善。迪士尼乐园对氛围的守护使游客们不自觉地被感染，彷佛来到了一个与世隔绝的快乐王国。

这得益于迪士尼乐园的自我企业价值定位：表演公司。角色扮演是迪士尼乐园营造欢乐氛围的重要手段。在迪士尼乐园中，员工得到的不仅是一项工作，而且是一种角色，是为顾客带来欢乐的角色。迪士尼的员工使用"迪士尼语言"：顾客是"贵宾"；群众是"观众"；上班是"表演"；职务是"角色"；制服是"戏装"；上班是"上台表演"；下班是"下台休息"；人事部门是"分派角色部门"等。这种特殊语言不断强化员工的表演意识，极大地强化了其"梦想制造机"的品牌定位。

年份	乐园及度假村	总营收	比率
2016			30.51%
2017			33.40%
2018			36.66%
2019			41.10%

迪士尼乐园营收占比变化情况

衍生品

影视娱乐 15%

迪士尼乐园与度假村 37%

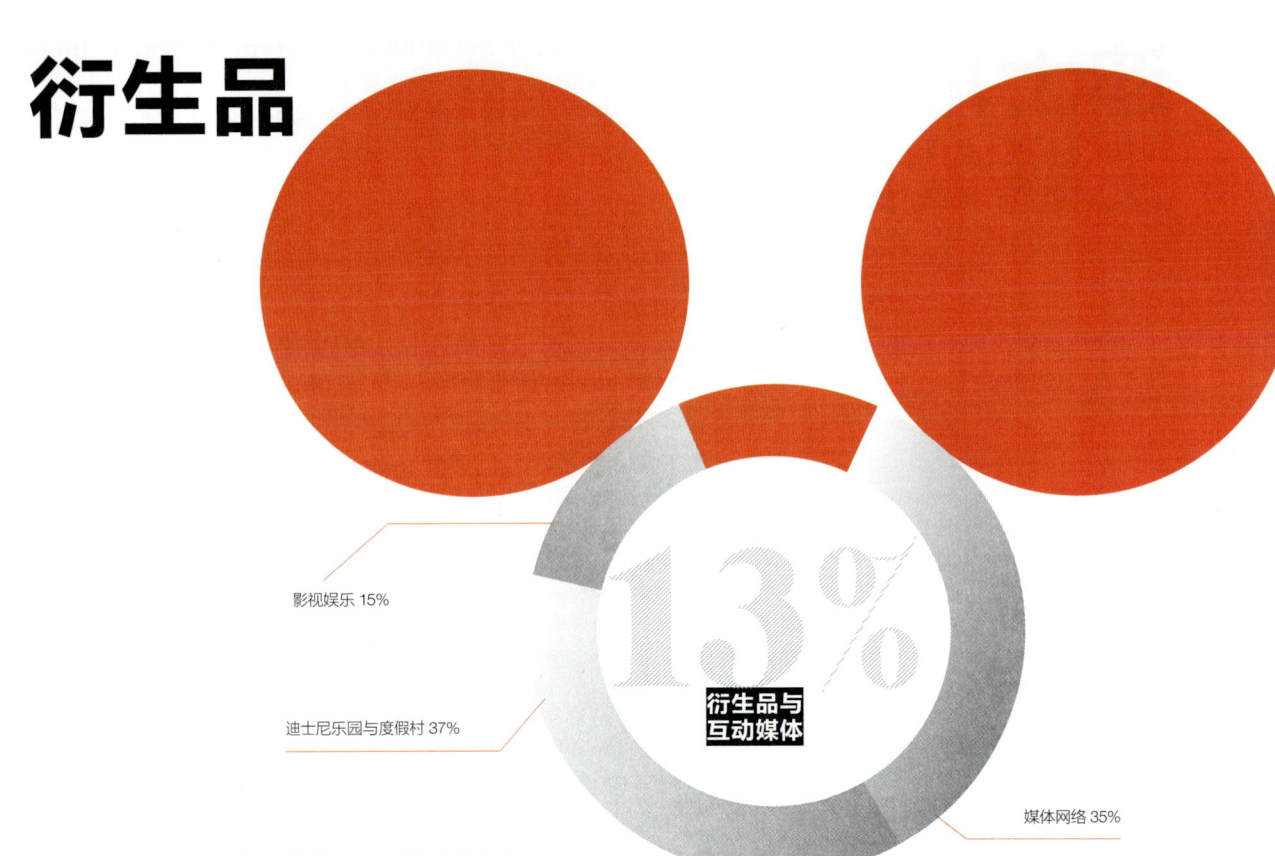

13%

衍生品与互动媒体

媒体网络 35%

迪士尼通过与时俱进的故事内核、感染力强的音乐、令人惊叹的画面制作打造能够引发观众共鸣、联结其情感的优质IP，通过收购传媒网络掌握内容分发，通过线下主题公园和衍生品业务，将沉浸的童话体验从荧屏延续到现实，使品牌离用户更近，进一步延续与扩大品牌价值。

对于迪士尼这样的内容型企业来说，除了核心内容需要为用户提供（情感）价值外，品牌还需要在后续商业拓展的每一个触及用户的环节，为其打造完整的品牌体验。只有这样，商业拓展才不是一种消耗，而是提升和扩大IP和品牌的途径。

衍生品业务不仅是迪士尼重要的部分收入来源（13%），更是其在零售层面触及客户、为其提供完整的品牌体验，从而扩大品牌力与知名度的有效手段。

衍生品有两种主要形式：迪士尼自营与授权特许经营。

在自营层面，迪士尼注重不同品牌店中产品的差异性。上海迪士尼乐园拥有超过7000种商品，其中大部分都是上海迪士尼乐园独家的商品，与位于上海陆家嘴的迪士尼旗舰店的重合率只有2%。上海迪士尼乐园的商品团队与乐园的设计师们合作，以"提升顾客的游园体验服务"为理念开发商品，使商品本身成为乐园体验的一部分。在这样的开发理念下，迪士尼乐园60%的收益来自衍生品的消费。

在另一层面，迪士尼公司设有专门部门（主题乐园、体验与消费品部、创意与产品开发部）统筹授权体系的创意视觉，确保产品创意与商业战略协调统一。创意团队与六百多家授权合作伙伴有着紧密的合作。他们会提前12—18个月，与合作伙伴分享电影内容、创意概念和营销计划，双方寻找契合彼此利益点的商业开发机会，确保创意视觉方面的协调一致。小到一盏茶杯、一件衣服，大到一个贯穿衣、食、住、行等生活各个领域的设计主题。

本土化与创意是迪士尼团队力求达成的目标。团队中的人物原画设计师在精准掌握迪士尼庞大的IP体系中每一个形象的性格特点、肢体习惯、肢体表达、语言风格、面部运动等信息的基础上，以本土化为原则做设计调整。"功夫米奇"主题项目、迪士尼与飞跃品牌的合作都是典型例子。身着练武服饰比画着虎爪手、白鹤亮翅的米老鼠让中国消费者们眼前一亮。而迪士尼与中国服饰品牌飞跃同为经典品牌，双方的合作为彼此注入了新的活力。

迪士尼从不把衍生商品看成对于IP价值的消耗，而是通过产品设计与运营，力求在与用户接触的每一个环节为其带来惊喜，为消费者提供始终如一的有温度的品牌体验。

> 上海迪士尼乐园拥有超过7000种商品，其中大部分都是上海迪士尼乐园独家的商品，与位于上海陆家嘴的迪士尼旗舰店的重合率只有 **2%**

耐克

　　耐克作为一家微笑曲线型的公司，产品营销（Merchandising）和品牌建设（Branding）是它的核心。这两样它都做到了极致，在接下来的文章里我们也会为大家展示。但在耐克身上，还有其他更有意思的事。

　　活过1960年，还活得很好的品牌并不多。纵观耐克的品牌历史，命途多舛，却每次都化险为夷。20世纪80年代初，耐克刚把阿迪达斯从运动鞋履老大的位置上拉下来，就迎来了锐步强大的竞争；20世纪90年代，乔丹三次退役更是把耐克逼入绝境。但这两次挑战分别带来了"Just do it"的横空出世和耐克携手藤原浩走向街头潮流。2017年，面对人们购物方式的转变以及竞品时尚化的冲击，耐克对外发布了"Consumer Direct Offense"计划，从产品端到客户端全链条式革新，以求更贴近消费者的需求。耐克的历史，就是以竞争和外部环境变化为"养分"，不断蜕变和转型，实现最优组织和最高效率的过程。

　　耐克带给我们的启示是：伟大的公司是"着眼未来"（Future thinking）和"大势"的产物。第二次世界大战后，篮球这种起源于街头的运动形式大受欢迎，随着职业篮球组织的创立和20世纪70年代电视在美国家庭的普及，NBA被带入寻常百姓家庭。1976年，两大篮球协会巨头合并，篮球逐渐成为风靡全美甚至全球的体育运动之一。而耐克在篮球领域压倒性的统治力，使得它既牢牢握住了篮球这项职业运动的基本盘，又伴随着篮球鞋对运动鞋文化的主导，成功走向街头，引领潮流，抓住非运动人群的巨大增量，不断将这盘生意推向巅峰。

语言的力量（Word of Power）

无论你是否使用耐克的产品，都不会对那些透过语言的魅力精准表达出的精神力量陌生。

If they think your dreams are crazy, show them what crazy dreams can do.
如果他们认为你的梦想很疯狂，告诉他们疯狂梦想的力量。

If you have a body, you are an athlete.
只要拥有身躯，你就是一名运动员。

赢得比赛相对是容易的，但战胜自己却是一个无尽的投入。

Not a girl thing. Not a boy thing. It's skills.
不关乎男女，只关乎技能。

Find Your Greatness.
活出你的伟大。

There is no finish line.
永无止境。

There is no wrong way to be a woman.
做女人，百无禁忌。

伟大的反义词不是失败，而是不去拼。

敢逊色，才出色。#只为更赞

伟大不会放弃你，除非你先放弃追寻它。

Believe in something, even if it means sacrificing everything.
相信一些东西，即使这意味着牺牲一切。

Yesterday you said tomorrow.
明日复明日。

太过了？那就看看过头的力量。
无视流言，实力回击。
全凭我敢。
伟大，不在乎你多少次跌倒，只在乎你多少次站起来。
伟大，不是梦，是去追梦。
除了汗水，什么水都不要浪费。
要做就做出头鸟。
无畏者无止境。
天亮之前，还有机会。
再没有悬念的伟大，也是靠努力得来。
伟大有时不在于赢到冠军，只在于赢到尊重。
伟大，无须给别人答案。
伟大很想过个周末，但战斗还没结束。

管什么分寸，没有人走的路，才是属于第一的路。

从运动场到街头
(Beyond Sports, Above Sports)

> **曹越**
> 球鞋收藏玩家，Yue Gallery 创始人，资深篮球迷，看迈克尔·乔丹和《灌篮高手》长大，见证了球鞋从赛场走上街头的全过程，收藏过千双球鞋，超过 300 双 Air Jordan 1

您现在从事的职业与球鞋、篮球、运动有什么关联？

目前我们和全球顶级体育娱乐 IP [如 F1（FIA Formula 1 World Championship）一级方程式赛车世界锦标赛、NBA 美国职业篮球联赛等]一起，通过展览、纪录片等形式，让更多人可以感受体育和潮流生活的乐趣。业余热衷收集各种球鞋、球衣和潮玩。

做 Yue Gallery 的初衷是什么？

作为一枚 Sneakerhead（球鞋控），我和朋友们都非常开心见证当下球鞋文化从赛场蔓延至时尚舞台，潮流文化也从街头登上当代艺术殿堂。

我也一直坚信，体育运动和街头文化不仅看起来酷，而且能够给人带来健康和快乐；我从中提炼出"悦 JOY""越 EXCEED""跃 LEAP"和"乐 HAPPINESS"这四种特质，并且希望通过"画廊"这种更活泼、更丰满的艺术表达形式，让更多人可以了解并享受体育和街头潮流，找到自己所向往的美好生活。

说说您与球鞋的故事吧。

我的第一双乔丹鞋是家人送给我的 10 岁生日礼物，正式收藏是从大学开始（2005 年）。目前收藏了 600 多双球鞋，

大部分是 Air Jordan，主要收集各种限量的、好看的 Air Jordan 1，大约有 300 双。

小学时期接触 NBA 和《灌篮高手》（你知道井上雄彦不仅故事写得好，他很细腻地刻画了各种角色的球鞋），然后到了大学逛虎扑、翻译球鞋文章，开始有了零花钱买球鞋；工作后乘着到处飞的机会，看比赛、逛球鞋店，一步步走上收藏之路。

喜欢 Sneaker（球鞋）的人总提到"魂穿"这个概念。

迈克尔·乔丹是我们那个年代的大神级偶像，他的纪录片《最后一支舞》（Last Dance）最近也正在热映。我认为他是第一位成功把个人形象和特质赋予在球鞋上的运动员。他的粉丝会有这样的感受：我今天脚踏一双 AJ，我就能像乔丹一样飞翔，这就是"魂穿"。

而今天，球鞋文化不仅局限于运动场，各种娱乐明星和时尚达人的加持让 Sneaker 热潮蔓延至场外；如果你今天穿了一双限量版本的 Jordan，步履轻盈走在街上，仿佛迎面走来的人都盯着这双新鞋，这种感觉也是美妙。

你如何理解耐克的精神和文化？

理解耐克，理解两句话。

第一句：只要拥有身躯，你就是一名运动员（If you have a body, you are an athlete.）这句话表达了耐克对消费者精神上的鼓励：在每个人自己的人生赛道，我们都是运动员。

在品牌营销层面，耐克讲了这么一个故事：听着，我们正在用最尖端的科技帮助世界上最好的运动员更高、更快、更强；如果你是他们的粉丝，毫无疑问来买耐克的产品吧，你可以像你仰慕的运动员一样更高、更快、更强。

但光到这步还不够，耐克让消费者不要停留在物质消费层面，鼓励大家要像所喜欢的运动员一样，在人生赛场也追求和实现自己的目标。

第二句：Just do it.（只管去做。）中国人讲"三思而后行"，美国人讲"干就完事儿了"。就是这么酷，这么洒脱！

篮球鞋在运动鞋文化中是怎样的存在？

篮球鞋是运动鞋文化当中最重要的组成部分。在整个运动鞋的鞋款（Model）

> Just do it.（只管去做。）中国人讲"三思而后行"，美国人讲"干就完事儿了"。就是这么酷，这么洒脱！

分类中，约 70% 是篮球鞋；约 20% 是当年复古跑步鞋；剩下 10% 是滑板鞋。

篮球鞋占比这么高，部分得益于篮球这项运动的受众广，篮球运动规则相对简单、好看。与此同时，NBA 也的确享受到了 20 世纪 80 年代电视媒体的红利，时任 NBA 主席大卫·斯特恩的远见和操盘能力，以及迈克尔·乔丹这样跨时代的运动员的出现，使得篮球成了一项全球风靡的运动。

与此同时，篮球鞋本身外形酷炫、穿着舒适也是它流行最重要的原因之一。毕竟一双足球鞋或者羽毛球鞋，可无法满足大众的审美追求。

篮球这项运动和篮球鞋的风靡对耐克的意义是什么？

我们都知道耐克其实是做跑鞋起家的，它在跑鞋领域现在也有非常厉害的科技和产品。之前在意大利著名的蒙扎赛道，耐克携手埃鲁德·基普乔格（Eliud Kipchoge）发起了一项名为"Breaking 2"（打破马拉松人类极限）的挑战。

但真正让耐克成为耐克的是它在篮球领域的制霸。这里就不得不提运动和潮流文化的关系。潮流文化的核心是"beyond sports，above sports（它源于场上，但走向了街头）"。许多大众领域的明星、潮流人士最早都是在篮球场上看比赛的，也是某个球员的"粉丝"，比如蕾哈娜就经常在场边支持勒布朗·詹姆斯，他们自然成了将场上的最具有标志性的元素——球鞋和球衣——带进大众视野的"中间人"。

而耐克在篮球领域压倒性的统治力，使其不仅牢牢握住了篮球这项职业运动的基本盘，还随着篮球鞋对运动鞋文化的主导，助其成功走向街头，引领潮流，抓住非运动人群的巨大增量，不断将这盘生意推向巅峰。

耐克自己也在不断地变化，你感受到了怎样的变化？

耐克一度非常坚持只签约体育明星，不签约娱乐明星。当初也是因为这个原则放弃了坎耶维斯特。再后来的事，大家也都知道了。觉醒后的耐克开始在全球范围内和时尚设计师紧密合作，也开始签娱乐明星，比如北美地区签约德雷克、蕾哈娜等。这象征着耐克开始拥抱这股流行趋势了，即运动鞋已经成为大众潮流文化和大众审美的产品，而在社交媒体跨圈层传播的加持下，娱乐明星的影响力被急剧放大。

其次是对女性群体的重视。这是很重要的新增消费者来源，让原本不穿运动鞋的人穿运动鞋，本来就是一个巨大的增量市场。

最后是日益完善的直销（Direct-to-Consumer）策略。001店铺就是它直销能力的极致体现 —— 它有足够好的鞋子，有限量，有它的超级体育明星和娱乐明星，才有人去，而不只是说我今天搭了一个很炫酷的店铺，那是无源之水。

你自己会去耐克001买鞋吗？

不会（大笑）。作为收藏者，如果想要买到新款限量球鞋，还是去球鞋交易（Resale）平台。同时也很享受在欧洲、美国逛各种精品潮流店。

其实我还有个爱好，逛奥特莱斯（Outlets），里面也能有很多有意思的球鞋。当下社交媒体带货风起云涌，导致球鞋偏好的马太效应太强了，超级鞋款越来越红，其实有很多冷门的球鞋，是很经典的，值得挖掘。球鞋并不一定是越贵越好。

我也建议大家多关注耐克自己设计师的好作品，并不一定非要追求限量联名。

耐克走向大众潮流，作为"死忠粉"，你有觉得它的精神被"稀释"了吗？

不会被稀释！

首先我的喜好集中（可能也很无趣，哈哈）在这三个系列：Air Jordon系列、Air Force 1以及Air Max系列；只要这些鞋款能持续做出好的产品，就已经开心了。甚至在Air Jordon这个系列里，我只中意AJ1这个鞋款。

当然我是少数派，回到耐克的生意，我们还是要看看大众市场。消费这件事，没有大家想的那么深邃。用心关注品牌历史和内涵的只是一小部分人。对大众而言，你产品是好的，你是酷的，潮流人士都喜欢你，我就心生向往。

品牌精神对耐克来说有多重要？

品牌精神是耐克保持"酷"的重要组成部分。耐克做得好的地方在于，品牌精神没有停留在口号，它切实地落到了产品和体验，没有断层。

耐克作为一家微笑曲线型的公司，营销（Merchandising）和品牌建设（Branding）是它的核心。不管是运动还是潮流，它只要保持它的"酷"，就没事。如果有一天大众都觉得耐克不酷了，它就要哭。

曹越（右）与波普艺术家Ron English（左）。

产品

球鞋，广义来讲，包括篮球鞋、足球鞋、滑板鞋等在内的，以橡胶材质为鞋底的运动鞋。1917 年，美国广告代理商亨利·纳尔逊·麦金尼 (Henry Nelson Mckinney) 使用"sneaking"（鬼鬼祟祟的）一词宣传科迪斯（KEDS）公司的胶鞋，以突出穿着橡胶鞋底时能够无声息地在背后跟踪别人，而后"sneaker"（鬼鬼祟祟的人）一词演变成为拥有橡胶鞋底的鞋。球鞋文化与体育、街头文化有着密不可分的关系。

经典系列

诞生于 20 世纪 80 年代的 Air Force 1、Air Jordan 1、Dunk SB、Air Max 1 不仅是耐克永恒的经典产品，更是其无与伦比的资产。它们带给了之后的艺术家和时装设计师们源源不断的灵感，成就了众多精彩纷呈的复刻与联名。

Air Force 1

1982 年，首款采用耐克 Air 技术的篮球鞋 Air Force 1 诞生，开启此后球鞋界长达 20 年的"减震"科技竞赛。

此鞋由布鲁斯·基尔戈（Bruce Kilgore）设计，采用经典的圆形纹路 / 生胶的牛筋底，耐磨性及防滑性良好。内置于鞋底的耐克空气气垫可减少 30% 冲击，集功能性与时尚性于一体，几乎淘汰了之前充斥篮球场的老旧的帆布鞋。

Air Jordan 系列

1985 年，耐克发布 Air Jordan 系列第一款鞋 Air Jordan 1。因反响热烈，之后 AJ 系列从耐克独立，成为其子品牌，以飞人商标与耐克的"大勾子"商标相区别。

由于其黑红配色太过鲜艳，违背 NBA 以往球鞋的主色调白色，NBA 委员大卫·斯特恩禁止乔丹穿着黑 / 红的 Air Jordan 1：他每次穿这双鞋，都会被罚款 5000 美元。而耐克借势采取了完美的营销策略：支付乔丹的罚款，并发布广告，为这双鞋起了"Banned"的绰号。

乔丹拥有专属签名鞋之后，所有的顶级校队都强烈要求拥有自己的队鞋，于是 Dunk 应运而生。以 Air Jordan 1 代为设计原型，Dunk 也拥有极好的抓地性能和场地感，保证了优秀的球员在场上可以轻巧且稳定的运动。

20 世纪 90 年代中后期，当耐克决定以滑板为切入点进军街头潮流界，广受欢迎的 Dunk 被公选为 Dunk SKATEBOARD（滑板）系列的基础鞋型。之后，Dunk SB 的身影频繁出现在耐克与各类潮牌、艺术家的联名中。

xAir Max 系列

耐克推出 Air Force 1 之后，大众疑虑：跑鞋里真的存在气垫？作为回应，耐克在 1987 年发布由廷克·哈特菲尔德设计的"耐克 Air Max 1"，其后跟位置史无前例地作外漏式 / 可见式气垫系统，被认为是最伟大的复古跑鞋鞋款之一。

可见式气垫展开了经典的耐克 Air Max 家族的辉煌一页，当中包括经典的 Air Max 90、Air Max 95 及 Air Max 97。直到今天，耐克仍根据具体情况发布利用包含了最新技术的 Air Max，且几乎每年都更新以新的配色和型号。

Huarache Flywire Flyknit Flymesh 等为代表的鞋面 / 轻量科技

科技与创新产品

以 Max Air、Zoom Air、Zoom X、Lunar、React 等为代表的鞋底/缓震科技

Max Air

1977 年,航天工程师出身的马里恩弗兰克·鲁迪（Marion Frank Rudy）向耐克创始人菲尔·奈特（Phil Knight）提出了一个当时认为非常疯狂的想法：将空气注入灵活耐用的薄膜中，让弹跳在降落的时候获得减震性，经过大约一年的研发后，革命性的技术被耐克命名为 "Air"。

第一双注入空气鞋底气垫的缓跑鞋在 1979 年正式诞生，并命名为 "Air Tailwind"。在此基础上，耐克不断创新，陆续研发了 Air Force 1、Air Max 1 等经典鞋款。

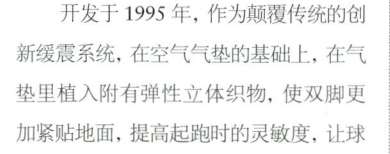

Zoom Air

开发于 1995 年，作为颠覆传统的创新缓震系统，在空气气垫的基础上，在气垫里植入附有弹性立体织物，使双脚更加紧贴地面，提高起跑时的灵敏度，让球鞋更加稳定易控制。

Zoom X

非凡轻盈的泡棉带来轻质自由的出色缓震体验；中底能够提供显著的能量回馈，在前进过程中提供持续推进感。

Lunar

设计灵感源自在月球表面弹跳行走的太空人影片，采用轻盈灵敏的泡棉分散冲击力，为畅跑带来稳定性、支撑力和更轻巧的着陆感，让人产生在月球上漫步的感觉。

React

React 采用至今灵敏度最高的泡棉，柔软度提升了 11%，能量回馈也高出 13%，更加耐久轻盈，属于疾速奔驰型，让人在迈步时自然萌发奔跑的欲望。

Huarache

Huarache，即革条帮平底凉鞋。耐克独创 HUARACHE 理念，运用 DYNAMIC-FIT INTER BOOTIE（柔软的弹性内靴）技术，辅以起一定保护作用的骨架结构外衬，意在保证运动鞋稳定性的前提下，带来凉鞋一般的轻盈与清凉。

Flywire

Flywire 开发于 2008 年，只依靠细线支撑的鞋面厚度不到 1 毫米，是一种追求超轻量化同时也坚固耐用的革命性鞋面支撑技术。

Flyknit

一根一根聚酯纱线相互交错的编织形式带来透气性，聚酯纱线的材料保证了强度及耐磨性。Flyknit 轻薄且完全贴合脚面，让球鞋像用户的第二层皮肤一样存在。

与 Flyknit 相比，Flymesh 织线更细，编织密度更高，质地薄透，手感非常柔软且贴合度佳。

1. Nike Duke SB。
2. The Nike Air Force 1。
3. Air Jordan 1。
4. Air Max。
5. 马里恩·弗兰克·鲁迪。
6. Nike Air Zoom LWP (1995)。
7. Nike Zoom Vaporfly 4%。
8. Nike LunarEpic Flyknit。
9. Nike Air Huarache Ultra。
10. 足中搭配 Flywire 的 Nike Air Zoorn Pegasus 36 跑鞋。
11. Nike Zoom Fly Flyknit。

耐克 | 169

保持引领

Remember Rappin' Duke? Duh-ha, duh-ha
You never thought that hip-hop would take it this far
—— <Juicy>, The Notorious B.I.G

街头文化诞生于美国纽约移民聚居的贫民区。20世纪20年代，纽约市政府决定在外来移民聚居地布朗克斯区修建一条横穿街区的高速公路，这个浩大的工程给当地居民带来了不便和混乱，影响布朗克斯区变成一个充满了犯罪、毒品和失业的贫民区。

即使在这样的环境中，当地居民仍旧保持着对生活的热爱和乐观。1973年，居住在布朗克斯西区街道的牙买加移民库尔·赫克（Kool Herc）经常在家中举办"音乐派对"，播放爵士乐、R&B（节奏蓝调）等音乐。这些音乐贴近贫民区人们的真实生活，因此派对深受欢迎，规模越来越大，并逐渐衍生出DJ这种营造派对气氛的艺术。之后，街舞、涂鸦、篮球等娱乐运动形式也渐渐流行于社区街头。

作为一种纯粹自娱自乐、自我表现、自我宣泄的文化形态，街头文化是纽约底层工人阶级文化生活的精神体现。到了20世纪80年代，美国的青少年取得社会的话语权，曾经小众的街头文化成为主流文化。嘻哈音乐人的穿着成为潮流的风向标，服务街头青年的潮牌也应运而生。

耐克几十年的引领，与街头文化密不可分。在嘻哈、篮球、运动时尚相互交织而建立起的庞大生态圈中，耐克抓住从"场上"到"场下"的关键脉络，一骑绝尘。而球鞋，从最初的工业品、到体育精神和音乐文化的象征，也最终发展成为社交用品。

篮球运动的风靡

第二次世界大战以后，篮球这种起源于街头的运动形式大受欢迎，商人们从中窥测到商机，创立了职业篮球组织。20世纪70年代，电视逐渐在美国家庭中普及。1973年，美国哥伦比亚广播公司（CBS）以2700万美元买下了NBA比赛的三年播映权，将NBA带入寻常百姓家庭。1976年，两大篮球协会巨头NBA (National Basketball Association)与ABA (American Basketball Association)合并。之后，篮球逐渐成为风靡全美甚至全球的体育运动之一。

伴随着以篮球、橄榄球、田径为代表的体育运动在美国的兴起，球鞋品牌也与之捆绑并发展壮大。1928年和1936年，穿着阿迪达斯装备的运动员丽娜·拉德科和田径明星杰西·欧文斯分别在阿姆斯特丹奥运和柏林奥运会上赢得金牌，开创了体育用品品牌请专业运动员为其背书的先河。

这之后，虽然各品牌都与运动员有合作，但是耐克通过田径运动员史蒂夫普雷方丹开创性为品牌赋予了"全力以赴"的体育精神。之后，耐克又签约NBA新秀迈克尔·乔丹，通过宣传乔丹的奋斗故事并激励人们像其一样追求和实现梦想，耐克超越了先前运动员单纯穿着品牌产品的浅层次的宣传模式，为品牌加注了积极励志的灵魂，从精神层面影响了人们对品牌的看法，使得耐克不再仅仅是一家体育用品公司，也将业内品牌和代言人之间的合作推及一个从未有过的高度和深度。

随后，耐克签下勒布朗·詹姆斯在内的众多篮球巨星，建立从高中联赛开始的篮球新秀挖掘和培训体系，通过把握绝大部分球星资源稳固其在篮球领域的霸主地位。除此之外，耐克也不断与网球、田径、棒球、高尔夫球、橄榄球、足球等各领域体育运动明星如老虎·伍兹、莎拉波娃、罗纳尔多、内马尔、刘翔、李娜等合作，布局各体育领域，网罗各类运动爱好用户，奠定了其以不断拼搏的体育精神为核心的品牌理念。

嘻哈音乐从街头走向主流

像篮球一样从社区街头走向全美的，还有嘻哈音乐。创立于1984年的

1. 2003年，耐克为Jay-Z专辑"The Black Alum"推出了Air Force 1 Low "All Black Everything"。
2. Air Jordan Retro II "The Way I Am" 2008年Eminem以自传书名The Way I am为灵感推出的Air Jordan Retro II在当时同样引起巨大反响，限量发售313双。
3. Air Jordan IV 'Cactus Jack'。

> 耐克几十年的引领，与街头文化密不可分。在嘻哈、篮球、运动时尚相互交织而建立起的庞大生态圈中，耐克抓住从"场上"到"场下"的关键脉络，一骑绝尘。

美国著名嘻哈唱片公司 Def Jam 率先招揽说唱歌手和组合，发行说唱唱片。到了 20 世纪 90 年代，不同派别的嘻哈音乐人和优秀作品涌现，动辄便可创造上千万张销量，使得嘻哈音乐成为美国音乐市场的中流砥柱。

嘻哈音乐与篮球体育，美国娱乐产业中两个重要组成部分，彼此之间紧密联系。精彩的篮球赛场深深吸引着从小在街边打篮球的嘻哈音乐人们。他们被伟大球员的魅力所折服，经常亲临现场为自己喜爱的球员呐喊助威。而球员也欣赏和尊重嘻哈音乐人们在自己的领域做出的成绩。如果说男孩子们在篮球场上的穿着会追随着自己崇拜的球星；那么，这些嘻哈音乐人的装扮就是男孩们在日常生活中的穿衣指南。

嘻哈音乐人的巨大影响力从嘻哈歌手 D.M.C. 在 20 世纪 80 年代为阿迪达斯的背书使 Superstar 鞋款至今热销的事例中可见一斑[1]。然而，耐克深化了运动服装品牌与潮流音乐人之间合作的深度与广度。2001 年开始，耐克邀请全球街头文化掌门人藤原浩（Hiroshi Fujiwara）、传奇创意设计总监哈特·菲尔德（Tinker Hatfield）、前任总裁马克·帕克（Mark Parker）三人组建 HTM 王牌团队，以"不断创新、重新诠释现有设计、带领品牌革新"为宗旨，大胆采用无规则、无时间限制、无财政预算的运作方式，产出了无数令鞋迷趋之若鹜的鞋款，将球鞋设计与街头潮流文化的融合上升到从未有过的高度。其中，集时装设计师与里原宿潮流文化引领者于一身的藤原浩，拥有耐克完全的信任，可以自由地在设计、文化、艺术和科技各个层面对产品提出自己的想法。之后，耐克更是不断创新，每年与 Supreme、Staple Design、Clot、Off White 等知名潮牌合作，推出兼具意义与美观的珍稀联名款。

同时，早在 2003 年，耐克就与美国顶级说唱歌手肖恩·科里·卡特（Jay-Z）和埃米纳姆（Eminem）合作，开创了与说唱明星联名发布鞋款的先河。早期的联名只通过亲友赠送、慈善拍卖或全球限量的形式推出，往往出于提高双方话题度、宣传歌手新

[1] 1983 年，嘻哈歌手 Run DMC 发行品牌专属单曲 My adidas，掀起了 16000 名粉丝在麦迪逊花园广场演唱会上挥舞阿迪达斯球鞋的盛况，这也是 Superstar 鞋款热销至今的重要原因之一。

耐克 | 171

1. Air Jordan I 倒钩高帮。
2. Air Jordan "OVO"。
3. 耐克 Air Force 1 Low "ENCORE" 2004 年，纪念"Encore"专辑成功发行，Eminem 与耐克合作推出三款鞋。
4. Air Jordan "VOV"。

专辑以及提高耐克鞋款的锚定价格的目的。直到 2009 年，坎耶·维斯特（Kanye West）为耐克设计的 Air Yeezy 1 成为第一双市售的嘻哈歌手联名球鞋。这款蕴含着歌手本人想法的鞋款虽然引发一时热潮，被称为"神之球鞋"，但双方的合作并非一帆风顺。野心勃勃的坎耶想要在颜色、图案等细节之外对鞋子做更多根本性的改动，而爱惜羽毛的耐克不愿将意义重大的鞋身设计权交给缺乏成熟设计经验的嘻哈歌手。虽然错过了坎耶·维斯特，但之后耐克通过与加拿大知名饶舌歌手德雷克（Drake）以及美国说唱巨星特拉维斯·斯科特（Travis Scott）开展长期合作，始终与潮流文化紧密相连。

街头文化与高街时尚

街头文化的兴起也深深影响了商业世界旧有的版图。起源于街头的潮流品牌与奢侈品牌本来"水火不相容"的关系随着青年群体话语权及经济实力的增长，悄然发生了改变。曾几何时，奢侈品牌路易威登（LV）对于潮牌 Supreme 擅自使用其 monogram（字母组合图案）经典老花纹的恶搞行为回敬以一纸诉状。然而，2008 年，双方竟也握手言和，推出一系列联名产品。这尤其展现着街头潮流文化及其青年拥趸已经成为老牌奢侈品牌无法忽视的趋势。各大奢侈品牌纷纷转型，推出运动鞋款的同时，也积极寻求与街头潮流以及运动品牌的合作，以争取年轻客群。

而在一股运动品牌与奢侈品牌合作

> " 在这个流量为王的时代，耐克没有随波逐流，毫无节制地找娱乐明星代言品牌，而是谨慎地只合作与其"不断拼搏"的品牌理念相契合的人，在拓宽新一代青少年以及女性用户人群的同时，也守卫着核心用户的精神家园。"

的浪潮之中，耐克再一次树立了行业标杆。继 2014 年、2016 年分别与纪梵希（Givenchy）、路易威登设计总监合作后，耐克于 2019 年合作高端时装品牌迪奥（Dior），推出倾心两年时间所打磨的联名鞋款。这款鞋在颜值与含义各个层面都表现卓越，广受好评。这样的用心毫不意外地带来了互利共赢的结果：耐克为迪奥吸引了年轻群体，而耐克在提高锚定价格的同时，更在女性时尚领域获得高关注度[1]。

大众流量时代

另一股深刻改变人们生活方式的力量来自社交网络。电视不再成为主流的获取信息的渠道，移动电子设备以及社交媒体平台抢夺了年轻人的时间和精力。之前主要掌握在品牌手中的话语权越来越向庞大的用户群倾斜，同时，拥有众多关注者的明星和意见领袖对消费决策的影响也日益增大 —— 优秀的产品通过其推广，形成流行氛围，从而辐射到粉丝之外更广泛的群体。购买一款产品似乎不再需要理解其背后的文化理念，可以只是跟随时尚潮流。

面对庞大的网红经济，如果说阿迪达斯是在坚定地奉行"流量为王"原则疯狂签约当红小生，那么耐克就是在保持原则的前提下与时俱进、别出新意。一方面，在坚持以体育明星代言为主的基础上，选择网红超模卡莉·克劳斯（Karlie Kloss）、贝拉·哈迪德（Bella Hadid）、雎晓雯代言，不仅借由超模们完美的体态和崇尚健身运动的良好生活方式，来引导女性消费者购买产品，更是通过这些强大的女性传递自信健康的生活态度。另一方面，耐克也谨慎地与影视领域的娱乐明星进行一定程度的合作。针对中国市场，耐克于 2017 年邀请王俊凯造访耐克总部，参与设计 Air Max Zero。同年，耐克邀请权志龙、李宇春在内的众多明星参与 Air Max 30 周年活动。2020 年，王一博成为品牌官方合作伙伴。

在这个流量为王的时代，耐克没有随波逐流，毫无节制地找娱乐明星代言品牌，而是谨慎地只合作与其"不断拼搏"的品牌理念相契合的人，在拓宽新一代青少年以及女性用户人群的同时，也守卫着核心用户的精神家园。不论是拒绝将鞋身的设计大权交由缺乏成熟经验的潮流歌手，还是坚持只邀请具有体育运动精神的明星代言；不论是把控广受追捧的联名款数量，还是以匠心精神耗时两年打造与奢侈品牌的联名款，在耐克看似"落于时代，冥顽不灵"的"老匠人"形象的背后，是对品牌力的守护，而非对于商业利润的无底线追求。在对流量的追求和鄙夷共存的当下，谁说耐克不是又一次超越时代，引领时代呢？

---

[1] 奢侈品牌掌握着运动品牌最希望拓展的女性消费者。大量数据显示，女性消费者正在成为潮流运动领域的最大增量。

潮流联名

Air Jordan 3 × Supreme

2002 年，Dunk Low SB 见证了 Supreme 与耐克的首次联姻，也开启了耐克与各路潮流时尚品牌的合作之路。

为了向东海岸滑板文化与 Air Jordan 3 致敬，Dunk Low SB 的鞋身大胆选用大象纹理的设计元素。

Dunk SB Low × Staple "NYC Pigeon"

2005 年，耐克 SB Dunk 与 Staple 鸽子联名。限量发售的场面非常壮观，甚至还引发骚动，登上了《纽约邮报》头版头条。也是这款球鞋首次在中国引发限量发售排队场面。

Air Max 1 × CLOT "死亡之吻"

这双鞋是陈冠希创建的潮牌 CLOT 联名耐克的开山之作，将中国文化中博大精深的针灸经络融入鞋款设计。鞋垫上的足底穴位图、透明外底下的足部轮廓及独特的后跟刺绣，均体现出浓郁的中国元素。

Air Jordan 1 × Fragment Design

经典的黑蓝装扮呈现出独具一格的街头气质。拥有日本潮流教父藤原浩的光环，这款联名带火了许多耐克平价鞋款，是具有时代意义的独特联名。

Air Jordan 1 × Off White（设计师品牌）—— The Ten

独特的解构风格带来球鞋新玩法。本就备受欢迎的 Air Jordan 1 芝加哥配色，与众多 OFF-WHITE 特有涂鸦、标语和风格装饰碰撞出不一样的火花。

Air Force 1 × Givenchy RT 系列

2014 到 2016 年，耐克同纪梵希创意总监里卡多.堤西 (Riccardo Tisci) 三度合作，带来耐克 RT 系列。

首款的设计概念在融入了设计师强烈的个人特色的同时，耐克的经典元素：金属光泽商标还有运动减震鞋底也得以保留。

耐克 Dunk Lux High × Givenchy RT

作为双方第二次合作设计球鞋，堤西继续从自己对于篮球运动的热爱出发，将高端时装的设计理念融入 Dunk 之中，通过风格和性能设计上的细节为经典带来新生。

耐克 × Givenchy：Training Redefined

2016 年，双方第三次合作，发布 Training Redefined 系列，以运动员日常训练为核心推出一系列作品，系列服饰以绚丽多彩的花卉元素为主，透过万花筒般的镜射图样呈现，并结合 Dri-fit[1] 机能布料，在强烈的哥特式风格中建造出律动感。

Air Jordan 1 High OG × Dior

这款鞋由双方历时两年精心打造，配色低调、细节设计精致，是公认的诚意之作。整体由狼灰色与奶白色的高级定制皮革制成，辅以精致的银质配饰，耐克的"大钩子"标志上绣上了迪奥的商标，

这双联名款具有双方共塑双赢局面的标志性意义：Jordan 将能获得更多女性消费者，而 Dior 借助 Air Jordan 与年轻人群体建立对话。

[1] Dri-fit: F 代表功能 (Functional); I 代表创新 (Innovative); T 代表技术 (Technology)，即快速排汗专利布，专为保持运动的舒适性而设计。

耐克 | 175

品牌精神 [1]

耐克广告片中的主人公，从"There is no finish line"和"Just do it"中普通的跑步爱好者，再到"Find your greatness"中一个个克服自身限制，拼搏奋斗的普通个体，耐克传达了"无论是体育，还是人生，不断挑战自我即伟大"的价值观。

而通过展示各种各样外在条件的人克服困难、拼搏奋斗的姿态——不论是身体上的残疾、物质的匮乏，还是社会中的不公；不论是明星，还是无名小卒；不论性别、种族、年龄、贫富——" If you have a body, you are an athlete"一句的含义已经超越了体育，而传递了耐克"人人平等、尊重多元"的品牌价值观。

**There Is No Finish Line
永无止境**

耐克的第一个广告，讲的就是一个默默无闻的"沉迷于跑步所带给他的东西"的跑者的个人故事。

"赢得比赛相对是容易的，但战胜自己却是一个无尽的投入。"从一开始，耐克就表达了"全力以赴、永不停歇、关注过程、享受比赛"的品牌精神。

---

[1] 广告文案为耐克所有，其他为胖鲸原创。

Just Do It 只管去做

没有借口、没有限制、没有疑问、没有终点，Just Do It 中积极向上的体育精神成为耐克最宝贵的品牌核心价值。

1988 年，广告公司 W+K（Wieden & Kennedy）受耐克委托，创作了《只管去做》（*Just do it*）广告片。影片呈现了 80 岁的沃尔特·斯塔克 (Walt Stack) 在冬日的金门大桥上赤膊跑步的场景，斯塔克一生当中跑了大约 62000 英里，同时他也是旧金山跑步社区的知名人物。

I run 17 miles every morning.
每天早上我都会跑 17 英里。

People ask me how I keep my teeth chattering in the wintertime?
人们问我冬天你的牙齿不打战吗？

I leave them in my locker.
我会把它们关进柜子里。

放弃的人总是诸多理由，而坚持下来的人排除万难，Just do it（只管去做）。耐克品牌的创始人之一比尔·鲍尔曼曾说过："If you have a body, you are an athlete（只要拥有身躯，你就是一名运动员）"。其向人们传达的理念是：运动不该只是专业体育运动员在竞技场和训练场里发生的事情。每个人在自己的日常生活中都可以无所顾忌地投入健康的体育运动当中、发挥自身潜能、实践真正的运动精神。运动的门槛只是"拥有一副躯体"而已。

Find Your Greatness 拼搏就是伟大

"Find Your Greatness"是耐克为 2012 年伦敦奥运会所做的系列主题广告。其中一个以一位穿灰色 T 恤衫的胖男孩为主角：在一条废弃的公路上，他一步一步吃力地从远处跑近。画外音："伟大没有那么遥不可及，每个人都有自己的赛道，都面临不同的挑战，但只要永不停滞追求梦想的脚步，就是活出了自己的伟大。"

Greatness, it's just something we made up.
伟大，只是我们编造出来的。

Somehow we've come to believe that greatness is a gift, reserved for the chosen few, for prodigies, for Superstars.
不知何故，我们开始相信，伟大是一种天赋，只留给少数人，留给天才，留给巨星。

And the rest of us can only stand by watching.
而我们其他人只能驻足仰视。

You can forget that.
你可以忘掉这句话。

Greatness is not some rare DNA strand.
伟大，不是某种罕见的 DNA。

It's not some precious thing.
它不是什么珍贵的东西。

Greatness is no more unique to us than breathing.
伟大，对我们来说，并没有比呼吸更独特。

We're all capable of it.
我们都能做到。

All of us.
所有人。

If You Have A Body, You Are An Athlete 人人平等

不论是支持解放女性运动，还是抗议种族歧视，或是启用同性恋运动员，耐克的广告战役总是持有坚定明确的品牌立场，表达着包容平等、尊重多元的品牌理念，从不因社会认知落后而选择沉默、隐藏自己的态度。这些大胆的策划挑战了当时固有的社会认知，冒犯了持不同立场者，也是耐克冒险（Take Risk）精神的一种展现。

数据表明，虽然这些极具争议性的策划在短期内使耐克及其产品受到部分顾客抵制，但却为耐克创造了巨大的流量，并最终成就了其"人性关怀与挑战精神并存、超越时代、引领时代"的品牌形象。

女性系列广告片

贯穿耐克的女性系列广告片的是两个主旨：

其一，呈现女性在运动场上和人生中遭遇的不公和歧视，向社会呼吁平等与尊重；

其二，从展现打破传统桎梏、通过不懈努力做出成就的女性榜样，到普通女性克服困难、战胜自己的场景，耐克旨在赋能广大女性，鼓励她们相信自己、追随本心、自由而热烈地生活与奋斗。

❶ 1990年，耐克推出了一系列名为"List（列表）"的平面活动。

广告中列出了现代女性背负的关于身型的无数压力。

❷ 1995年，推出30s电视广告"If You Let Me Play（如果让我去运动）"。

短片强调了女性的潜力、希望男女公平竞争的诉求。

❸ 2000年，耐克以其赞助的坚强的女性运动员为榜样，推出了平面广告"My Body Parts（我的身体）"。影片展现了女运动员满怀自信地谈论自己臀部和大腿的尺寸和力量。

提倡有力量的女性运动之美，而这种美以前是专属于男性的。

❹ 2006年，耐克首次携手玛利亚·莎拉波娃（Maria Sharapova）推出名为"I Feel Pretty（我很美丽）"的广告片。

世人将"我"看作一个美丽的女孩，而"我"只想夺冠。

在玛利亚美丽女性的外表下面，隐藏着世界顶级运动员的强烈竞争愿望。

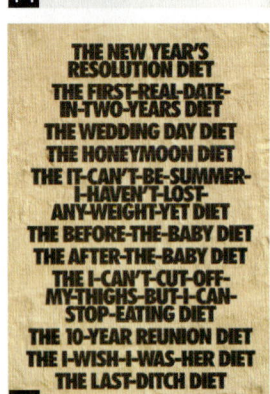

❺ 2007年4月4日，耐克就罗格斯大学女子篮球队被攻击事件发起"Athlete（运动员）"运动。视频中众多运动员和教练表达自己对于运动以及相关社会观念的态度。

挑战"运动是属于男孩的运动"这一陈旧观念。

❻ 2010年12月，耐克发出了让女性"Make Yourself（造就自己）"的集结口号。

这一活动鼓励女性思考她们想要成为某种人的，以及运动如何帮助她们找到信心，成就最好的自己。

❼ 2012年，以影片《声音》（Voice）讲述四位伟大女性运动员突破传统规则、做出伟大成绩的故事。同时展现了女性争取运动权益的抗争历史。

❽ 2015年，推出营销系列"只为更赞"活动企划，讲述普通女性在运动时从缺乏安全感到建立信心的过程。

鼓励不同运动水平的女性忽视他人目光，积极参与到体育锻炼中来。

❾ 2018年，耐克女性战略的故事主角是网球名将

敢于冒险 (Take Risk)

2018年，耐克发布极具争议广告片《大胆做梦》（Dream Crazy），讲述了知名运动员及运动新星们"通过体育的力量推动世界前进"的故事，旨在激励每一个心怀疯狂梦想的人跨越障碍、追求自己的目标。

广告片中出现了NFL职业橄榄球大联盟美式橄榄球运动员科林·卡佩尼克（Colin Kaepernick）。他因在比赛前，通过单膝下跪的方式对非裔美国人遭受的种族歧视、警察暴行和社会不公等现象进行抗议，而饱受争议，而后被禁止参加职业比赛，甚至丢掉了工作。

通过科林的声音，耐克旗帜鲜明地表达了支持种族平等、期待多元包容社会的品牌态度。这使一些右翼人群感到冒犯，并通过在社交网站上展示"烧毁耐克鞋子、割破耐克衣物"的视频，掀起对耐克的抵制，耐克的股价应声下跌。然而，非但没有因此而采取低头姿态，耐克甚至继续推出科林黑白人像户外广告，并配文："Believe in something, even if it means sacrificing everything.（相信一些东西，即使这意味着牺牲一切。）"

冒险是耐克坚守"人人平等"的品牌价值观的表现。"冒险"的品牌行为和态度引发青年消费者共鸣的同时，其品牌价值与理念也成为消费者精神力量的来源。由此所建立的消费者与品牌之间基于认同的深刻情感联系将也使耐克成为未来品牌，历经风雨而屹立不倒。

小威廉姆斯，发出"Until We All Win（赢得平等才是胜利）"的声音。

鼓励女性打破社会所赋予的刻板印象，专注于追求自己的目标。

2019年2月，耐克在奥斯卡颁奖典礼上发布广告短片"Dream Crazier（做梦，再大胆些）"。

短片汇集了数十位女性运动员，涵盖了田径、球类和体操等众多运动，展现了她们不断追求平等和追求梦想的姿态，也让女性运动员遭遇的不公对待和舆论压力呼之欲出。

⑧ 2019年3月，耐克发布短片《管什么分寸》。

同样展现了女性运动员被质疑和否定的时刻，打拳击、跑马拉松、扣篮、职教NBA球队……只是因为不符合传统观念对女性的想象和期待，就被认为是"疯子"。可是谁定义了女性？谁定义了正常与失常？超乎想象，便是疯狂？超乎想象，只因我强。

在呈现女性所受到的歧视的同时，短片也传达了女性运动员们冲破压迫、奋斗不息的动人力量。同样旨在鼓励女性无视世俗眼光，参与运动、活出自我价值。

品牌故事

耐克的历史，就是以竞争和外部环境变化为"养分"，不断蜕变和转型，实现最优组织和最高效率的过程。

1962年，美国俄勒冈大学一个24岁的年轻人菲尔·奈特（Phil Knight），为了大学时期一个关于"运动鞋创业"的疯狂念头——日本运动鞋是否会像日本相机打败德国相机一样，在美国市场打败德国运动鞋（阿迪达斯），只身一人飞去日本拜访了运动鞋生产商"鬼冢虎"公司，提出可以作为代理，将其鞋子销往美国。

他找到自己大学时期的田径教练比尔·鲍尔曼，两人各出资500美元成立了"蓝带"体育公司，作为鬼冢虎在美国的分销商。1966年，作为当时知名的田径教练，鲍尔曼出了一本名为《慢跑》（Jogging）的书，将慢跑这项运动引入美国人的生活，同时通过向跑者推荐自己代理的球鞋打开市场。

鲍尔曼通过拆卸、观察、试验等方法改良了鞋子设计创造了经典的"阿甘鞋"。阿甘鞋在1968年墨西哥奥林匹克运动会中一经亮相，即成为爆款，供不应求。然而鬼冢虎公司倾向先满足日本市场需求，才将剩余库存发往美国。这让奈特和鲍尔曼两人决定自立门户。

1972年，两人终止与鬼冢虎的合约，成立耐克。他们找到日本工厂生产耐克自主研发设计的运动鞋，将货把握在自己手中，实现由"日本鬼冢虎运动鞋销售代理"到"自主运动品牌"的角色转变。当时，采用海外低廉人工的开创性做法大大压缩了生产成本，允许耐克将更多资金投入研发与营销，这也奠定了其重科技研发与市场营销、轻制造的微笑型发展路径。

持续的创新精神推动鲍尔曼以妻子的华夫饼机为灵感创造了"华夫鞋"，一种更轻质，更耐磨的运动鞋外底。"华夫鞋"于1972年的美国奥运越野赛中首次亮相，并在两年后迭代为畅销的耐克华夫训练鞋系列。

"通过研发与革新为运动员提供最优质的鞋子，助其发挥最大潜能"之理念是耐克开发两双经典畅销跑鞋的原动力，实用美观的产品是耐克早期商业发展的核心——一双"阿甘鞋"推动耐克从经销商转变为自主体育运动品牌，另一双"华夫鞋"助力耐克在成立不到10年的时间里即超越阿迪达斯，成为美国市场占有率第一的公司，并于1980年在美国纽约交易所上市。

> "1962年，只是因为一个想法，就去做了。"
> ——菲尔·奈特的"Just Do It"

品牌精神的表达

1982年，NBA发展正盛，耐克紧跟时代，通过不断研发推出首款气垫篮球鞋Air Force 1。其不仅造型美观，还为球员提供更舒适的体验，成为耐克首款畅销篮球鞋。

然而，面对阿迪达斯于1984年推出的新产品Micropacer（带有电子装备的运动鞋），耐克一贯宣传的技术优势荡然无存，面临有史以来最严重的财政危机，股价在同年下跌过半。耐克另辟蹊径，冒险以五年250万美元的巨资签下当时只是球场新秀的迈克尔·乔丹，以Air Force 1为原型，设计了第一双签名鞋Air Jordan 1。乔丹在篮球场上的卓越表现以及其通过个人奋斗改变命运的人生故事引发了偶像热潮，为耐克带来巨额回报。

但是挑战总是接踵而至。20世纪80年代进入美国市场的锐步抓住了当时的女性健身潮流，一时之间风光无限。耐克在1985年紧跟潮流，推出健身鞋的同时，也在思考如何进一步扩大市场份额：在不失去正规体育传统市场情况下，也成为青年文化的组成部分和身份的象征。这是耐克第一次面对体育精神与流行娱乐的平衡与统一的难题。

通过在不同渠道向不同对象输出不同广告内容，耐克完美解决了这一难题。1986年，耐克在电视广告中邀请代表嬉皮士的甲壳虫乐队演奏歌曲《革命》，在反叛的节奏和旋律中，一群穿戴耐克产品的美国人在如痴如醉地健身锻炼。这则广告不仅准确迎合了美国刚刚出现的健身运动变革之风，更代表着耐克有针对性地投放广告的创举。此后，电视成为耐克与青少年群体沟通、表达品牌个性的重要媒体，而原先一直采用的杂志媒体则仍被用于向竞技选手们传递产品信息。

1988年，耐克又提出经典"Just do it（只管去做）"的口号，强调全民运动，从体育竞技赛场的教练成为平凡人人生赛场的导师，鼓励人们勇敢无畏地追求目标，由此建立了品牌理念。在一次次突破中，耐克于1989年又一次打败强劲竞争对手，重回体育用品第一宝座，并因其卓越成就和拼搏精神，而成为超越"一家体育用品公司"的存在。

20世纪80年代：专业线更加专业，从更早期抓住有潜力的运动员；与此同时，借助流行文化辐射更广泛大众，并不断强化

2014年至今：由社交媒体、运动休闲风潮、女性交织带来的"剧变"与庞然大物的又一次转型

2014 年，athleisure（运动休闲）风潮日渐兴盛。阿迪达斯借着这股潮流，在 Instagram（图片分享应用）网红的助力下成功让 Stan Smith 系列翻红，仅 2015 年，阿迪达斯就卖出了 800 万双小白鞋。几乎就是在同一时间段，安德玛押宝成功，代言人库里以及他所率领的勇士队的精彩表现让库里系列成为市场上最抢手的球鞋。2016 年，安德玛的市值一度超过 200 亿美元，比 2013 年翻了一番。

2016 年 12 月底，坐稳行业老大位置长达十余年的耐克承认感受到来自竞争对手的巨大压力。但耐克也同样意识到真正的挑战来自于消费者的变化。运动的力量从未像今天这般普世而又深厚，在中国和美国，有超过 5 亿人每周都在运动，而流媒体以及社交媒体正在改变人们消费体育内容的方式。购物的行为也在发生变化，在由移动主导的世界中，消费者有无限的选择，他们挑选那些与众不同的产品，希望获得更快而且无缝的服务。

2017 年，耐克对外发布 "Consumer Direct Offense"（以消费者为导向的开拓）计划，简单来说，就是加快脚步，更贴近消费者的需求，提升资源的效率，集中推广主力产品、投资更具有增长潜力的城市以及重要渠道。看似简单粗暴，但对耐克来说却是一项"伤筋动骨"的系统性工程，涉及从产品端到用户端的全链条式革新。

在这一计划的指导下，对创新、直营零售渠道以及高效的坚持帮助耐克转危为安。据集团 2019 年 9 月发布的 2020 年第一财季业绩报告，集团总收入同比增长 7% 至 106 亿美元，净利润大涨 24% 至 13.6 亿美元。其中，大中华地区营收同比大涨 22% 至 16.8 亿美元，连续 21 个季度取得双位数增长。

另一股深刻塑造着运动休闲文化的是日渐崛起的女性消费者。实际上，早在 20 世纪 80 年代，耐克已经意识到女性市场的潜力，只是这个市场从未像现在一样被重视。直到 2014 年耐克在纽约发布耐克女性战略，宣布正式进军女子运动市场，持续加码女性产品、营销活动和终端布局。

耐克签约众多女子运动员，包括李娜、小威、吴海燕和欧铠淳，通过广告片等各类信息传递方式与女性建立情感联系。耐克将每年"三八妇女节"视为女性营销月，其"女性广告片"系列呈现了这些优秀的运动领域的女性们与其遭遇的歧视、不公、训所做斗争的故事，引发广泛共鸣，赢得了女性消费者感性层面上对品牌的认同。

2017 年 10 月，耐克在投资者大会上宣布，旗下 5000 家门店新设女性专卖区"pant studios"——意图在瑜伽和运动内衣市场，撼动瑜伽细分巨头 Lululemon 的地位。次年 4 月，耐克推出名为耐克 Unlaced 的线上女性专卖店，提供更多的尺码范围和创新鞋款，以往这些服务大多出现在男性客群。耐克 Unlaced 还提供私人定制、当日达和专属时段配送服务，聘请全球时髦红人策划女子系列产品。

在截至 2020 年的五年计划中，耐克始终把女性业务定为突破口。

街头潮流、女性、电竞、还有什么？不断迭代优化的耐克不会放过增长的机会。

篮球无疑是耐克最核心的品类。然而基于耐克和 NBA 的合作方式，后者在中国的停播给耐克带来的商业影响并没有想象中那么深远。更让耐克担心的是，对数字屏幕成长起来的一代人来说，篮球这项运动在他们的童年和青春期是否还会是浓墨重彩的那一笔？这一代或者下一代青少年想要"魂穿"的人是球场上挥汗如雨的 NBA 球员，还是那些屏幕面前专注的电竞少年？

耐克不会没有准备。2019 年 2 月 28 日下午，腾竞体育与耐克中国共同宣布，耐克正式成为 LPL 官方服装合作伙伴，双方将展开为期四年的深度战略合作。除了战队队服、队鞋以及电竞联名产品外，耐克还将为 LPL 选手提供专业化、科学化的支持，帮助电竞运动员提升赛场表现。

这就是耐克，它永远都在冒险，永远都在蜕变。

> 1986 年，耐克在电视广告中邀请代表嬉皮士的甲壳虫乐队演奏歌曲《革命》，在反叛的节奏和旋律中，一群穿戴耐克产品的美国人在如痴如醉地健身锻炼。

延展阅读：庞然大物耐克如何用两年时间实现快速转型？
https://socialone.com.cn/ 耐克 -consumerdirectoffense-2019/。

离用户更近

通过数字生态系统、新实体零售、会员制，耐克创立了客户直销体系（DTC，Direct to Customer），实现了离用户更近的愿望。以直销体系所提供的数据为基础，在大数据以及人工智能技术的帮助下，耐克可以增进对消费者喜好的理解，并在此基础上为用户提供更为个性化、人性化和流畅的服务。

1. 耐克 +app。
2、3. 耐克微信小程序。

数字化门店

数字生态系统

线上渠道，主要包括耐克官网、天猫官方旗舰店、耐克 +App 中文版、SNKRS App 以及"耐克 NIKE"微信小程序。

耐克 +App

耐克 +：耐克代表性数字化产品，一站式会员中心，为会员解锁"独尖齐全"的至优服务。打造个性化、沉浸式体验，激励并鼓舞每一位中国消费者让运动成为每日习惯。上架了各个产品线的商品，以及一些独享商品。

耐克 App 首页还会展示一些活动、运动课程与产品故事，并提供专家预约、耐克实体店搜索等服务。

SNKRS：

2015 年在美国首次上线，2017 年登陆中国，是耐克针对鞋类打造的宣传及购物平台。

SNKRS将鞋品直接呈现给消费者，用户可在 SNKRS 中获得热门鞋款信息、球鞋独家故事以及会员专属特权。耐克有意加大了 SNKRS 鞋款首发的力度以吸引粉丝。

微信小程序：

2018 年 9 月耐克官方微信小程序正式上线。

耐克微信小程序提供包括会员商店、最新潮流（预览最新会员权益及即将上架最新单品，了解产品设计故事）等服务。

2017 年耐克与天猫合作两家智慧门店开业，是耐克线下门店首次数字化赋能。

2018 年耐克在上海、纽约开出 House of Innovation（创新之屋）概念店，集数字化和线下服务一体。

耐克上海 001 —— House of Innovation 创新之家

耐克致力于打通数字和线下零售服务，提供无缝连接的个性化消费者体验，引领零售和体育创新，也重新定义体育零售的未来。

耐克上海 001 位于上海南京东路 829 号，总计 3822 平方米，共有 4 层楼。耐克上海 001 打造了一个沉浸式零售环境，且将运动社区概念变成现实。当然，前沿的技术与令人惊艳的体验之外，让年轻人络绎不绝的还是因为产品，因为它"有货"。

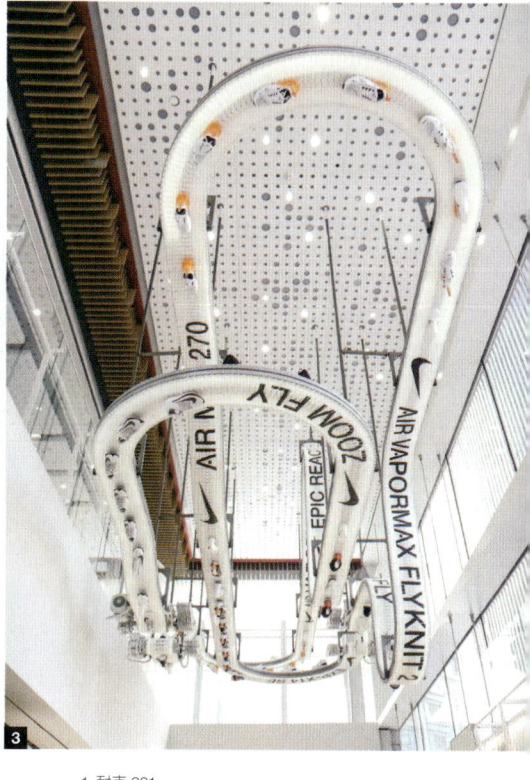

1. 耐克 001。
玻璃制外墙"创新之窗",采用专为全球旗舰店定制设计的"运动玻璃",灵感来自耐克气垫技术,以及运动员的速度与运动形态。
2. 工作台。
3. 鞋履传送带。
4. 灵敏的地面交互屏幕、立面的实时训练数据及立体音效的结合,使用户能够专注于充满科技感的运动测试。

高度互动的沉浸式体验

店内的区域规划也与运动文化相关,比如位于一楼的耐克主场、地下一楼的核心中场,以及三楼的球鞋跑道。

"耐克主场"——了解和爱上品牌故事与文化

体验店中充满与品牌历史与文化相关的元素,力求带给游览者沉浸式的对于耐克文化的体验和了解。

一个原样复制的工作台,展现了耐克设计师的工作流程。而在对面,一台缓缓转动的打印机正在循环打印耐克的历史,消费者可以随时将喜欢的部分做成卷轴带走。

专门售卖运动鞋的三楼"耐克鞋会"的顶部,有一个悬在屋顶的三层鞋履传送带,这个动态的艺术装置主要用来演示陈列经典球鞋的诞生过程。

"核心中场"——交互游戏区传递运动精神

地下一层的"核心中场"是交互游戏区,消费者可以通过红外感应,完成触地跳跃、极速快步、敏捷折返三项挑战,同时这也是产品体验区,跳跃和急转等动作可以测试鞋类产品性能,与Run Genie跑步测试机提供了类似的功能。

"核心中场"的设计灵感源于耐克House Of Innovation 所表达的全新的品牌概念和零售概念,即通过全新的门店体验,将品牌在产品研发和创新过程中闪光点还原给消费者。同时,耐克运动实验室(NSRL, Nike Sport Research Lab)的数据实验和人体量化工程理念,也为Studio Nowhere团队提供了创作的线索。该设计项目旨在将品牌方一直致力于帮助运动员挖掘自身潜力的初心再次呈现。

耐克 | 183

"我们致力于在中国与消费者建立更长久的密切关系。耐克+会员服务为消费者带来了真正的价值,我们在消费者体验耐克品牌的过程中激励并提供个性化服务,从而增进与他们的关系,耐克上海 001 将为我们的会员带来全方位耐克至优体验,提供独家专属服务、社区连接和会员之家。"

——耐克全球副总裁兼大中华区总经理董炜

定制化耐克+会员服务

耐克上海 001 将耐克+会员制接入线下商店,亦是耐克+会员活动在上海的城市聚点。在这里,会员将获取耐克至优服务和体验。三层的耐克专家营和耐克 By You 两个区域都是会员专属。前者提供产品咨询和搭配服务,后者提供个性化定制服务。

最高水准的耐克全球产品

同时,耐克还在中国发布了 SNKRS Pass,为消费者提供预定、购买及收藏爆款球鞋的服务。这也对应着三层的另一个区域——耐克鞋会,一个汇聚耐克跨品类爆款球鞋的区域。

耐克鞋会利用数据有针对性地选择产品库存。大部分存货每两周更新一次,以求带来最新和最流行的产品,偶尔出现独家商品。耐克称,这一更新速度比普通门店快了三倍。

线上预约/移动支付

耐克中国首家全面启用移动支付商店;消费者无须排队等候,商店员工将使用移动设备帮助其完成快速付款。

消费者可通过耐克 App 扫描人体模型和服装上的二维码,也可直接在应用程序上挑选自己喜欢的款式,货物会被直接发送到试衣间或取货点。

高度互动的沉浸感体验、会员专属服务、最高水准的耐克产品,耐克上海 001 作为耐克数字化转型的巅峰体现,以其独特魅力吸引着人们一探究竟。而通过上海 001 一类的智慧型门店,耐克意欲打通线上与线下,实现离用户更近的愿望,在更了解用户的基础上为其提供个性化的流畅服务。

1. 会员定制区 Nike By You。
通过耐克微信小程序预约,耐克+会员可在"专属定制"区与设计师进行一对一沟通,选择染色、涂鸦、泼墨、印刷 Swoosh 等服务,创造独一无二的鞋款。
2. 耐克专家营 Nike Expert Studio。
通过微信小程序提前预订或店内预订,耐克+会员可以在耐克专家营,同训练有素的商店运动员进行私人交流,享受装备搭配,款式定制以及与独家和个性化产品精选等服务。

未来品牌十问

每一位"Brand of the Future（未来品牌）"的终审顾问都会来回答这一系列品牌观的问题，希望他们不同的想法可以给到营销人以启发。

做品牌要从未来出发
(Future-back Thinking)

Richard 在百事 20 年。如果按照人均 80 年寿命来算，这是一个人 1/4 的人生。他在任 20 年时间，把百事在中国的市场份额追到了第一。我与 Richard 前前后后聊了近 6 个小时，他系统彻底地分享自己 20 年多年关于营销和品牌的想法，当然还有他的选择和坚持。

他的分享触及我们面对的终极困惑——品牌营销人是谁？怎样的品牌建设是真正有价值的？

Richard
前百事兼康师傅 CMO

最近几年，有哪些产品好用到令你想"尖叫"？

微信（Wechat）。除了社交功能，各种功能都很方便。

滴滴。我用了一段时间滴滴后，把车卖了，把司机辞退了。

最近几年，有哪些品牌美好到（包含理念与实际体验）你想不断安利给身边的朋友？

Spotify。它的界面、调性、功能设计非常令人舒适。（胖鲸：是它背后的品牌设计和人文的理念打动了你。）对。

哪三个品牌从世界上消失了，你会感到有些遗憾与难过？

苹果（Apple）、迪士尼（Disney）、华为。

Brand love 之外，以上这三个品牌能赢得消费者尊重（respect）。

华为最近国际关系上的一系列事件，让我看到它坚定不移的品牌精神和大气的格局。它赢得了我的尊重。品牌要是能让人对它有尊重，那是很厉害的，这样的爱会更加持久。

据我所知，你并没有使用过华为的产品。所以你觉得对品牌的爱是可以架空产品体验的吗？

产品体验是基础，但我认为，最厉害的品牌的爱可以脱离"物理接触"，就如人与人之间的爱一样。我一直强调"品牌粉丝"的重要性：当你成为一个 iconic brand，你真的不用去使用这个产品都会爱它，它的一举一动你都会关注。想一想苹果（Apple）早几年发布新品时候的景象，不管你用不用，都在参与这场全民报道与讨论。

品牌不等于增长。增长有很多不同的方法，比如产品创新，比如渠道，做品牌是其中一种，而且比较缓慢，需要长期投入。坚持做品牌对企业来说的价值是什么？

首先是品牌溢价。近年来华为的创新能力真的在赶超。从市场份额来看，华为是高于苹果的，但从利润率（profit margin）来看，苹果一个就占了大部分。这就是品牌的价值，它有很多"死忠粉丝"（Die-hard fans）。当然一个可喜的现象是，华为也开始有了。

其次是护城河。可乐和百事，都是汽水，还有很多竞品，但就是无法与之竞争，这就是护城河的力量。

当下媒体传播环境的变化（及其对消费者日常行为和购买决策流程的影响）是否对构建品牌的方法路径有影响？

打造品牌比以往更难了。不光是渠道的噪声，消费者 share of mind 也是碎片化的。游戏、盲盒……消费者拥有太多可以寄托自己感情，吸引他们注意力的事物，对关注品牌的精力和热情势必减少。

但，人还是人，情感诉求是不变的，只是你能不能做到。所以我一直认为，消费者"没有"忠诚度是因为品牌没有做得足够好，没有真正地打动他们的心。够好，会有的。

难度越来越大，会不会有品牌因为性价比就放弃品牌建设了？

其实社交媒体和电商渠道的出现，已经让品牌建设起步的成本降低了。我觉得难，不一定是难在投入资金的高低，而是你有没有找到对的沟通方式。就像我当年做百事淘宝一样，我认为有效的沟通方式是口碑，消费者现在不会管品牌讲些什么的。

有另一种极端的想法：既然口碑那么重要，是不是花钱请 KOL（意见领袖）和 KOC（关键意见消费者）就好，也不用去梳理自己的品牌故事了？所以我理解你的"消费者不会管品牌讲些什么的" 主要还是指讲述方式对吧？品牌故事和精神要有，但不是品牌自说自话。

完全正确。什么东西能产生口碑？内容、品牌精神、用户体验。这些东西你要有，你的 KOL 和 KOC 才能去运用。

而且现在消费者很精明，很注重真实性（authenticity）。影响我的 KOL 是真的尊敬这个品牌，还是只是拿着厂家送的产品拍个照，真实生活中根本不用，如果我真的关注这个人，我会知道的。

我完全同意。

你认为一个品牌具备怎样的特质，才能很好地走到未来？

拥有清晰的价值观，并拥有不断演变的能力，能建立一个标志性的（iconic）形象。

拿苹果和迪士尼来举例，迪士尼以前做卡通片，后来去做电影，然后有主题公园。米奇老鼠的形象也在改变，而且它的延展性也很好，可以做首饰，可以做衣服。苹果也是，电脑曾是核心产品，后来推出了 iPhone。你现在看它的业务营收的贡献，90% 都是 iPhone。如果不迭代它就死了。

我总结过 7 个原则性的思考方式，虽然是基于我过去 20 年的经验，但这些方法是经得住时间推敲的，所以对品牌更好的走到未来有帮助。从这几个角度去思考，也可以更好的产生口碑。

但不是说品牌要按照我那一套实践去做，找明星拍 MV 一样的广告。那是我在 20 世纪的做法，重要的是思路，当下有当下的演绎。就像艺人一样，现在我们会有许多在某个圈层拥有极其忠诚的粉丝的流量明星，但难有"巨星"。

我们第一次聊的时候，你就说中国本土企业中鲜有品牌塑造成功的，你认为是为什么？

上一代的民营或国有企业，创始人建立这个企业的初衷更多的是被动的选择，或者单纯地从投资回报率的角度去看问题。缺乏品牌价值观，很难塑造品牌。

中国是全世界第二大的经济体。2019 年财富 500 强（Fortune 500）上榜的中国公司（129 家）多过美国公司（121 家），但是 Interbrand 全世界最有影响力的品牌中，2019 年只有一家——华为。这就是一个很令人沮丧的现象，中国企业可以有很高的营收，但却很难创造出高价值的品牌。

我跟很多中国民营企业或者国企的老总聊过，思路真的很难扭过来。看到那么多中国品牌砸钱冠名，只是图个知名度，我就很痛心。

我个人觉得应该要能发扬中华文化的精髓而不是留于表象；要有清晰独特的品牌理念和正向的价值观；要能不断地进行自我更新和自我迭代，但品牌精神始终如一；要肩负品牌使命感发挥品牌力量为社会传递正能量。台上一分钟，台下十年功。在盲目花大预算让消费者看到自己之前，不如先花时间先建立起自己的品牌理念和价值观。

前面我讲到 5C，其中有一个很重要的是文化（culture）。如果有一个字来代表中国的文化，那就是"和"：和谐社会(harmony) 与连接（connect）。一方面，"和谐"是中国很重要的传统价值观；另一方面，互联网的连接性又是驱动现代中国发展的动力。这很微妙，有许多可发挥之处，中国品牌可以好好抓住这一点。

这一代的中国初创品牌会是完全不同的情况。我们自己做 Brand of the Future 的栏目，接触到了很多"80 后""90 后"的中国品牌创始人，他们具备非常强的品牌意识，有"初心"，重视品牌设计，审美也很好。

那我很期待。希望有机会能和这些品牌的创始人好好交流一番。

新赛道：
中国消费品市场的未来品牌在哪？

常欣
蜂巧资本创始合伙人

"新锐品牌"（通常创立于2010年后）是未来品牌中一股不可忽视的新势力。它们就像《海贼王》中新世界的超新星们，给消费者的日常生活提出了不同寻常的解决方案与视角，并给市场带来了新的活力。除了优秀的创始团队，充当伯乐的投资人的重要性也毋庸置疑。

胖鲸2020未来品牌年度榜单的第六位嘉宾就是来自"新消费品投资领域"的专家——蜂巧资本创始合伙人，常欣。她不光是一位懂生活的女性，更拥有生活方式投资眼光，也是"NEIWAI内外""pidan""饭来""snow51""moody tiger""grado""YIN"等消费生活方式品牌的早期投资人。

最近几年，有哪些产品好用到令你想"尖叫"？

随着基础科学的红利效应逐渐减弱，消费竞品之间的"硬"实力差距越来越小，好用到"尖叫"的产品也是越来越少。戴森核心的马达技术、颠覆的外观设计、精细的工业制造令人眼前一亮。

最近几年，有哪些品牌美好到（包含理念与实际体验）你想不断"安利"给身边的朋友？

松赞文旅。

我第一次接触松赞，是品牌开出的第一家酒店——香格里拉松赞绿谷。创始人将自己的宅基地改造成了一个集酒店、小型藏文化博物馆、精品店、民俗体验馆为一身的综合体。今年又跟随着松赞走了一趟滇藏线，更加深刻地了解了这个品牌。这是一个善于利用自己独一无二的选址、提供超预期服务的藏式文化传播者，也是一个我愿意仅仅因为它而特意安排一次旅行的品牌。

哪些品牌从世界上消失了，你会感到有些遗憾与难过？

戴森、松赞文旅、优衣库。

优衣库的性价比、基础款已经成为一个很强大的护城河，而且占领消费者的心智也非常到位。无论收入高低，都可以去买优衣库，能做到这一点非常厉害。

1. "品牌"

对"品牌"的定义？

好的品牌是在一次次突破天花板的过程中，才有了价值观、愿景使命此类感性认知的集合。

突破天花板包含很多层面的意思，产品一次次的迭代、渠道建立、战略决策等，还包括内部的管理，这些都是需要很理性地去做的事情；做完这些还不够，品牌灵魂的建立又是一件非常漫长且感性的事情。

好的品牌最后呈现出来的有点像Inception，使消费者徜徉在品牌制造出来的梦境中，引领、塑造消费者审美和消费价值观。当然这些都要有过硬的产品和渠道能力为基础的。

打造"品牌"在当下的市场下对企业来说是越来越重要了吗？品牌同增长和生意的关系是什么？

理想的情况下，品牌建设和销售增长都要兼顾，二者并不冲突，应该是相辅相成的关系。这两者有些像创始人在一个舞台上讲话，讲话的内容就是"品牌建设"，台下的观众是客人即"销售增长"，只有观众足够多，台上讲话人的内容才会被更多地听到，这样品牌理念才不会是创业公司的自言自语；反过来，台上讲话的内容只有吸引人、精彩、好看才会留得住观众。

总的来说，销售增长和品牌建设一个理性层面的，另一个是感性层面的。目前大部分创业公司都在抓那个理性层面的，因为在技术层面好操作好努力一些；而感性层面的，品牌建设简直是个玄学，是需要天赋和信念的。当然不是每个消费品赛道一开始都要把品牌建设放到这么高的位置，因为在有些赛道里，还存在着产品和渠道的机会；并且做品牌太挑人了，不是每个团队都能做好的。这几年我看到的国内消费品创业公司中，内外内衣是唯一靠品牌力带动销售起来的公司，这和团队基因很有关系，不可复制。

从目前的商业环境来说，品牌建设的确比过去要关键很多，原因是如今产品与产品之间给消费者带去的使用效能差异越来越小了，消费者有太多看上去差不多的选择，某种程度上讲是非常"健忘"和"难具有忠诚度"的。完成第一次触达后，如果没有品牌层面的记忆，消费者会记不住。尤其不少电商起家的品牌从线上走到线下的时候如果你没有"品牌"势能去配合，摆在琳琅满目的货架上，开在店铺扎堆的shopping mall，是非常辛苦的。之前有网络上很红的食品品牌，便利店上了货柜又下去了，销量撑不起来。因为线上是一个小圈子，在小圈子里去营造品牌感和经营粉丝，跟摆到货柜，进入更大的市场做品牌，当中需要的投入和经验的差距是很大的。

2. "品牌塑造方式"

品牌是坚持价值观的过程。当下的媒体传播环境（及其对消费者日常行为和购买决策流程的影响）是否对构建品牌的方法有影响？

相对成熟公司，创业公司没有足够的媒体预算。抓住渠道的红利，找到四两拨千斤的销售切入点，完成第一次消费者触达，这是启动一个品牌技术层面不断出现的新机会。但反过来讲，中国的媒体传播环境"太丰富"了，导致消费者淹没在纷杂的信息中，敏感度和新鲜感都在下降。

同时我有的时候也觉得，是时代的运气，可遇不可求的大势，使某些品牌爆发壮大的。比如花花公子，诞生于第二次世界大战结束时期，青霉素被研发出来，以及性解放的文化，用杂志和线下聚会吸引第一批品牌消费者。与此同时，迎合当时人们想要摆脱战争期间的艰苦生活，对纸醉金迷的生活的向往，花花公子接连开赌场、开酒店，迅速做大。哈雷摩托也是一个迎合了美国精神和美国人向往自由奔放的期望，建立的品牌。

在中国近几年有没有靠近"大势"，对品牌营销和生意带来比较大影响的趋势？

电商是，微信社交媒体也是，直播是，线上到线下也有一批商场迭代的红利——新的shopping mall建立以及商场换铺，它们希望更新引进更多年轻人喜爱的品牌。我觉得泡泡玛特和内外享受到了这批红利，进入了优质的购物中心。

为什么你会特别看重从线上到线下？

一直在线上销售，最后只能成为淘品牌，很有可能流量不是自己的，消费者也不是自己的。比如有一些护肤品牌，几年前借助社交媒体打开市场后收割了很多流量，但是它没有顺势走到线下，悬在线上就很危险。线上的流量很不稳定，每年营销推广费用都在增长，天花板和冲击是早晚的事。反而线下，大部分品类都会有更广阔的销售场景。但线下和线上是完全不一样的生意经验，这需要团队不断摸索和总结。

如何看待成为"网红品牌"的重要性，以及品牌"获得粉丝"的能力在当今传播语境下的价值？

品类间差异很大。如果是日化行业，消费者感情投入一般较低并且更新较快，更依赖渠道一些，很难做网红品牌。

品牌拥有让一小部分人对它为之疯狂的能力很重要。我们做尽职调研时，会关注品牌种子核心用户的画像，去推测这样的用户规模是不是足够大。只要品牌定位调性足够清晰，就比较能使大家记住，这样用户规模大一些，哪怕产品购买频次并不高，那么品牌生意也可以做大。

近年来，"大公司"在新锐品牌面前屡屡受挫。市场对大公司的创新能力和组织架构模式提出了质疑。产品研发、市场传播、渠道间的等高度分工（脱节）的模式不再具备优势。而效仿互联网"产品经理"的高度融合模式似乎是解决方案。您如何看待这个问题及其解决方案？

我自己是跟创业公司接触比较多，对比下来，我认为有两点是创业公司比较有优势，而大公司或许可以学习的地方。

首先，创业公司切入市场的点很

细，离消费者很近。从老板到员工，整个公司人都在想着如何满足消费者的需求。

其次，是做事的效率。我个人感受很深的一点是，创业公司一个人就能做到的事情，大公司有可能需要一个团队去完成。

3."未来品牌"

您认为一个品牌具备怎样的特质，才能很好地走到未来？

从0到1时，我会特别关注用户在做品类决策时最大的影响因素，这是品牌赢得竞争需要关注的问题。如果一个品牌的核心优势满足消费者的品类决策动机，大概率就能跑赢市场。

从创业公司成长为大公司，最关键的则是历久弥新。团队要有新鲜血液，要不断学习新的事物，并将这些新的要素放到产品上。新的渠道出来了，企业也要迅速迎上。传播也要是新的，要时刻跟紧消费者的心意。

另一个特别重要的是创始人的初心。因为品牌创业是一个相对来讲比较长的过程，初心刻画在日后经营的每一个决策里面，在经历经营起伏困难阻碍之后，还能保持初心其实是一件很难得了不起的事。我也更愿意相信，这样的初心大概率会有好的结果。

近10年来，一批中国初创品牌在较短的时间内，树立了鲜明的品牌个性，也收获了一批忠实的品牌粉丝。这些品牌打造者会问，引领十年也许没那么难，但如何能像经典品牌那样，100年了仍然能获得消费者的喜爱？您会如何回答这个问题？

一个公司想要成为经典，需要好几代人的努力。在中国，目前存在很久的企业都是基于当时的渠道红利诞生的，并且在今天能称之为品牌的很少。中国很多企业都是用家族传承的方式去经营一个企业。国外企业更喜欢外聘的方式去经营。职业经理人制的启发在于给团队带来新鲜血液，比如李宁外聘职业经理人，我认为是一个非常有战略性的决策。本身品牌有沉淀，渠道条件也很好，如果有新鲜血液加入，做一些新事，它可能会得到一个迅速壮大的机会。

4."人"

对于中国新一代拥有品牌理想的（通常正在资本和市场的夹击下苦苦坚持的）创始人们，有何经验和建议分享？

做好一个品牌没有什么方法论，说起来很简单就是要把产品、渠道和传播一个个做好，尤其产品基因要好。这包含几个维度：对项目启动资源的要求、渠道铺货的难度、触达消费者的门槛、市场痛点的解决程度以及原有玩家的市场地位。比如之前看过一个初创公司做鲜奶，这个品类就不好做，生产、冷链、启动门槛很高，原有巨头都是带着牧场的玩家。产品出来以后，要上货架也很难。货架上的信任度如何建立？尤其对于消费者大多是儿童的产品，品牌信任非常重要，对于一个初创品牌而言挑战就更大了。在我看来，这个品类的选择，就注定了它的路要难走一些。

我们整个基金投资的逻辑是从品牌出发，然后也会看一些渠道品牌，以及围绕品牌跟渠道做服务第三方。我们看过的品牌很多，但出手的机会并不多，因为有潜质的创始人很难找。一个好的创始人要对产品很了解，对渠道很熟悉，以及对内部管理有经验。

我相信"未来10年中国所有的消费品都值得做一遍"，所有赛道都存在机会，还是要找到好的创始人。

创始人向投资机构拿钱是一件需要谨慎的事情。因为投资方对企业有投资年限和条款的要求，比如在多少年达到多少增长才有合作的可能。很多创始人拿钱的时候都很自信，会说他们明年的业绩做得更高。但现实是，在中国，做品牌的压力确实很大，因为不进则退。线上流量价格永远在涨，线下好位子越来越少，初创企业只能和时间赛跑。

而且在中国，小而美企业存活的空间很小，除非你有特别独特的基因。比如前面提到的松赞文旅，是藏族人在藏区做的酒店，有文化和地理背景优势。这样的品牌基因，其他品牌竞争起来就很难，企业才有时间可以慢慢做。

整合管理用户体验是品牌走向未来的关键

宋晓峰
Inspire 蕴世传播集团
首席策略官

最近几年，有哪些产品好用到令您想"尖叫"？

三顿半。我第一次尝试是朋友推荐的，后来也变成了我的一种习惯。以前我习惯喝雀巢Nespresso，但经常出差就需要出门"找咖啡"，三顿半产品的便携性完全解决了我的困扰。

最近几年，有哪些品牌美好到（包含理念与实际体验）您想不断"安利"给身边的朋友？

Allbirds。我是 Allbirds 的"忠粉"，在 Allbirds 身上我看到了它满足未来品牌的多种特质。品牌应该是人性价值的集合，"可持续"就是其中很重要的一点，而 Allbirds 就是可持续理念的代表。在产品层面，Allbirds 首先是很舒适的，其次设计简单大方，也很有现代美感。Allbirds 所有面向消费者的体验（也包括店铺）都很一致，都在传递同一个信息——可持续生活方式。

哪个品牌从世界上消失了，您会感到有些遗憾与难过？

宝马。我一直认为，当行业内存在良性竞争，消费者才能看到不同的可能性，也才会反过来促进整个行业的发展——而宝马就是汽车行业挑战者的代表。和奔驰、保时捷这类德系汽车品牌以坦克发动机起家不同，宝马原来是制造带边车的摩托车，第二次世界大战后才转向生产汽车，所以宝马从骨子里就是重视驾驶体验感的，到现在品牌也一直在强调"driving pleasure（驾驶乐趣）"，它为这个行业注入新的价值观，为其他品牌提供新的思考方向，整个行业才朝着更好的方向发展。

1. "品牌"

您对"品牌"的定义？

我个人认为，品牌是在某些核心价值观的指导下，通过各种各样的体验将价值观传递给用户的全过程。品牌一定是有自己核心的人性价值的，但品牌也不是静态，需要在和消费者沟通的过程中让消费者感受和认知到的，"价值观"和"体验"两者必须同时存在。

您认为打造"品牌"在当下的市场下对企业来说是越来越重要了吗？您如何看待增长与品牌的关系？

企业现在面临的挑战只是如何平衡短期和长期的目标。对初创型企业来说，它们需要考虑到企业的存活；对上市企业来说，定期需要披露的财务数据对短期收益有着很高要求，所以市值管理对上市企业会是很重要的课题。从这个角度来说，中小型企业反而能将更多精力放在长期的品牌经营上。

作为第三方服务商，我们有时候也会面对品牌为追求短期收益做出与长期经营不一致的行为。在我看来，这种决策是值得尊重的，企业的经营和品牌同等重要，但我们会帮助客户去把控尺度。其实，只要守住道德底线，"All kind of awareness is good for the brand"。

2. "品牌塑造方式"

品牌是坚持价值观的过程。当下的媒体传播环境（及其对消费者日常行为和购买决策流程的影响）是否对构建品牌的方法有影响？

　　品牌的塑造是一个双向沟通的过程，这会涉及其中交互的渠道。在经典时代，品牌一般运用两种渠道：一种是ATL，通过电视等大众媒介影响消费者，品牌单向传递、消费者被动接受，也就是"品牌告知"；另一种是POS销售终端，不管是美国兴起的现代渠道还是中国的小型零售店，所有品牌都在遵循宝洁提出的第一真理时刻"广告"和第二真理时刻"货架"。但现在媒介环境，从零售渠道、O2O，到电商技术、社交媒体，都在发生变化，企业和消费者交互的渠道变得复杂多样。企业必须从原来渠道导向的营销策略做出改变，适应不再有品牌能够"控制"媒体和渠道的新时代。

网红产品/品牌与品牌不能画等号，但能够成为"网红"是否会成为走向"品牌"的必经之路？

　　站在消费者角度来说，品牌就是通过各种信息在脑海中创造的记忆、标签的总和。老品牌历经时间已经刻在消费者的脑海中，但新品牌需要思考的就是怎么创造这种记忆结构。新品牌必须能够快速、高效地产生记忆，如果成功就会造成短时间内在某个人群中"爆红"的现象，所以在我看来，"网红品牌"是新品牌被消费者接受的结果。

近年来，"大公司"在新锐品牌面前屡屡受挫。市场对大公司的创新能力和组织架构模式提出了质疑。产品研发、市场传播、渠道间的等高度分工（脱节）的模式不再具备优势。而效仿互联网"产品经理"的高度融合模式似乎是解决方案。您如何看待这个问题及其解决方案？

　　现在绝大多数企业的组织架构是在原有的市场环境下演化的，但整体环境已经发生变化，企业架构大多还没能跟上时代的脚步。

　　HFP、完美日记、花西子等都是比较成功的例子，在美妆行业已经形成完整的供应链的背景下，品牌负责管理后端的销售、体验环节，是更易于达成整合模式的。

　　品牌的小型创始团队秉持着相同的价值观去管理用户体验也很关键。所以现在很多大品牌也在效仿这种做法，在企业内部孵化小团队去管理新品牌。在我看来，其中的根本逻辑是，不管企业规模，应该由同一个团队去管理广义上的用户体验，包括产品体验、店铺呈现、社交媒体呈现、代言人、线下活动、跨界活动等，在清晰的内在逻辑下将品牌的价值观用最大化的体验传递给消费者。但这是现在90%的品牌都做不到的，在传统的企业架构中，销售和营销被分为两个部分，销售部门中线上和线下运营也会被分开，可能还会往下细分，这就对品牌为消费者呈现统一的体验造成困难。近年来能够兴起的品牌无一例外都采用了用户体验的整合管理模式。而耐克、宜家、乐高却是经典品牌中的"例外"，在庞大企业体系下却能做到整合管理用户体验——这也是这些品牌能够一直走到今天的重要原因吧。

近年来能够兴起的品牌无一例外都采用了用户体验的整合管理模式。而耐克、宜家、乐高却是经典品牌中的"例外",在庞大企业体系下却能做到整合管理用户体验——这也是这些品牌能够一直走到今天的重要原因吧。

3. "未来品牌"

您认为一个品牌具备怎样的特质,才能很好地走到未来?(请列举 2—3 个您心中的未来品牌说明。)

首先,所有品牌应该具备"讲故事"的能力。不仅仅是产品相关的故事,更多是指品牌的价值观,但以故事为载体,在人群中口耳相传。讲述品牌价值观应该是品牌必备的"底层技能",在此基础上,品牌应该善于把故事变成跟消费者互动的泛体验。在这个过程中,品牌应该拥有对全渠道的掌控力,在传统媒介、社交媒体、电商等平台打造统一的品牌形象。当品牌面对目标增长市场时,人群的选择也成为关键因素。尽管我们现在常说"要抓住 Z 世代",但 Z 世代只是一个标签,品牌需要关注的是拥有与时俱进的价值观的人群,才能在市场竞争中占得先机。

近十年来,一批中国初创品牌在较短的时间内,树立了鲜明的品牌个性,也收获了一批忠实的品牌粉丝。这些品牌打造者会问,引领十年也许没那么难,但如何能像经典品牌那样,100 年了仍然能获得消费者的喜爱?您会如何回答这个问题?

以三顿半为例,"重度咖啡饮用人群的便携场景"切入市场的角度很新,但市场价值很窄。但像耐克,从运动鞋起家,能够通过音乐、篮球等价值延伸到其他领域,以主流价值观的故事为载体才能走得长远。这两个品牌的区别在于,当品牌涉及的领域、场景足够多,品牌抗风险的能力也越大,像三顿半、Allbirds 这些新兴品牌的后续发展取决于它们能否拓展现有价值链,拓展到更多场景、更广人群。

品牌成长的底层逻辑就是如此。当你想要创造一个新的品牌,你可以选择在行业中切入大型品牌忽视的领域,先在这个范围内保证企业能够正常运转,但在下一步增长时,也就是从大型品牌抢夺市场份额的时候,你的品牌应该能提供他们不具备的价值。对像 Allbirds 这样的品牌又是另一种情况,消费者首先是被 Allbirds "可持续"的理念所吸引,这已经将品牌和强调"运动员精神"的耐克完全区分开了。开创了一个新的领域后,Allbirds 就可以在现有产品的基础上不断叠加新的产品,比如最新出的跑鞋。

4. "人"

营销代理公司是品牌的重要战略伙伴,对于在代理公司中工作的同仁,有何经验和建议分享?

现在整个行业面对的挑战就是,以往代理公司提供的是细分职能深入的执行,但这种模式距离现在行业的核心价值"整合"越来越远。为了应对知识体系的过度垂直、缺乏横向的整合的问题,我们做出的改变是,在营销传播层面以整合团队的形式运作,传播策略、媒体、创意、社交媒体都是联动在一起的;另一方面,我们企业内部也在孵化一些新的尝试,从生意底层逻辑上去推动"整合"。

王老吉：
国货经典品牌如何抓住未来消费主力，成为文化符号

消费主力市场逐渐从"80后"向"95后""00后"转移，意味着品牌需要把目光聚焦这一群体，来寻求下一阶段的消费增长。

王老吉怎样定义自己的目标人群？

黄良水：在传播层面，我们主要将目标群体分为核心人群和外圈人群两部分。核心人群是我们定义的"社会新鲜人"，他们可能是在外务工的青年或者是写字楼里的单身白领，这部分人也是我们的目标传播人群，我们希望将他们培养成为品牌未来的消费者；另一部分，外圈人群是已经成为品牌消费者的成熟人士，虽然他们在传播层面属于外圈，但实际是我们的生意人群也是战略人群。

在目标传播人群中，我们还会根据圈层进一步细分人群。对于"社会新鲜人"中的都市人群，他们主要会在旅行聚餐、天气炎热的情况下进行单罐消费，通过便利店等渠道进行购买；而另一部分务工人群，他们主要在日常工作或者餐前餐后对王老吉有需求，瓶装饮料就是王老吉考虑到他们的工作环境、生活

> **黄良水**
> 王老吉数字媒介总监兼
> 电商子公司副总经理
> **宋晓峰**
> Inspire 蕴世传播集团
> 首席策略官

习惯而推出的，他们的购买渠道通常是夫妻杂货店等。

近年来，根据我们各个渠道获得的反馈数据，年轻人在烧烤、餐饮、出游场景下消费王老吉的频率更高。另外，电商也有所增长，其中女性和"90后""95后"这样的年轻人群占比更高。

王老吉一直以来都比较注重娱乐营销，但相较于前几年对综艺冠名类节目的侧重，最近采取的方式颗粒度更细了，这背后有着怎样的思考？

黄良水：整个媒体行业都在不断变化。一方面是，品牌与媒体合作的途径从传统的电视媒体、网络综艺植入，到今年各大平台在推广直播业务。另一方面，媒体圈层化已经成为重要趋势，当品牌想要去走近自己的目标群体，我们也需要在不同圈层的媒体中找到这部分人群。

王老吉一直是将"以用户为导向"作为我们的传播宗旨，所以大家看到的王老吉的传播方式也在不断改变。对品牌而言，前两年王老吉采用的综艺植入，不仅涉及上千万的投入，还要承担节目传播效率的高风险，硬广植入的形式也只能在一定程度上帮助王老吉提升品牌知名度。考虑到这些现实情况，去年王老吉以"越热越爱走出去"在不同媒体圈层展开整合营销传播，针对二次元、美食、旅行等不同圈层分别进行闭环营销。更贴合当下消费群体的营销策略收到了积极的反馈，这种形式的合作也让品牌感受到比以往单纯投入综艺的硬广更高的性价比。

有不少消费者研究都得出一个结论：越年轻的世代，越不会受外资品牌光环影响，越能辩证地选择品牌，对中国品牌的接受度也越高。除此之外，许多中国文化也被年轻的消费者解构，获得新生（比如古风汉服的风潮）。王老吉则是一个有较深的中国文化习俗印记的品牌，在我们与消费者沟通时，会怎么运用这一点？

黄良水：相比其他品牌，王老吉的确有着与生俱来的中国基因。"王""老""吉"三个字分别会让中国消费者产生"第一""悠久""寓意好"的联想，"凉茶"又是中国特有的产品，因此"专做凉茶的王老吉"就自然会在消费者脑海中被打上深刻的中国文化习俗的印记。

近年来"国潮"兴起，是为王老吉能够进一步发展提供了契机。面对不同赛道的品牌寻求"国潮"合作伙伴，从品牌名到产品本身都带有鲜明中国印记的王老吉、百雀羚等品牌就成了其中的优选，2016年和剑侠情缘游戏开展的"一罐一码"王老吉武侠罐合作活动中就可以看出"国潮"主题下王老吉的适配度。

我们关注到了王老吉在B站发起的拟人形象的项目，可否展开谈谈这个项目的策略以及收获。项目中，有哪些给到我们惊喜的地方吗？

黄良水： 我们收到了丰富而多样的投稿，有很多"70后""80后"的UP主选择"金发""碧眼"的拟人形象，但在更多"90后""00后"的UP主的作品中我们看到了"国风"以及各种中国元素，在这些年轻人心中将王老吉和中国文化的联系让我们惊喜。这些UP主也不是单纯将拟人形象画作成品以图片的形式分享出来，而是将创作的整个过程录制成视频，发布在自己的账号中，这种积极的互动方式更能帮助用户们理解作者们背后创作的灵感。更多用户也在这个过程中参与进来，在各个UP主的留言板块王老吉收到了各式各样、积极的留言反馈，其中很多提到王老吉是小时候的回忆，再次让我们感受到这一代年轻人对王老吉是有感情的。

宋晓峰： 王老吉此次联合B站的活动能够成功的另一个重要因素是，王老吉将自己对品牌的把控（brand control）降到最低。比起品牌自上而下地教育消费者，这种由消费者创造对品牌的定义的形式是更积极有效的。当然，这不是意味着品牌完全置之不顾，在活动征集令中王老吉就将为"经典中国凉茶品牌"，以"二次元"的表现形式，打造"正能量"的"现代化形象"等关键词清楚地说明了，保证创作是在可控范围内进行的。

不过这个活动最让我们惊喜的是，拟人征集活动第一名的"媤婳君"通过和我们在活动过程中的交流，特别认同并且欣赏Inspire，她已经决定今年毕业后加入我司成为一名策划！

我们接触到的有一定历史沉淀的品牌，绝大多数都迫切需要组织架构和人才的更新和升级，这是品牌真的要与年轻人为伍的根基，王老吉在这方面有哪些思考和作为？

黄良水： 有些企业可能是通过颠覆性的改革获得成功，但更多企业的变革需要一步一步、脚踏实地地走，尤其是对于王老吉这样依托于线下零售业务、历经百年的品牌更需要谨慎对待变革。

但王老吉已经慢慢从业务角度入手开始改变。在王老吉看来，不论身处哪个赛道，未来市场都会呈现"百花齐放"的状态，企业增长需要依托于将自身成功产品的模式应用到新产品上进行复制推广。在这种逻辑下，王老吉已经在产品层面上做出改变，一方面针对红罐凉茶单品创新推出红瓶，拓展了全新的饮用场景，同时还开发了大寨核桃露、刺柠吉、椰柔等新品饮料，让产品品类更多元化。在渠道层面，王老吉的确更注重线下零售渠道，但也在逐步优化线上渠道、由线下向线上转化。对于营销传播，王老吉正在尝试不同的方式方法，通过和不同平台合作，以更创新有效的方式与年轻人沟通。

娇韵诗：
从私域流量运营到全链路掌控

高嵩
娇韵诗营销总监
宋晓峰
Inspire 蕴世传播集团
首席策略官

2017年娇韵诗在胖鲸开放日的分享中提出了品牌全新的社会化顾客关系管理（SCRM）概念—口碑达人（KOF Program），不仅解决客户关系维护上的问题，同时将品牌粉丝价值最大化，营造口碑营销的生态。而更早之前，品牌已经开始实践分组推送，并对接品牌自身的顾客关系管理系统。

随着媒介环境的复杂，在全渠道（Omni-channel）的掌控上，市场和消费者向品牌提出了更高的要求；凭借私域流量运营，社交与电商两个重要渠道的链接，娇韵诗再一次走在了前沿。

2020年的春节疫情让整个美妆行业陷入寒冬，但同时促进品牌做出了长远的改变。您认为疫情给美妆行业带来了哪些重要反思，其中娇韵诗又有哪些长远的变化？

高嵩：首先是消费者的消费习惯发生了变化。绿色美妆（Green Beauty）已经是全球美妆行业的重要趋势，消费者因为这次疫情更加关注"安全""健康"等问题了。这也促使品牌将注意力回归产品配方、用料、组合、功效等方面。第二，品牌开始反思当前的产品品类。为控制疫情，大家纷纷戴起了口罩，这无疑减少了美妆类产品的使用场景，美妆类产品受到的冲击明显高于护肤类产品。面对这样的特殊情况，品类丰富度能在一定程度上增强品牌的抗风险能力。最后是现在一直受到关注的"新零售"。疫情前，品牌都还是观望的态度，因为线上线下消费人群重合度很低。而这次疫情成了品牌做出改变的契机，两部分人群的重合度有了长足的提升，整合后的品牌消费人群的消费力也明显上升，品牌也愿意更积极地规划自己的新零售布局。

经过疫情，许多企业都在做线下流量向线上的引流，如"BA（美容顾问）线上化"的做法，您认为这是疫情期间的非常措施，还是未来的一个重要常态？为什么？

高嵩：我认为这些做法会成为常态。经过这次疫情，消费者信息获取、消费习惯、生活习惯都发生了变化，而且习惯一旦形成就很难改变、有长期延续性。对消费主力"Z世代"们而言，他们本来就生活在数字时代，他们已经习惯线上线下融合的生活方式，疫情只是放大了这个效应。而对于更广大的消费者而言，疫情将线上线下的消费体验融合到了一起，从消费力整体提升的结果来看，消费者对于既能享受线上购物的便利性，也能享受到线下服务的消费体验是满意的。从这三点原因来看，类似的做法会成为一种常态。

在私域流量运营上，品牌普遍会有哪些误区？

高嵩：私域对于品牌越来越重要。流量获取的成本越来越高，所以品牌希望能更高效地利用流量，同时品牌在私域流量运营的过程中也能更好地将品牌差异点传递给消费者。

可以分几个阶段，首先是流量的获取。讲到私域，你肯定要有一个池子，所有能够跟品牌产生直接或间接相关联的流量的，都是整个私域可运营流量的一部分。根据流量的获取方式，这部分人群会被进一步细分为兴趣人群、潜客、客人、忠诚客人、VVIP，所有这些流量都可以被品牌运用。其中涉及不同场景，比如兴趣客人存在于广泛领域、潜客虽然没有直接产生消费但会参与领样，不同阶段的顾客对品牌而言有着不同的价值。

但在私域流量的运营过程中，我们也曾经陷入过误区。比起社群运营的逻辑，我们是在CRM的逻辑下进行群组运营，

> 虽然 VVIP 顾客对品牌的变现价值很高，但潜客甚至兴趣人群对品牌的传播价值可能更高，这部分人群才更符合品牌的口碑达人（KOF）——针对不同人群找到其价值区分在获取私域流量的阶段对品牌而言至关重要。

简单点说就是"把最好的东西给最忠实的客人"，但这个过程中就出现了一个问题：我们对不同客群的价值定位出现了偏差。虽然 VVIP 顾客对品牌的变现价值很高，但潜客甚至兴趣人群对品牌的传播价值可能更高，这部分人群才更符合品牌的口碑达人（KOF）——针对不同人群找到其价值区分在获取私域流量的阶段对品牌而言至关重要。

在具体流量运营中，品牌目前更多通过内容运营的模式，比如意见领袖、直播、"小娇"等方式，但因此成为对品牌具有传播价值的口碑达人可能仅占总客群的 10%，更多的顾客和品牌间还是产品交换的关系，被品牌吸引进来后这部分顾客是需要依靠产品留住的。这是品牌在私域流量运营需要面对的新挑战，品牌需要建立起更完善的用户认知系统，更清晰地认识到不同客群对品牌有怎样的价值期待，后续为他们提供的针对性产品对品牌供应链也提出了更高的要求。

最后一个误区是，品牌一提到"私域"指的都是"老客运营"，但顾客也是有最高消费限额的，不能过度消费这部分固有的顾客，品牌也应该思考如何能够更好地去进行社交裂变，或者通过其他渠道来吸引"新客"，这样的"私域"才能更可持续地运营下去。

如何完善用户认知系统，并在这个基础上提供个性化服务？

高嵩：娇韵诗已经将近六成的顾客导流到企业微信端，通过美容顾问为顾客一对一线上服务。为了优化服务体验，娇韵诗目前还上线了全新的用户标签系统（tagging system），既包括从品牌顾客管理系统中导入的固有流量，也包括美容顾问正在不断更新录入的数据。在逐步建立起完整的用户认知系统的基础上，品牌能够从传统线下"一套方案走天下"的销售方式，转向针对线上不同需求的客群提供针对性的产品。

尽管对高端定位的传统化妆品牌而言，提供完全定制化的产品仍有困难，但针对不同客群推荐不同产品组合和联名礼盒的形式也是品牌提供个性化服务的第一步。在这种运营模式下，品牌不仅能为消费者提供优质内容，也能真正为消费者带来所需的产品。

拥有较大规模"用户池"的品牌通常有一个困惑：如何为池子找到出口，即如何使用这些数据产生商业影响。娇韵诗在这一点上有哪些思考和实践？

高嵩：本质还是不同客群的不同价值，可能是变现价值也可能是传播价值。根据不同传播层级和效果，品牌可以从私域流量中甄别出 KOF 或者 KOC，以这种方式找到"出口"。另一种方式就是转化，在线上线下消费体验不断融合的当下，品牌能做的就是为顾客提供全渠道（Omni-channel）的触点——不论是方便购买的线上还是注重体验的线下，消费者都能根据自己的需求选择不同渠道。

如何看待私域与其他外围的内容平台、电商平台的关系？在现在的平台环境下，全链路的掌控是丰满的理想还是骨感的现实？

宋晓峰：私域现在有两个池子——天猫和微信。现在有些品牌还在同时运营两个池子，还有一些品牌正在从天猫向微信导流。对品牌而言，天猫向品牌提供的信息是有选择性的，这对品牌全链路的掌控是直接阻碍。

另一方面，天猫生意的本质是通过收割线下知名度较高的品牌为平台完成线下到线上的导流。知名品牌低价促销能为天猫创造更高的网站成交金额（GMV），品牌也必须配合天猫给出足够的折扣才能获得流量。但在这个过程中，天猫并没有

娇韵诗已经将近六成的顾客导流到企业微信端，通过美容顾问为顾客一对一线上服务。为了优化服务体验，娇韵诗月前还上线了全新的用户标签系统（tagging system），既包括从品牌顾客管理系统中导入的固有流量，也包括美容顾问正在不断更新录入的数据。

为品牌带来足够的附加价值，所以对品牌而言这种做法长期来看是得不偿失的，品牌给出低价才能获得增长，但会影响日后正价产品的销售。而微信作为平台，对线上线下消费体验的整合、工具的开放性、用户打开频次、用户线下扫码的习惯、社交社群的功能，比起天猫而言有着天然的优势。所以现在部分品牌是将天猫作为获客渠道，品牌通过随箱卡片、BA跟进等方式将天猫客户导流到微信平台进行私域流量运营，再进行复购、转化，这种运营方式是比较适合定位高端、产品线丰富、顾客生命周期长的品牌的。

对于价格敏感度较高的客群来讲，优惠券核销可能是从天猫导入微信的方法之一；但如果客群是价格不敏感人群，据胖鲸了解，转化效果并不理想。

高嵩： 天猫和微信两个池子的割裂对我们而言是比较大的挑战。品牌应该意识到，消费者本身是带着不同的目的和期待来使用不同的平台的，我们也会遇到消费者反馈，我已经在天猫与你品牌发生联系了，为什么我还要加微信？作为品牌，我们需要思考用什么样的方式平衡价值。

宋晓峰： 关于价值平衡这块，完美日记现在的做法是：在天猫和微信都开有标准的旗舰店，但对于天猫的客户，完美日记会在快递包裹内附有卡片，根据卡片提示，用户可以找到微信美容顾问（BA）"小丸子"领取优惠券，并在微信渠道内核销。虽然完美日记的用户客单价较低，但品牌的做法仍然有借鉴意义。品牌应该找到符合用户的价值和利益，在微信创造价值和体验的洼地，用户会自然被导流到微信平台。对于娇韵诗来说，品牌可以通过微信为消费者提供大猫中无法提供的价值，比如线下SPA、皮肤护理体验等创新体验，这也是品牌在探索的未来发展方向。

清风：
升级品牌和产品体验对抗行业同质化竞争

孙音
清风市场总监
宋晓峰
Inspire 蕴世传播集团
首席策略官

在消费者注意力稀缺，品牌选择过剩的环境下，"平平无奇"的日化品类，如何进入消费者视线，带来差异化的体验？

"清风新春好运"系列出圈了。能否简单讲讲这个创意诞生的过程？在执行过程中遇到了哪些挑战？又收获了哪些惊喜？

孙音： 近年来年轻人的文化自信是大趋势，恰逢2019年是中华人民共和国成立70周年，清风初衷是想要抓住当下热点结合国风国潮做一系列活动，从IP入手寻找创意切入点。我们希望能够找到一个具有"国民性"的IP，最终确定了"麻将"的概念。为了适配度的考量，我们最终把这个"战役"的时间调整到春节期间。

如何将创意变成真正的产品是这个战役最大挑战。品类决定了我们会追求产品的规模化生成，但由"麻将"衍生出来的产品并不是"标准品"，麻将有着超过110种花色而且每包手帕纸需要独立包装，生产出全"麻将牌面"手帕纸对我们的生产和制造环节都提出了挑战。经过反复测试改良，我们将创意在包膜工艺下能够最大化呈现。

但最后的结果也让我们很惊喜。甚至因为"出圈"效应，支付宝团队在春节期间邀请我们合作春节"集五福"的活动。

消费者触点分散的现实给品牌全渠道布局带来挑战。如何在与消费者接触的每一个触点都保持统一的高质量的品牌体验？

孙音： 首先产品（包括包装）是品牌的立身之本，且好产品自带传播属性；其次，我们会围绕优质的产品概念产出"好玩""有趣"的内容，并分发在微博、微信、抖音等渠道。比如清风2019"春节战役"就和代言人周震南合作，从周震南名字中的"南"字发散成系列表情包。

但我们有一个原则——无论内容多么具备娱乐性，都不能脱离产品。我们创造的所有有趣好玩的内容都是以产品创意为基础。

在消费者注意力稀缺，品牌选择过剩的环境下，"平平无奇"的日化品类，如何进入消费者视线，带来差异化的体验，这方面清风有何思考？

孙音： 这的确也是我们一直在思考的问题。产品的功能性是最简单的切入点，但我们会有意识地跳出框架，从能和消费者直接沟通的包装入手，寻找品牌差异点。虽然可能会为品牌带来供应链层面的挑战，但我们认为这是品牌和消费者最直接有效的沟通方式。除了延续去年的"春节战役"，今年清风也根据原色纸新品推出了"三国原色本就出色"的数字战役，通过怀旧风格插画和三国故事的包装，清风仍然将和消费者沟通的触点落在产品本身。

宋晓峰： 现在有很多大众品牌过分关注小型"战役"，拆分预算，采用某些小众话题或垂直领域的IP去吸引局部流量。在我看来，这是陷入了一种追逐"小众""新奇"的误区。我认为，这种营销方式对大众品牌并不合适，在媒介预算有限的情况下，大众品牌更应该"四两拨千斤"：比起通过小众话题博眼球，它们应该用更广为人知的IP去开启大众的认知和联想。清风去年的"春节战役"就很好地做到了这点，"麻将"一下子将世界范围内的中国人在春节这个时间点连接到一起，最近的"原色战役"中涉及的三国演义对大众来说也是一种普遍文化共识，这些具备"国民性"的 IP 才能达到大众品牌引起广泛情感共鸣的目的。

您认为在清风所在的品类，有哪些重要的趋势正在发生？清风为迎接这些趋势做了哪些准备？

孙音：整个日化行业都处在消费升级的趋势中。从产品层面来说，消费者在疫情过后对产品产生了新的需求，除了常规功能，消费者开始关注产品的"健康性"，清风也因此从产品功能层面推出了本色纸这类新品，保留更多木质素、强化产品的健康属性，因此获得的食品级认证也为消费者提供更高的信任感。

纸巾的主要消费群体还是女性，因为纸巾具备和肌肤接触频率较高的产品属性，消费者也对产品提出了"养护性"的新需求，清风也在产品中添加锁水因子，推出更柔软亲肤的 LOTION 系列。

而在营销方式上，直播和内容营销已经成为大趋势，清风也正在培养自己的"直播天团"和内容输出团队，提升消费者和品牌间的沟通效率。我们所定义的"直播天团"并不是说通过 KOL 去沟通，而是培养自己的"导购"云团队，在新的载体中传递给消费者优质的服务。